数据可视化技术与应用

袋鼠云（杭州玳数科技有限公司） 组编

主　编　潘益婷　宁海元　赵秀芝
副主编　章增优　王安曼　张学清
　　　　郑雅丽　张　诚
参　编　周　杰　朱潋滟　胡金鑫
　　　　阚海明　刘听颉　赵　倩

机械工业出版社

本书以数字乡村可视化大屏项目为载体，以职业岗位的"典型工作过程"为导向，将教学内容与职业能力相对接、项目与任务相关联。本书共7个项目，内容包括认识数据可视化、梳理与分析数据、设计可视化效果、搭建可视化布局、接入与回调数据、制作高级主视觉、调试与发布项目，分别从产品经理、设计师、前端开发工程师、运维工程师4个岗位出发，从数据梳理到视觉设计，到前端开发，再到部署发布，涵盖了可视化大屏开发制作的全流程。

本书可作为应用型本科、高等职业院校及各类培训机构的数据可视化相关课程的教材，也可作为从事数据可视化大屏开发相关工作人员的参考用书。本书配有电子课件等课程资源，选用本书作为授课教材的教师可以在机械工业出版社教育服务网（www.cmpedu.com）免费注册后进行下载。

图书在版编目（CIP）数据

数据可视化技术与应用 / 潘益婷，宁海元，赵秀芝主编. -- 北京：机械工业出版社，2025.6. -- ISBN 978-7-111-77856-1

Ⅰ．TP31

中国国家版本馆CIP数据核字第2025T17A18号

机械工业出版社（北京市百万庄大街22号　邮政编码100037）
策划编辑：赵志鹏　　　　责任编辑：赵志鹏　饶雯婧
责任校对：韩佳欣　陈　越　　封面设计：马若濛
责任印制：单爱军
北京盛通数码印刷有限公司印刷
2025年8月第1版第1次印刷
184mm×260mm・14.25印张・287千字
标准书号：ISBN 978-7-111-77856-1
定价：59.00元

电话服务　　　　　　　网络服务
客服电话：010-88361066　机 工 官 网：www.cmpbook.com
　　　　　010-88379833　机 工 官 博：weibo.com/cmp1952
　　　　　010-68326294　金　书　网：www.golden-book.com
封底无防伪标均为盗版　机工教育服务网：www.cmpedu.com

前　言

《中华人民共和国国民经济和社会发展第十四个五年规划和2035年远景目标纲要》（简称"十四五"规划）提出："构筑美好数字生活新图景"，强调加快数字化发展。《"十四五"大数据产业发展规划》指出，加速数字产业化进程，让数据产生价值。为适应行业需求和职业发展，本书以国家《"十四五"大数据产业发展规划》和《大数据白皮书（2022年）》为指南，旨在传递数据可视化的基础知识及常用可视化开发工具等，并按照企业实际的可视化大屏开发制作流程展开项目介绍，注重培养团队人员的分工协作意识、沟通能力等综合素质，以及发挥创新思维，尝试新的可视化工具和方法，提升人员解决问题的能力和创造力。

项目整体介绍

本书主要内容

项目1　认识数据可视化。了解数据可视化的概念和定义；熟悉数据可视化在不同领域的应用案例；掌握常用的数据可视化开发工具；理解数据可视化大屏项目的典型开发流程；掌握可视化大屏的不同类型和分类。

项目2　梳理与分析数据。了解需求调研、数据指标，掌握大屏常见图表及应用场景等，完成四个典型工作任务：开展现场调研、建立用户需求池、分析指标、设计原型。

项目3　设计可视化效果。了解可视化大屏整体风格类型、元素提炼过程，掌握装饰元素的形态设计方法等，完成四个典型工作任务：制定视觉风格、构建创设思路、设计装饰元素、评审视觉效果。

项目4　搭建可视化布局。熟悉搭建布局流程，掌握组件样式配置、定义交互事件等，完成四个典型工作任务：初识EasyV、搭建初步布局、配置组件样式、设置交互效果。

项目5　接入与回调数据。熟悉JSON数据类型，掌握数据源配置、数据接入等，完成三个典型工作任务：配置数据源、接入展示类数据、接入交互类数据。

项目6　制作高级主视觉。了解主视觉的作用、类别，掌握主视觉的制作流程等，完成四个典型工作任务：制作主视觉背景、制作动态视觉、制作3D视觉、简单地图实现。

项目 7 调试与发布项目。根据不同需求选择合适的方式发布可视化大屏，完成三个典型工作任务：调试控制台、发布应用、私有化部署。

本书特点

（1）开发理念：有机融入习近平新时代中国特色社会主义思想、职业理想和职业道德，支持使用国产软件，激发国产科技自信，创新"未来中国数字工匠"的课程思政模式，提升"会分析、能设计、善布局、懂数据、通运维"的数字产品设计开发能力，培养新时代的高素质高技能型大数据人才。

（2）内容设计：结合数据可视化在数字乡村行业的最新应用场景和职业岗位要求，以职业岗位的"典型工作过程"为导向，从产品经理、设计师、前端开发工程师、运维工程师 4 个岗位出发，涵盖了可视化大屏开发制作的全流程：数据梳理、视觉设计、前端开发、部署发布，完成校企合作项目——数字乡村可视化大屏。

（3）体例形式：以实训为内容重心，将实训部分设计为"理实一体"的体例形式，左边展示操作过程，右边同步展示实训要点、理论知识点、特别说明等。在实践过程中，适时地融入理论指导，帮助读者加深对理论的理解，更好地完成实训任务。

（4）教学资源：以数字乡村可视化大屏为例，介绍可视化项目流程的整体实现过程；以项目为单位，选择合适的项目组合教学；以任务为单元，选择符合学生能力、学习目标的任务内容开展实训；还提供课程教学资源包，包括微课、电子课件等，方便开展线上线下混合式教学。

本书教学建议

本书建议课程安排 64 学时（实操 48 学时，理论 16 学时），强调"做中学"，通过动手实践的方式，强化对知识的理解与记忆。具体课时安排建议如下：

教学课时安排建议

项目	实操学时	理论学时	合计
项目 1 认识数据可视化	0	2	2
项目 2 梳理与分析数据	8	4	12
项目 3 设计可视化效果	8	2	10
项目 4 搭建可视化布局	8	2	10
项目 5 接入与回调数据	8	2	10
项目 6 制作高级主视觉	12	2	14
项目 7 调试与发布项目	4	2	6
总计	46	14	64

本书编写队伍

本书编写团队的成员主要来自浙江工贸职业技术学院和杭州玳数科技有限公司。

本书由袋鼠云（杭州玳数科技有限公司）提供企业项目案例，负责分析岗位典型工作任务，指导可视化项目工作流程，并提供内容的合理化参考意见。

感谢袋鼠云（杭州玳数科技有限公司）、杭州易知微科技有限公司、温州市高等职业教育教材建设研究中心、温州市智能物联技术与应用协同创新中心的各位专家、学者的指导。另外，本书引用了一些专著、教材、论文，以及网络上的成果、素材或图文，受篇幅限制没有在参考文献中一一列出，在此一并向原创作者表示衷心感谢。

由于作者水平有限，书中难免存在疏漏或不妥之处，敬请读者批评指正。

编　者

微课视频索引

名称	二维码	页码	名称	二维码	页码
项目1概述		001	开展用户访谈2		035
数据可视化的概念和应用		002	建立用户需求表		038
常用可视化开发工具		005	分析指标		041
数据可视化大屏项目流程		010	任务描述和准备原型设计工具		046
可视化大屏产品分类和项目小结		016	设计大屏布局		050
项目2概述和知识准备1		019	设计静态交互原型1		053
知识准备2		022	设计静态交互原型2		057
开展现场调研		028	设计动态交互原型		059
任务描述和确定项目背景		032	项目2拓展学习和项目小结		062
开展用户访谈1		034	项目3概述和知识准备		066

(续)

名称	二维码	页码	名称	二维码	页码
制定视觉风格		068	初识 EasyV		093
构建创设思路		072	搭建初步布局		097
任务描述和设计标题		074	任务描述、梳理组件样式和设置组件样式——翻牌器		101
设计图标		077	设置组件样式——万用图		106
设计控件		079	设置组件样式——饼图		108
设计线框		081	设置组件样式——气泡图		109
设计弹窗		082	复用组件样式		111
任务描述和整合元素		084	任务描述和定义交互事件——轮播排行条形图		112
展示成效		086	定义交互事件——滚动选项卡		115
项目 3 拓展学习和项目小结		087	配置动态面板		118
项目 4 概述和知识准备		090	配置动态面板——滚动选项卡		119

（续）

名称	二维码	页码	名称	二维码	页码
项目4拓展学习和项目小结		120	接收回调参数		152
项目5概述和知识准备		124	项目5拓展学习和项目小结		156
任务描述、配置数据源入口和添加数据源——添加CSV文件		127	项目6概述和知识准备		160
添加数据源——添加DTable API		130	制作主视觉背景		162
添加数据源——添加MySQL数据库		132	制作动态视觉		167
管理数据源		134	设备像素比和相机		177
任务描述和数据接入相关概念		135	单位分辨率		181
字段映射		141	地图模型		182
数据过滤器		143	区域名称		183
任务描述和数据交互原理		149	交互设置		185
定义回调参数		151	任务描述和地图基本参数设置		186

（续）

名称	二维码	页码	名称	二维码	页码
地图子组件添加		189	发布应用 1		204
选项卡交互		191	发布应用 2		206
智能语音数字人交互		194	私有化部署 1		207
项目 6 拓展学习和项目小结		196	私有化部署 2		208
项目 7 概述和知识准备		200	项目 7 拓展学习和项目小结		211
调试控制台		202			

目 录

前言
微课视频索引

项目 1 认识数据可视化 001

知识准备	...002
项目小结	...017
实战强化	...017

项目 2 梳理与分析数据 019

知识准备	...020
任务 1　开展现场调研	...028
任务 2　建立用户需求池	...032
任务 3　分析指标	...041
任务 4　设计原型	...046
拓展学习	...062
项目小结	...064
实战强化	...064

项目 3 设计可视化效果 066

知识准备	...067
任务 1　制定视觉风格	...068
任务 2　构建创设思路	...072
任务 3　设计装饰元素	...074
任务 4　评审视觉效果	...084

	拓展学习	...087
	项目小结	...089
	实战强化	...089

项目 4
搭建可视化布局
090

知识准备	...091
任务 1　初识 EasyV	...093
任务 2　搭建初步布局	...097
任务 3　配置组件样式	...101
任务 4　设置交互效果	...112
拓展学习	...120
项目小结	...123
实战强化	...123

项目 5
接入与回调数据
124

知识准备	...125
任务 1　配置数据源	...127
任务 2　接入展示类数据	...135
任务 3　接入交互类数据	...149
项目小结	...159
实战强化	...159

项目 6
制作高级主视觉
160

知识准备	...161
任务 1　制作主视觉背景	...162
任务 2　制作动态视觉	...167
任务 3　制作 3D 视觉	...176

	任务 4　简单地图实现	...186
	拓展学习	...196
	项目小结	...199
	实战强化	...199

项目 7
调试与发布项目
200

	知识准备	...201
	任务 1　调试控制台	...202
	任务 2　发布应用	...204
	任务 3　私有化部署	...207
	拓展学习	...211
	项目小结	...212
	实战强化	...212

参考文献
213

项目 1 认识数据可视化

● 知识目标

1）了解数据可视化的概念。

2）熟悉数据可视化在不同领域的应用案例,了解其在决策制定和问题解决中的价值。

项目1概述

3）掌握常用的数据可视化开发工具和软件,能够选择适合特定需求的工具。(重点)

4）掌握数据可视化大屏项目的典型开发流程。(重点)

5）掌握可视化大屏的分类,以及各种类型大屏的特点和应用场景。

● 技能目标

1）能够使用常见的数据可视化工具创建基本的数据可视化图表和图形。

2）能够制定数据可视化项目计划,管理项目进程,协调团队合作。(难点)

● 素养目标

1）培养学生对数据的敏感性和洞察力,能够从数据中发现新的应用和见解。

2）培养学生的创造性思维和问题解决能力,能够设计出有吸引力的可视化图表和大屏。

3）培养学生的终身学习意识,鼓励他们跟踪数据可视化领域的最新发展和技术。

● 项目概述

本项目旨在认识数据可视化,进行一系列数据可视化的知识准备和概念解析。

首先,我们需要了解数据可视化的概念和应用,研究当前主要数据的可视化技术应用项目,更清晰地了解数据可视化技术应用的发展状况。

其次,我们需要掌握常用的可视化开发工具,以便在项目中能够高效地进行数据处理和可视化开发。

接下来,我们需要明确可视化大屏项目的流程,流程涵盖九大步骤,每一步均需细致规划,确保最终产品既美观又实用,能有效支持决策。

此外，我们还需要了解可视化大屏产品的分类。

项目思维导图如图 1-1 所示。

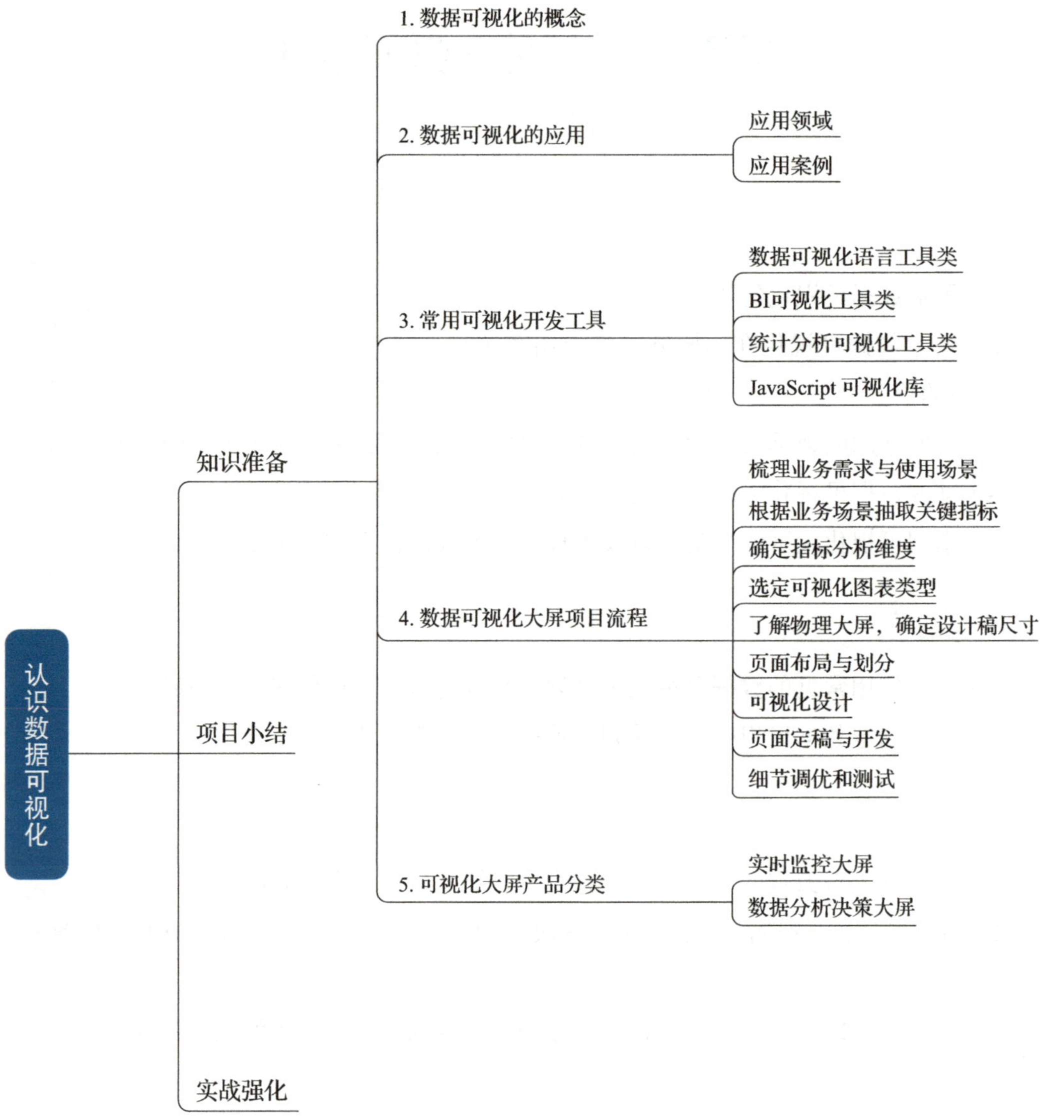

图 1-1 认识数据可视化思维导图

知识准备

1. 数据可视化的概念

数据可视化是将数据以图形或图像的方式呈现出来的过程，以帮助用户更好地理解数据、发现趋势、识别模式和提取信息。以下是关于数据可视化的一些概念。

1）数据表示：数据可视化通过使用图形、图表、图像和其他视觉元素来表示数据。这些视觉元素可以包括线图、柱状图、散点图、地图、饼图等,以及更复杂的可视化形式。

2)信息传达:数据可视化的主要目标是通过视觉方式将数据信息传达给用户,以帮助他们理解数据,快速识别数据的关键特征和趋势。

3)数据探索:数据可视化可用于数据探索阶段,帮助分析师或研究人员发现数据中的模式、异常和趋势,从而指导后续的分析和决策。

4)决策支持:数据可视化是决策制定的有力工具。它可以帮助决策者可视化不同决策,并更好地理解潜在风险和机会。

5)交互性:一些高级数据可视化工具允许用户与可视化图形进行交互,使用户能够钻取数据、过滤信息、查看详细信息等,以获得更深入的理解。

6)设计原则:数据可视化的设计需要考虑视觉清晰度、颜色选择、图形选择、标签和标题的添加等方面,以确保信息传达的有效性和准确性。

7)数据源:数据可视化依赖于数据源,数据必须事先进行收集、清洗和准备,以便有效地可视化。

总之,数据可视化是一种强大的工具,可以帮助用户更好地理解数据、做出更明智的决策,并从数据中获取有价值的见解。它在许多领域中都发挥着关键作用,已经成为现代数据分析和决策制定的不可或缺的工具。

2. 数据可视化的应用

(1)应用领域

数据可视化是将复杂数据集合通过视觉表达形式展现出来的过程,它在许多领域都有广泛应用。以下是一些不同领域中数据可视化的应用场景。

1)商业智能与市场分析:公司使用数据可视化来分析市场趋势、消费者行为、销售性能等。这有助于企业做出基于数据的决策。

2)健康医疗:在医疗领域中,数据可视化用于展示病人的健康记录、疾病发展趋势、药物效果等。这有助于医生更快地理解和诊断,如图1-2所示。

3)科学研究:在科学研究中,尤其是在气候变化、天文学或分子生物学等领域中,数据可视化用于将复杂的数据集变得容易理解。

4)金融:在金融领域中,利用数据可视化来追踪股票市场的动态、分析投资组合的表现、预测市场趋势等,如图1-3所示。

5)教育:在教育领域中,数据可视化可以帮助学生理解复杂的概念,比如历史趋势、数学问题等。

6)社交媒体分析:通过数据可视化可以分析社交媒体上的舆论趋势、用户行为、内容受欢迎程度等。

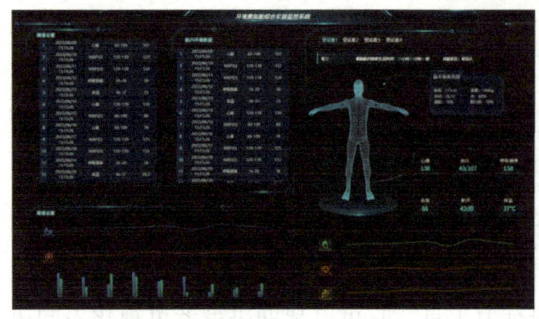

图1-2　健康医疗数据可视化

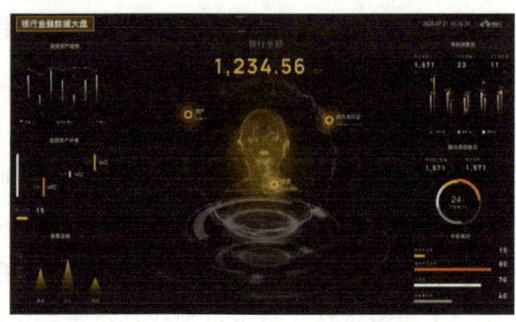

图1-3　金融数据可视化

（2）应用案例

以下是近几年的数据可视化案例，这些案例不仅展示了数据可视化技术的发展和创新，同时也反映了现代社会对信息处理和传播方式的新要求。

1）可视化流行病的历史：该数据可视化案例是被称为"传染病历史"可视化的信息图表。该信息图表详细展示了人类历史上所有已知流行病事件的发展。图表中的3D疾病插图是基于权威机构如疾病控制与预防中心（CDC）、世界卫生组织（WHO）、英国广播公司（BBC）、维基百科、历史记录、大英百科全书和约翰霍普金斯大学等的研究数据而制作的。这些插图的大小与每次流行病的死亡人数成正比，使读者能够更加直观地理解数据，如图1-4所示。

2）它从天上掉下来：该数据可视化案例以清晰的方式展示了地球每年遭受陨石撞击的分布图。设计师以一种时尚和引人注目的方式将这些数据呈现出来，还呈现了记录中的高峰时刻，并比较了已记录的最大陨石的尺寸，如图1-5所示。

3）2024火星任务宣传片：该三维数据可视化案例充满了细节描绘，通过精美的数据呈现方式描绘了未来的景象。引人注目的红灰色调突显了太空探索和将人类送入太空的美好愿景。令人赞叹不已的地形勘探、太空舱飞行以及表面图形的复杂动画让人仿佛置身于火星任务的工作中，如图1-6所示。

图1-4　"传染病历史"可视化

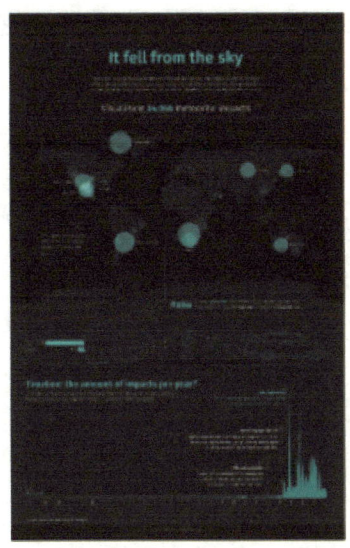

图 1-5　它从天上掉下来　　　　图 1-6　2024 火星任务宣传片

4) 2020 自动驾驶汽车技术报告：该数据可视化案例聚焦于自动驾驶汽车技术，深入研究了自动驾驶汽车的硬件和软件市场。通过可视化方式，清晰地展示了自动驾驶汽车在不同环境下的性能水平，如图 1-7 所示。

图 1-7　2020 自动驾驶汽车技术报告

3. 常用可视化开发工具

国内外有许多优秀的数据可视化工具和技术可供选择。以下是对各种类型代表性工具的详细介绍。

（1）数据可视化语言工具类

数据可视化语言工具通常使用专门的编程语言或脚本来创建数据可视化。代表性工具包括 Python、R 语言。

常用可视化开发工具

Python 语言中的库如 Matplotlib、Seaborn、Plotly 和 Pyecharts 等提供了丰富的数据可视化功能，Python 生成的可视化图如图 1-8 所示。

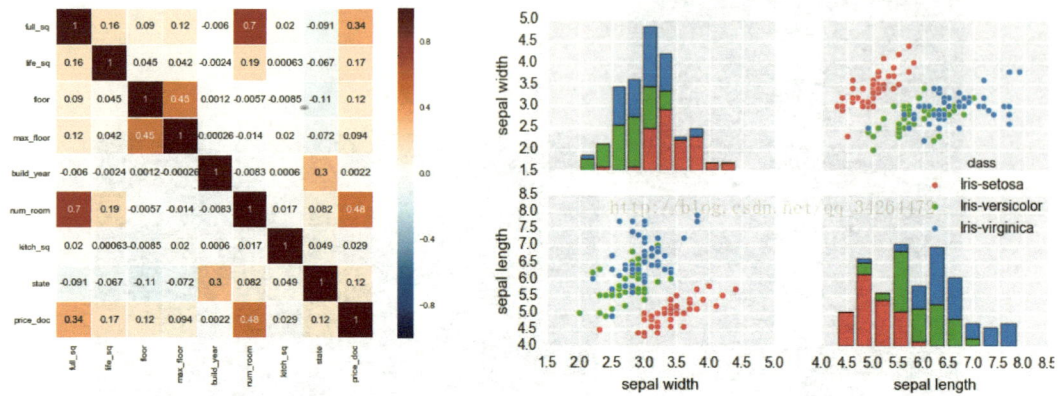

图 1-8　Python 生成的可视化图

从事 Web 前端开发的人员都熟悉 ECharts.js 库，这是一款功能强大的前端可视化 JavaScript 库。然而，在使用 Python 时，每次实现可视化功能都要引入 ECharts.js 库可能不太方便。因此，有人开发了一个名为 Pyecharts 的工具，它是一个结合了 Python 和 ECharts 的库，提供了非常便捷的解决方案。

Pyecharts 是一个用于生成 ECharts 图表的 Python 库，它可以在 Python 中轻松生成 ECharts 图表，而不需要深入学习 JavaScript。Pyecharts 的优势在于它能够方便地嵌入 Python 项目中，同时还支持动态可视化效果的创建。这使得数据分析师和开发者能够更轻松地利用 Python 来构建交互式和引人入胜的数据可视化，而不必过多涉及前端开发。

R 语言是一门专注于数据分析和统计建模的编程语言。它拥有庞大的生态系统，允许用户进行各种数据处理、分析和可视化任务。其中最引人注目的库之一是 ggplot2，它是一款用于创建精美和高度定制化图表的库。ggplot2 使用直观的语法和层叠图层的方式，使用户能够轻松地构建各种类型的图表，包括散点图、折线图、柱状图、箱线图等。通过 ggplot2，用户可以对图表进行精细调整，以确保它们传达出数据的关键信息。R 语言生成的可视化图如图 1-9 所示。

（2）BI 可视化工具类

商业智能（BI）工具专注于将数据可视化集成到业务智能平台中，以帮助企业更好地理解数据。代表性工具包括 Tableau、Power BI 等。

Tableau 是一款简单易用的商业智能工具，特别适合桌面系统使用。与许多其他工具不同，Tableau 无须用户编写复杂的自定义代码，使数据分析变得更加轻松和直观。它的控制台非常灵活，不仅提供了信息监测功能，还提供了强大的数据分析能力。用户可以在控制台上轻松进行数据操作和分析，无须深入了解复杂的编程知识。

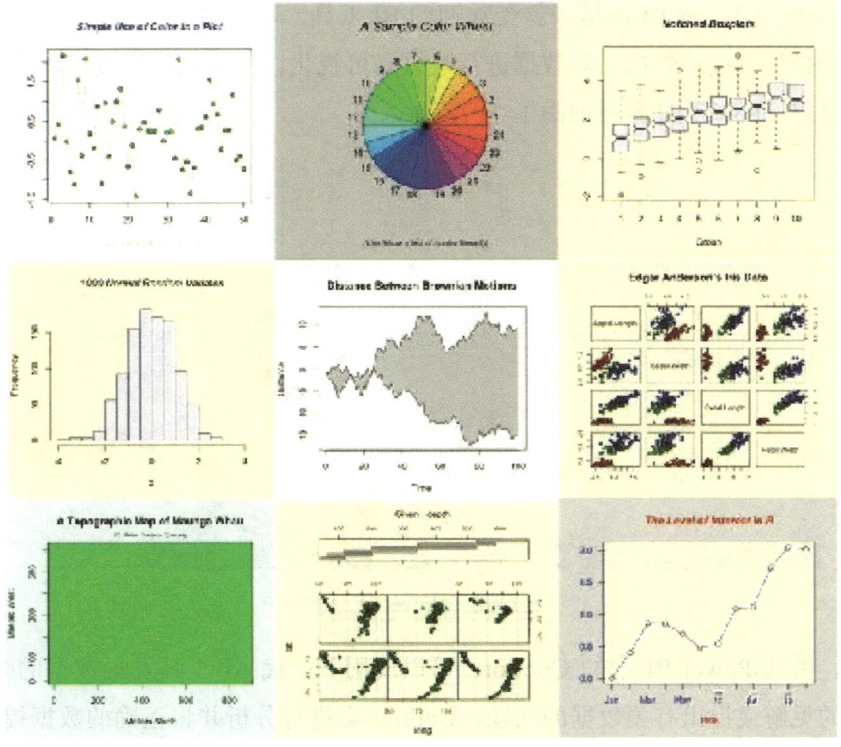

图 1-9　R 语言生成的可视化图

Tableau 的独特之处在于它将数据计算和美观的图表无缝结合在一起。用户可以将大量数据简单地拖放到数字"画布"上，然后迅速创建各种各样的图表和可视化效果。这个软件的设计理念是，让界面上的数据操作变得尽可能直观和易于掌握，以帮助公司更深入地了解他们在特定业务领域中的行为和决策是否正确。Tableau 图表界面如图 1-10 所示。

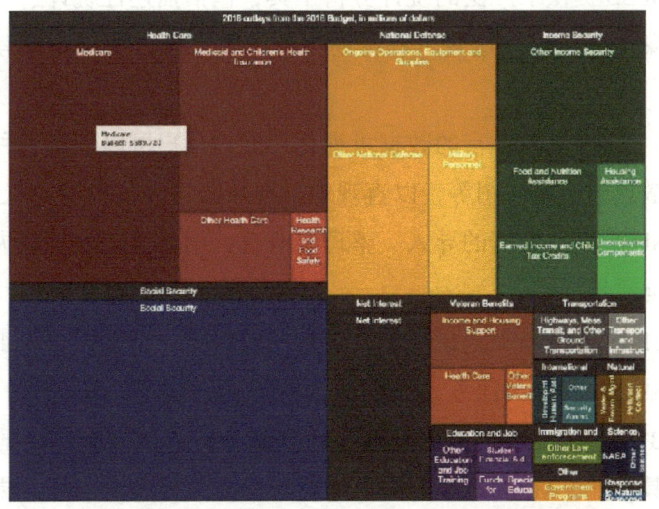

图 1-10　Tableau 图表界面

Microsoft 的 Power BI 也是一款受欢迎的 BI 工具，可帮助用户创建交互式报表和仪表板。它轻松地链接到数据、对数据进行建模和可视化，从而创建通过 KPI 和品牌进行个性化的报表，Power BI 界面如图 1-11 所示。

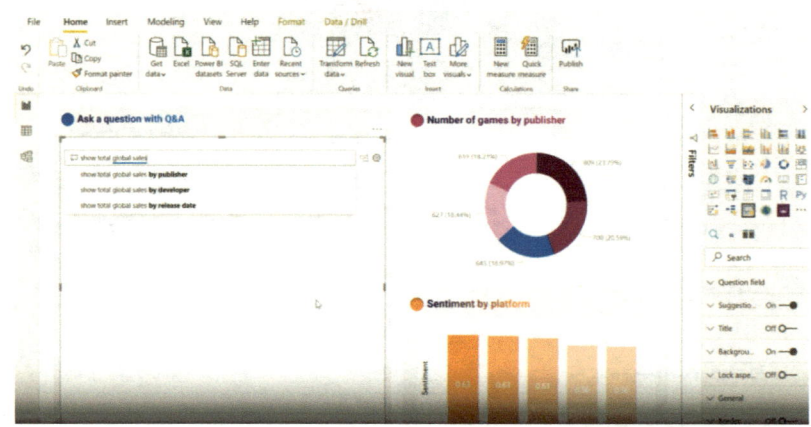

图 1-11　Power BI 界面

此外，借助 Power BI 中的 Copilot，可以使用下一代 AI 工具发掘数据的全部潜力。描述需要的见解或提出有关数据的问题，Copilot 会进行分析并将正确的数据提取到报告中，从而轻松将数据转化为可行见解。

（3）统计分析可视化工具类

统计分析可视化工具注重于数据的统计分析和可视化，有助于揭示数据的模式和趋势。代表性工具包括 SPSS、MATLAB 等。

1）SPSS：IBM 的 SPSS 是一款统计分析软件，具备强大的数据可视化能力。它的主要特点包括以下几方面。

统计分析：SPSS 提供了广泛的统计分析工具，包括描述性统计、推断统计、因子分析、回归分析、聚类分析等。这些工具帮助用户深入分析数据、检验假设和发现数据之间的关系。

数据可视化：SPSS 具备丰富的数据可视化功能，用户可以创建各种类型的图表和图形，如直方图、散点图、箱线图等，以直观地呈现数据的分布和趋势（见图 1-12）。

数据管理：SPSS 支持数据的导入、整理和清洗，用户可以处理缺失值、重复值和异常值，以确保数据质量。

高级建模：SPSS 提供高级建模功能，包括逻辑回归、决策树、人工神经网络等，支持复杂的数据挖掘和预测分析任务。

2）MATLAB：MATLAB 在数据处理、计算和分析方面拥有广泛的应用。与其他类似的科学计算工具相比，MATLAB 的图形编辑功能尤为强大，为用户提供了直观、高效的数据可视化工具。MATLAB 可视化图表如图 1-13 所示。

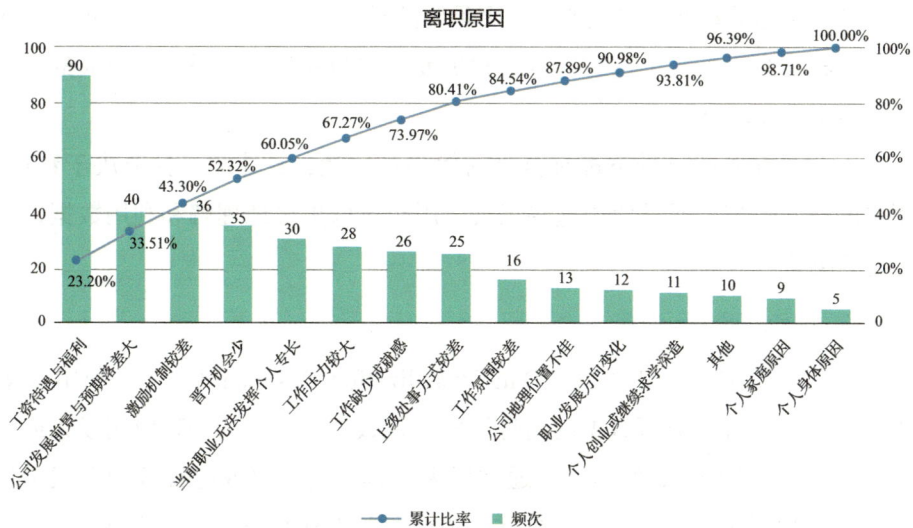

图 1-12　SPSS 数据可视化

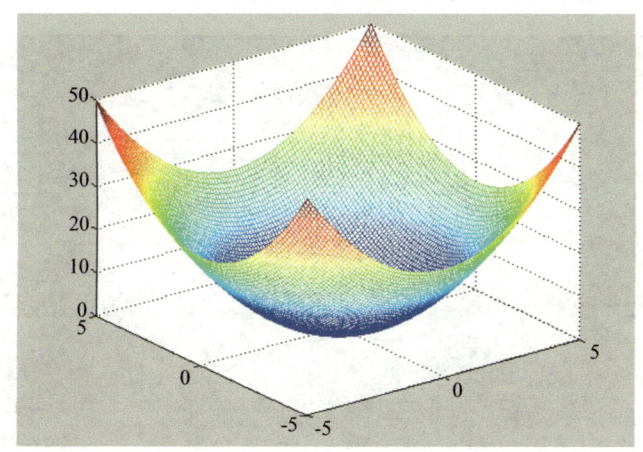

图 1-13　MATLAB 可视化图表

MATLAB 的图形编辑功能不仅有助于用户观察数据之间的内在关系，还能方便地分析各种数据结果。这使得 MATLAB 成为科学研究、工程设计、数据可视化等领域的首选工具。通过不断改进图形系统，MATLAB 提供了更好的用户体验，使得数据可视化更加直观。

（4）JavaScript 可视化库

JavaScript（JS）可视化库是用于在 Web 应用程序中创建交互式数据可视化的工具。代表性库有 ECharts，ECharts 库支持图表如图 1-14 所示。

图 1-14　ECharts 库支持图表

ECharts 是一款纯 Java 编写的免费开源数据可视化库，最初由百度开发，广泛用于软件产品开发和系统中的图表模块。这个库提供了多种图表类型，具有卓越的动态可视化效果。更重要的是，ECharts 是一个开源项目，用户可以免费使用并根据自己的需求进行自定义和扩展。这为开发人员提供了极大的灵活性和自由度，以满足不同项目的需求。

以上这些工具在不同场景下都有自身的优势和用途，具体的选择取决于数据类型、需求和用户的技术偏好。通过使用这些工具，用户可以更好地理解和利用数据，以做出更明智的业务决策。

4. 数据可视化大屏项目流程

数据可视化大屏项目流程

数据可视化大屏（Data Visualization Dashboard）是一种用于集中展示、监控和分析数据的信息界面，是数据可视化的一种应用场景或实现形式，如图 1-15 所示。它通常以大屏幕、显示墙或电视墙的形式呈现，旨在以可视化的方式传达数据、关键业务指标和信息，以便决策者、管理团队或其他相关人员能够迅速获取关键见解和信息。

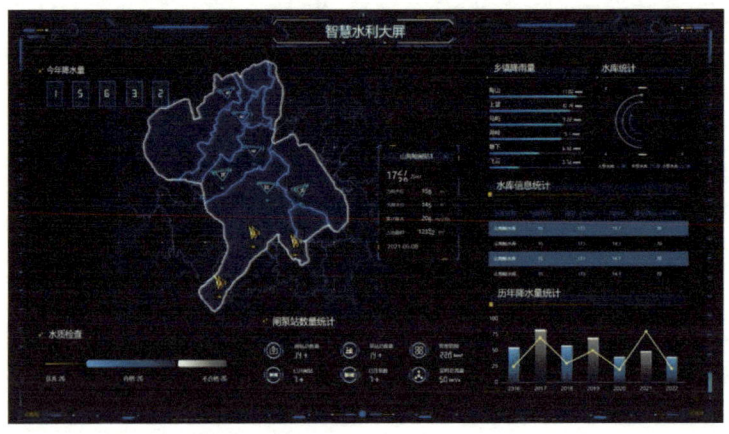

图 1-15　数据可视化大屏

数据可视化大屏项目流程如图 1-16 所示。

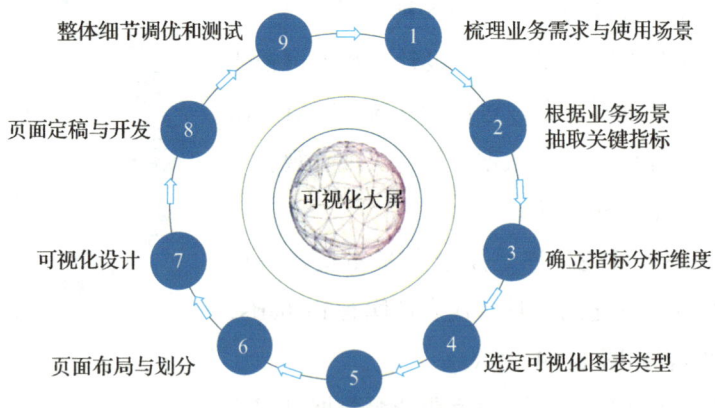

图 1-16　数据可视化大屏项目流程

（1）梳理业务需求与使用场景

在设计大型屏幕时，设计的排版布局和图表选择应当服务于具体业务需求。业务需求是指需要解决的问题或要实现的目标。设计师通过各种设计手段，帮助相关人员实现需求目标，这正是大屏数据可视化的核心价值。

对于整体项目来说，其目的是利用大屏设备来展示相关数据和图表。一般将应用场景分为以下两种类型。

1）专业展示：用于商务活动、分享会或向特定团体进行讲解和展示。

2）日常展示：用于办公区域或前台大厅进行实时数据展示。

（2）根据业务场景抽取关键指标

关键指标是指一系列重要的数据，在数据大屏展示中，这些指标往往占据独立的区域，便于用户快速理解大屏所展示的核心内容。通过定义关键指标，能够清楚地了解数据大屏的展示信息，并确定大屏的分区布局。

在一般的布局中，最重要的指标通常会放置在屏幕的中央位置，并通过动态效果，如动态地图或翻牌器，来展示，吸引用户的注意。次级指标则多安排在屏幕两侧，并以各种图表形式出现。对于辅助性指标，其补充信息可以选择不在主屏幕上显示，而是在副屏上展示，或者在鼠标悬停时显示。

以某学校智慧校园数据中心大屏为例，关键指标包括学生基础信息、教室环境监测、教师基础信息等，如图1-17所示。这些指标能够直观地反映学校的教学资源和条件。

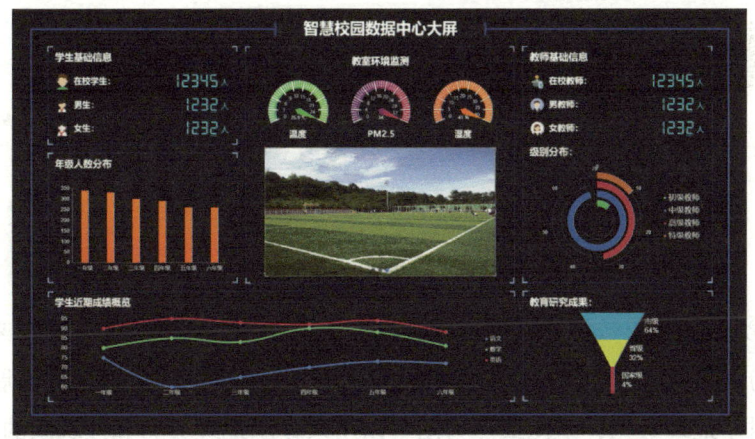

图1-17 智慧校园数据中心大屏

（3）确定指标分析维度

同一个数据指标，在不同维度的分析下会呈现出不同的结果。在进行数据可视化之前，需要仔细考虑并明确定义要分析的维度。不同的维度可能会有不同的数据呈现方式，因此在选择维度时要确保选择的维度能够反映出想要传达的信息和观点。此外，也要确保可视化图表的设计与所选维度相匹配，以确保用户能够准确理解数据的含义。以一款软件的下单用户指标分析为例，可以从下单用户当前使用的软件版本、下单渠道、用户类型、下单区域、下单时间等维度去分析该指标，如图1-18所示。

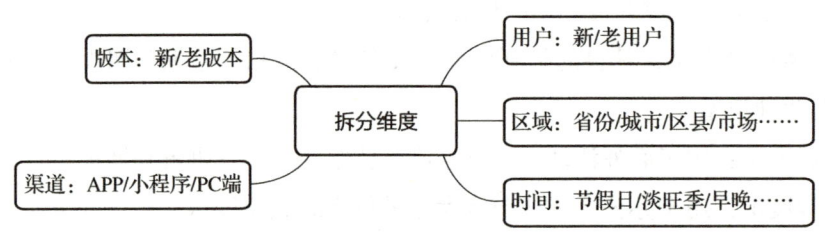

图1-18　指标分析维度拆分

（4）选定可视化图表类型

选定可视化图表类型的过程取决于想要传达的信息、数据的性质以及用户的需求。以下指导原则有助于选择合适的可视化图表类型，可视化图表类型如图1-19所示。

图1-19　可视化图表类型

1）数据类型：如果数据是时间序列数据，考虑使用折线图或时间轴图来展示趋势和变化。对于分类数据，例如不同产品的销售量，柱状图或饼图可以很好地展示各类别之间的比较。对于地理数据，地图或热力图可以用来显示地理分布和区域间的差异。

2）数据对比：如果需要比较不同项目之间的数据，柱状图、堆叠柱状图或雷达图可能更合适。如果想展示数据的部分与整体的关系，饼图或面积图可能有用。如果需要显示相关性或趋势，散点图或气泡图可以派上用场。

3）数据分布：如果关注数据的分布和离散程度，箱线图或直方图可以直观展示数据的分布情况。对于大量数据点的分布，核密度图或散点图矩阵可能更合适。

4）多维数据：对于多维数据，平行坐标图或雷达图可以同时比较多个属性。叠加多个图表或使用分面图可以将多个维度有效地可视化。

5）时间和变化：如果关注数据的时间趋势，考虑使用折线图或时间轴图。动画图表可以展示随时间变化的数据，帮助用户理解演变过程。

（5）了解物理大屏，确定设计稿尺寸

确定可视化大屏设计稿尺寸之前，首先了解物理大屏的特性和规格是非常重要的，因为设计稿尺寸需要与物理大屏的属性相匹配，以确保内容能够在大屏上以最佳方式呈现。

此外，物理大屏通常具有特定的分辨率，这是屏幕可以显示的像素数量。设计稿的分辨率应该与物理大屏的分辨率相匹配，以确保图像和文本的清晰度和质量。如果设计稿的分辨率与大屏不匹配，可能会导致图像模糊或失真。

（6）页面布局与划分

当确定了可视化大屏的设计稿尺寸后，下一步就是对设计稿进行布局和页面的划分。这个过程至关重要，因为它决定了如何最有效地呈现想要展示的信息和数据。以下是一些关键步骤和考虑因素。

1）定义页面结构。首先，确定大屏上需要显示的不同页面或板块。每个页面用于呈现特定类型的信息或数据。这个步骤有助于明确大屏的整体结构和布局，常规页面布局如图 1-20 所示。

图 1-20　常规页面布局

2）决定页面数量。根据项目需求和内容的复杂性，决定大屏上的页面数量。每个页面应该有明确的主题或用途，以确保信息的有序呈现。

3）分配页面尺寸和比例。将设计稿的尺寸分配给每个页面，并确保它们的纵横比与物理大屏匹配。考虑每个页面的内容密度和可读性,以确定合适的尺寸。

4)确定页面内容层次结构。确定每个页面的内容层次结构,包括主要信息、次要信息和辅助信息。将信息组织成标题、子标题、文本和图形等元素,以便用户能够轻松理解。

5)使用分区和栅格系统。使用分区和栅格系统来划分页面的不同区域,有助于内容的排列整齐和对齐,提高整体视觉效果。

(7)可视化设计

可视化大屏的设计风格通常会考虑行业类型、客户喜好以及具体展示指标的整体搭配。一般而言,大多数可视化大屏更倾向于采用深色系的设计风格。这主要是因为在长时间观看的情况下,浅色系可能会导致观众眼睛疲劳和刺疼的问题。此外,深色背景更适合展示动感光线等特效,能够增强视觉效果和吸引力。因此,深色系设计在可视化大屏中较为常见,但仍需根据具体情况进行灵活调整以满足客户需求和行业要求。大屏设计风格如图1-21所示。

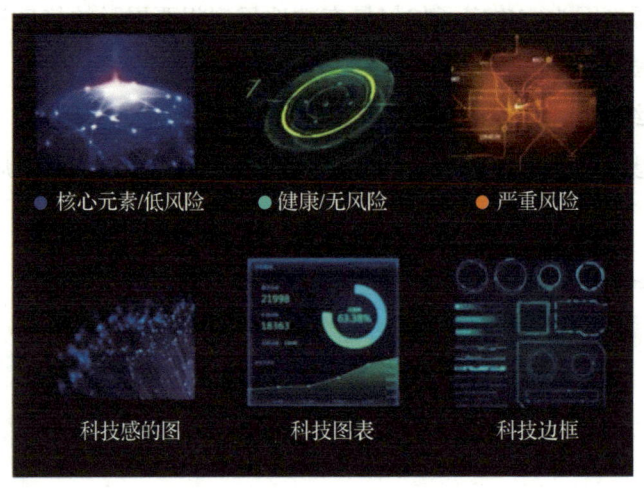

图1-21　大屏设计风格

除了设计风格以外,色彩在可视化设计中扮演着关键的角色,它可以直观地引导用户寻找有效信息,并划分信息的层级关系。一旦整体色彩方案确定,色彩的应用可以用来强调信息的层级关系,突出重点内容,以帮助用户迅速识别重要信息。

当图表需要使用多种颜色时,建议不要超过12种不同的色相。这是因为人的眼睛在不连续的区域内通常只能分辨出6~12种不同的色相。如果使用过多的颜色,可能会让用户感到困惑。因此,在选择颜色时,要考虑色彩的清晰性、对比度和可读性。此外,还应注意颜色的情感和文化含义,以确保所选颜色与所要表达的信息一致。

为了更好地理解不同行业的颜色搭配,可以参考不同行业的色卡,这有助于学习和应用适合特定领域的颜色组合,如图1-22所示。

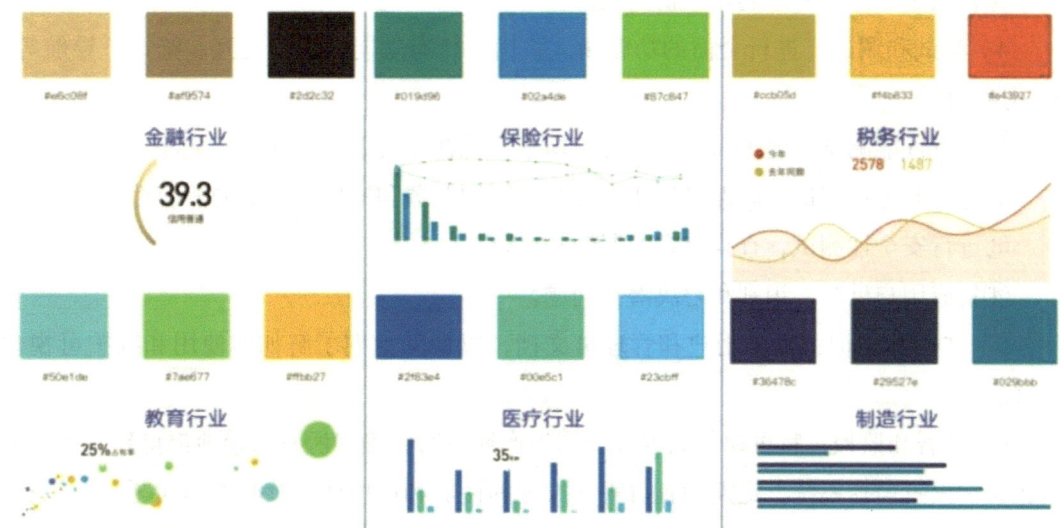

图 1-22　不同行业的色卡和颜色组合

（8）页面定稿与开发

在进行页面定稿和开发时，需要考虑一些关键要点，以确保最终的可视化大屏设计能够顺利实施。

1）细化设计：在进行页面定稿之前，确保所有设计细节已经完善，包括颜色、字体、排版、图表类型等。设计稿应该清晰、具体，并与最终产品一致。

2）页面结构：确保页面结构合理，各个元素的排列和布局符合用户体验原则。考虑信息的分层次展示，确保关键信息易于识别。

3）内容一致性：页面上的内容应该与设计目标一致，并符合用户的需求。避免信息冗余或出现不必要的内容。

4）可交互性：如有必要，确保页面上的交互元素（按钮、链接、筛选器等）能够按照设计预期正常工作。

（9）细节调优和测试

细节调优和测试是确保可视化大屏成功实施的关键步骤。需要关注细节，优化性能并进行全面测试，以确保最终的可视化项目能够按照预期运行。以下是在细节调优和测试阶段的关键要点。

1）性能优化：评估可视化大屏的性能，确保它在加载速度、响应时间和数据处理方面表现出色。

2）响应式设计：测试可视化大屏在不同屏幕尺寸、设备和浏览器上的表现，确保它在各种情况下都能正常显示和交互。

3）安全性：进行安全审查，确保数据传输和存储的安全性。使用身份验证和授权机制来保护敏感信息，并限制用户访问权限。

4）测试和调试：进行全面的功能测试，确保所有功能（用户交互、筛选、导航等）按预期工作。

①进行性能测试，模拟高负载情况，检查系统在压力下的表现。

②进行兼容性测试，确保可视化大屏在不同浏览器和操作系统上的兼容性。

③进行安全性测试，查找潜在的漏洞和风险。

④集成用户反馈，识别和解决潜在问题。

5）文档和培训：提供用户和管理员文档，以帮助他们了解如何使用和维护可视化大屏。

6）部署和监控：将可视化大屏部署到生产环境时，确保所有依赖项都得到满足，配置正确。设置监控系统，定期检查可视化大屏的性能和可用性，及时处理问题。

5. 可视化大屏产品分类

可视化大屏产品分类和项目小结

可视化大屏产品包括实时监控大屏、数据分析决策大屏。不同类型的可视化大屏在不同的应用场景中发挥着关键作用。

（1）实时监控大屏

实时监控大屏是一种专注于实时数据监控和展示的产品，通常用于监测关键性能指标、设备状态、生产流程等，以及及时发现和应对问题。实时监控大屏通过动态的图表、指标、图形和警报，帮助用户保持对实时数据的把控，以便快速做出反应。某机房监控大屏如图1-23所示。

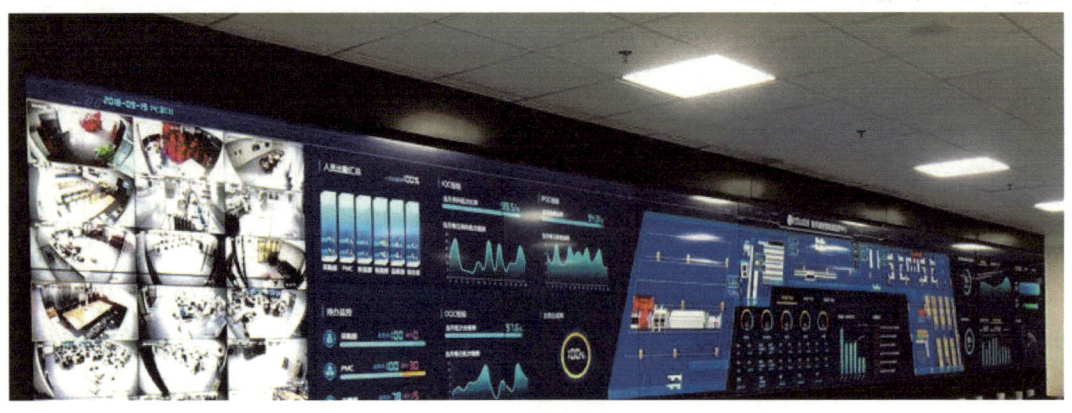

图1-23 某机房监控大屏

（2）数据分析决策大屏

数据分析决策大屏专注于帮助用户理解和分析数据，辅助决策制定。大屏通常提供了丰富的图表、可视化工具和数据筛选功能，以帮助用户深入挖掘数据，发现趋势、模式和见解，帮助决策者获得全局视图，并基于数据做出明智的决策。数据分析决策大屏在业务决策、市场趋势分析、销售预测等领域具有广泛应用。库存分析大屏如图1-24所示。

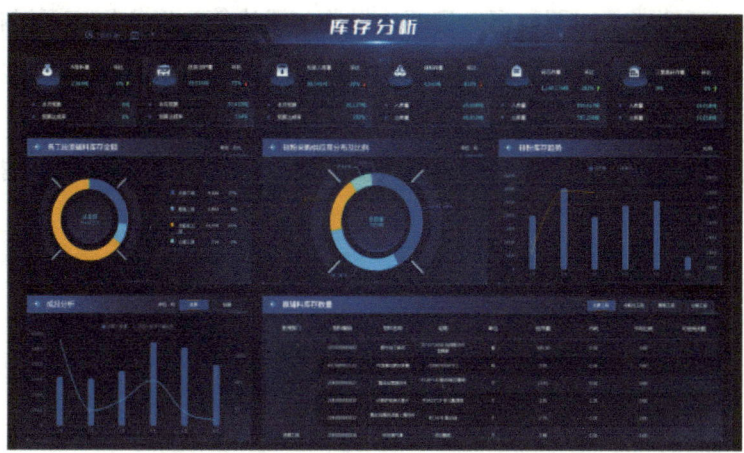

图1-24　库存分析大屏

项目小结

本项目首先介绍了数据可视化的基本概念；然后着重介绍了数据可视化的广泛应用领域和场景，以及当前最新的数据可视化项目；之后介绍了语言、BI、统计分析、JS可视化库等常用的可视化开发工具；其次，介绍了大数据可视化大屏项目落地9步法；最后介绍了实时监控大屏、数据分析决策大屏两种可视化大屏的产品。

通过本项目的学习，读者可以建立坚实的数据可视化基础，了解其应用领域和工具，掌握项目开发流程，以及识别不同类型的可视化大屏产品。

实战强化

假设你是一家电子商务公司的数据可视化设计师，负责设计监控销售数据大屏。为了提高数据分析的效率和可视化的清晰度，需要创建一个交互式数据可视化仪表板，用于展示销售数据和关键业务指标。请完成一份数据可视化大屏项目流程实施文档。要求：

（1）关键业务指标选择

与相关部门和利益相关者共同确定需要展示的关键业务指标。这些指标应该能够直观地反映出企业的销售情况和业绩。

（2）图表类型选择和设计

根据关键业务指标的性质和展示需求，选择适当的图表类型，如柱状图、折线图、饼图、仪表盘等。

（3）可视化布局设计

创建仪表板的布局时，考虑整体的视觉层次和信息架构，将关键业务指标和相关图表放置在最显眼的位置,并根据重要性进行排序。

(4)交互功能设计

考虑添加交互功能,如下拉框、日期选择器、滑块等,以便用户可以根据需要筛选和查看特定时间段或维度下的数据。

(5)用户培训和反馈

提供用户培训和使用指南,确保相关人员能够熟练使用仪表板进行数据分析和决策支持。

项目 2　梳理与分析数据

知识目标

1）了解需求调研的意义、方法与流程。
2）了解数据指标的定义和要素构成。
3）掌握大屏常见图表及应用场景。（重点）
4）了解大屏常见的交互效果。
5）了解可视化评分标准。
6）了解需求调研中的技巧。

技能目标

1）掌握常见的需求分析模型：5W2H。（难点）
2）能够实现项目指标梳理，并输出指标分析表。（难点）
3）能够在 Figma 软件中基于数据特点呈现目标设计大屏产品原型。（难点）

素养目标

1）与时俱进，关注行业最新技术与应用场景。
2）支持使用国产软件，激发国产科技自信。

项目 2 概述和知识准备 1

项目概述

本项目以数字乡村可视化大屏项目为背景，进行项目需求分析，并梳理、分析项目相关数据，依次建立项目现场调研表、用户需求表、指标分析表和产品原型设计稿，对应四个工作任务：开展现场调研、建立用户需求池、分析指标和设计原型。

开展任务前，需要掌握必要的理论知识：什么是需求调研？需求调研有什么意义？常见的调研方法与流程是什么？常见的需求分析模型有哪些？什么是数据指标？大屏常见的图表有哪些？图表的应用场景有哪些？对于大屏类型的产品，其交互原型设计中可以设计哪些常见的交互效果呢？

完成任务后，进一步了解可视化评分标准——GLAD 原则，对产品指标进行评分与优化；同时，对于需求调研中常见的问题，学习更多需求调研技巧，有助于在后续项目的需求调研过程中更好地开展工作。

项目思维导图如图 2-1 所示。

```
梳理与分析数据
├── 知识准备
│   ├── 需求调研的定义、意义、方法和流程
│   ├── 常见的需求分析模型——5W2H
│   ├── 数据指标
│   ├── 大屏常见图表及其应用场景
│   └── 常见的交互效果
├── 任务1  开展现场调研
│   ├── 调研项目现场
│   └── 建立现场调研表
├── 任务2  建立用户需求池
│   ├── 确定项目背景
│   ├── 开展用户访谈
│   └── 建立用户需求表
├── 任务3  分析指标
│   ├── 理解业务逻辑与指标含义
│   ├── 确定主次指标
│   └── 建立指标分析表
├── 任务4  设计原型
│   ├── 准备原型设计工具
│   ├── 设计大屏布局
│   ├── 设计静态交互原型
│   └── 设计动态交互原型
├── 拓展学习
│   ├── 可视化评分标准——GLAD原则
│   └── 需求调研技巧
├── 项目小结
└── 实战强化
```

图 2-1　梳理与分析数据思维导图

知识准备

1. 需求调研的定义、意义、方法和流程

对于产品经理而言，掌握需求调研技能是至关重要的，深入理解需求是设计出既有价值又实用的产品的基础。

（1）需求调研的定义

需求调研是指运用用户访谈、可用性测试、问卷调查和数据分析等手段，对产品进行全面的定性与定量分析。其核心目的是根据调研结果来进行后续的需求分析和产品设计。

（2）需求调研的意义

1）制定战略规划：通过需求调研，可以深入了解行业和市场动态，从而制定出既合理又可行的战略规划。

2）明确产品定位：通过搜集和分析用户需求，确立产品的定位。对新产品而言，定位包括决定是否开发、如何设计以及需要的功能等。

3）产品迭代和优化：对于已有产品，需求调研能帮助识别产品的不足之处，并制定改善方案以增强其市场竞争力。

（3）需求调研的方法

1）用户访谈：通过与用户的对话，提出问题，以此来收集需求。

2）问卷调查：制作调查问卷并向用户群体发放。

3）可用性测试：观察用户在实际工作流程中的操作。

4）数据分析：收集相关数据进行分析并提炼信息，从而得出结论。

（4）需求调研的流程

需求调研包括四个阶段，如图2-2所示。

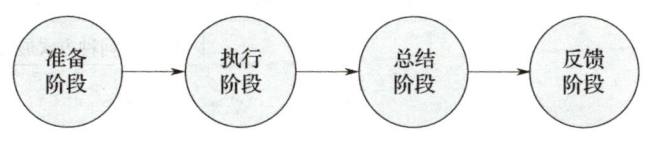

图2-2　需求调研四阶段

1）准备阶段：在准备阶段，需要明确调研主题、确定调研对象、选择调研方法、设计访谈提纲、预定调研时间。这一阶段的目标是确定调研的具体内容和对象，以及如何进行调研。

2）执行阶段：在执行阶段，涉及直接与调研对象互动，包括引入主题、建立氛围并提问、认真倾听以及记录问题。

3）总结阶段：在总结阶段，对收集到的需求进行整理和分析，为下一步的方案设计打下基础。

4）反馈阶段：在反馈阶段，需要将调研结果反馈给相关人员，收集补充信息，并在产品上线后向客户提供反馈。

2. 常见的需求分析模型——5W2H

产品需求分析最常用的需求分析方法就是"从问题出发，以答案结束"，对应常见的需求分析模型——5W2H。在数据可视化场景中，则是通过 5W2H 模型，让每一个图表都具有灵魂。所以在做一份可视化报表时，要确定好做什么、怎么做，以及最后要什么。

利用"5W2H 分析法"进行数据可视化产品需求分析时，分为四步，如图 2-3 所示。第一步，从宏观角度分析数据产品定位，通过"Why""How Much""When"思考为什么要制作这个产品、产品为用户或公司带来什么价值、产品的开发周期要多久；第二步，确定目标用户和使用场景，即"Who"和"Where"；第三步，思考解决以上问题的分析思路，即"How"；第四步，通过"What"确定可视化蓝图，包括需要用哪些指标、利用指标相关性实现指标组合、根据指标特点采用不同的展示方式等。

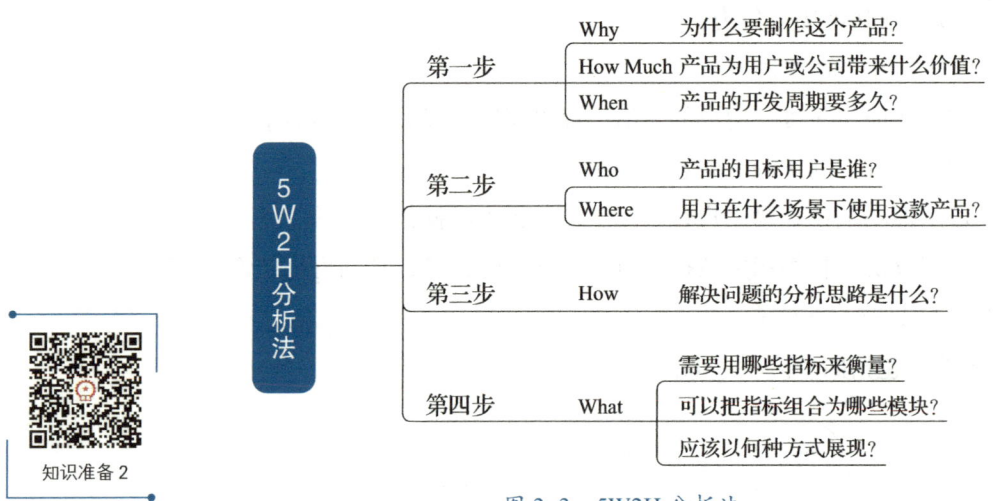

图 2-3　5W2H 分析法

3. 数据指标

数据指标是用于衡量、比较和追踪性能或生产力的定量测量工具。它们通常用来评估组织、项目或流程的成效，并帮助决策者了解当前状况以及是否需要采取行动以改善结果。例如：人数、收入、利润、升学率、覆盖率等。简单来说就是可以将某个事件量化，用数字来衡量目标，在日常工作中都会应用到。

数据指标主要由维度、汇总方式、量度三要素构成。其中，"维度"表示衡量的角度、"汇总方式"表示衡量的方法、"量度"表示衡量的计量单位。如"某学校 2022 年新生人数"这个数据指标，维度就是年份；汇总方式为对 2022 年新生个数求和；量度就是单位，新生人数的单位为"个""位""名"等。

在电商背景下，以某电子商务公司的数据指标为例，其可能关注的数据指标包括日均访客量、转化率、购物车放弃率和平均订单价值（AOV）等。其中，日均访客量显示了网站每天吸引的访客数量，如果这个数字在提升，它可能表明市场营销策略有效或品牌知名度在提升。转化率，指的是将访问者转化为付费客户的比例，高转化率意味着网站用户体验良好,产品吸引人,定价策略得当。购物车放弃率衡量开始购买流程但未完成付款的顾客比例,一个高的购物车放弃率可能提示网站的结账过程复杂或用户遇到了问题。平均订单价值表示每个订单的平均收入,通过提高 AOV,公司可以在不增加顾客数量的情况下增加收入。通过这些指标,公司能够监控其业务性能,并识别改进领域,从而采取措施优化用户体验和提升销量。

4. 大屏常见图表及其应用场景

大屏图表的特点有以下几点。

1)业务逻辑简单:大屏的使用场景偏向于展示或演示,而不是在 PC 端进行细致的数据分析,因而图表逻辑简单,让用户"一看就懂";

2)重点考虑视觉效果:公司对外展示或内部公示的大屏对视觉效果都有一定要求,因而在选择图表时要讲究图表在大屏上的整体视觉效果;

3)酷炫图表使用多:在普通报表中用不到的酷炫图表,如 3D 效果、动效等常用于大屏。

大屏常见图表及其应用场景,见表 2-1。

表 2-1 大屏常见图表及其应用场景

图表分类	图表示例	图表及其应用场景介绍
柱状图与条形图	基本柱状图	基本柱状图通过垂直柱子高度变化展示多维的数据差异,常用于展示数据分布或趋势变化
	堆叠柱状图	堆叠柱状图是柱状图的一种,通过将每个柱子进行分割以显示相同类型下各个数据的大小情况,支持自定义 Y 轴区间、多系列数据配置以及堆叠式的数据展示
	基本条形图	基本条形图可展示某段时间内的数据变化或比较各项数据之间的差距,当维度分类较多或维度名称较长时应选择条形图

(续)

图表分类	图表示例	图表及其应用场景介绍
柱状图与条形图	水平堆叠条形图	水平堆叠条形图将每个条形进行分割以显示相同类型下各个数据的大小情况，可形象展示一个大分类包含的每个小分类的数据，以及各个小分类的占比，显示的是单个项目与整体之间的关系
	双向水平条形图	双向水平条形图可实现双向展示正负条形样式，支持多系列数据配置以及双向式的数据展示
饼图与环图	基本饼图	基本饼图以饼状图的形式切割展示不同系列的数据，可通过设置不同系列数据的展示颜色来区分各部分所占比例
	基本环图	基本环图以环形图的方式展示不同系列的数据，与基本饼图类似，但中心为空，从而形成环状；可通过设置不同系列数据的展示颜色来区分各部分所占比例
	多色玫瑰饼图	多色玫瑰饼图是基础饼图的一种。通过扇形样式展示数据系列中各项的大小及其与各项总和的比例，通过多系列数据配置的方式展现数据变化
折线图与面积图	基本折线图	基本折线图是折线图的一种，通过多系列数据配置的方式展示同一类目下不同数据的变化，形象地展示多维的数据变化趋势

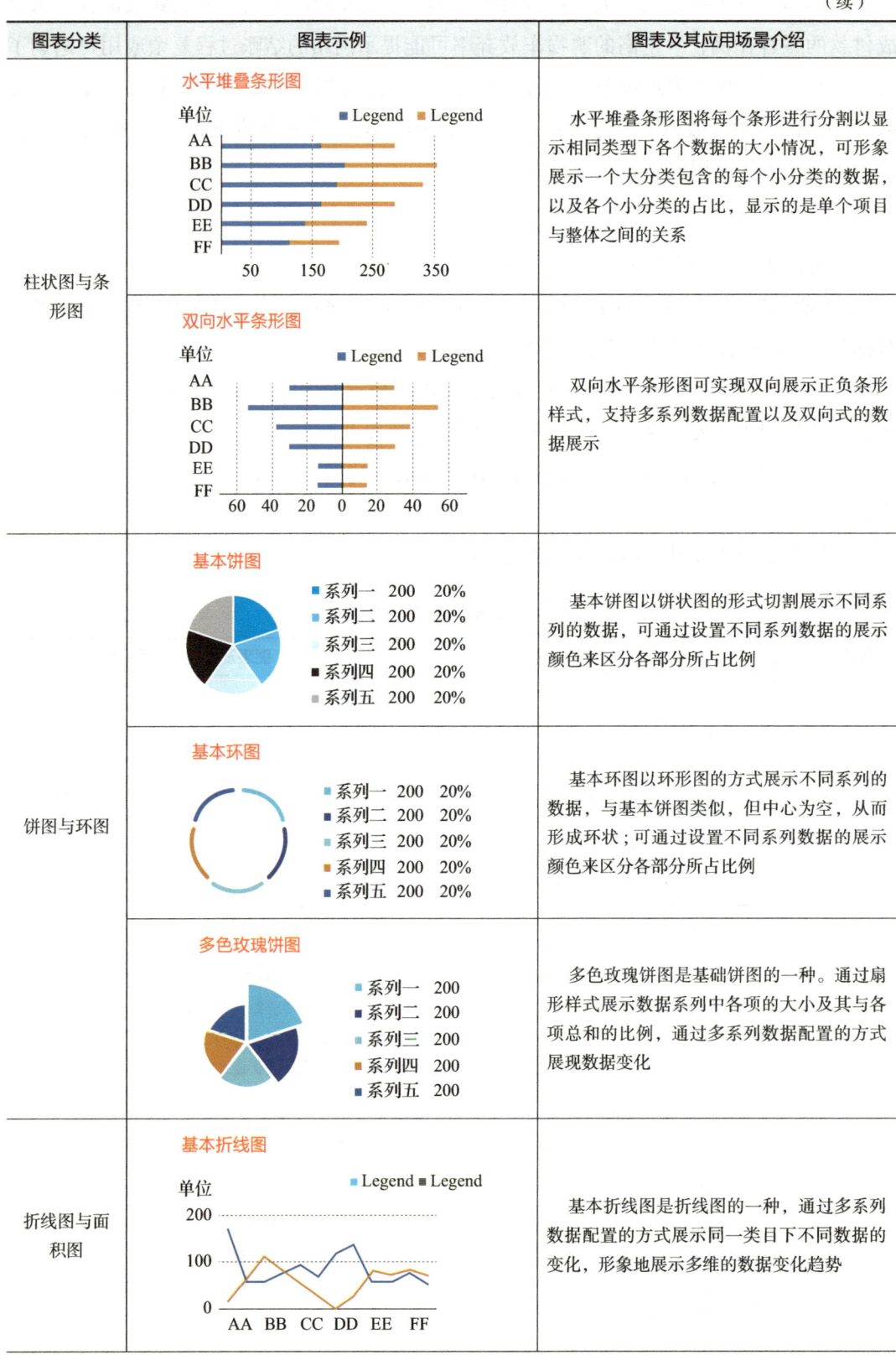

（续）

图表分类	图表示例	图表及其应用场景介绍
折线图与面积图	基本面积图	基本面积图是折线图的一种，支持自定义Y轴区间、多系列数据配置以及某个系列的数字提示框展示，通过曲线和区域相结合的方式展示多维的实时数据的变化趋势
散点图与气泡图	散点图	散点图通常用于表述两个连续变量之间的关系，主要的构成元素有：数据源（散点）、横纵坐标轴、变量名及研究对象。其基本要素就是散点，即所统计的数据，展示实时数据的散点变化趋势
	气泡图	气泡图多用于表现三个变量之间的关系。气泡图与散点图相似，不同之处在于气泡图允许在图表中额外加入一个表示大小的变量。通常情况下，气泡由大小不同的标记（指示相对重要程度）表示
指标图	单值占比图	单值占比图是一个圆形的指标展示图，中间是详细的数据指标，进行一个数据的展示
	圆形栅格占比图	圆形栅格占比图是用于反映指标变化的组件，支持百分比值与真实值两种数值类型的设定，可设置栅格与指标的相关样式，自定义数值区间，展示指标实时的变化情况

（续）

<table>
<tr><th>图表分类</th><th>图表示例</th><th>图表及其应用场景介绍</th></tr>
<tr><td>指标图</td><td>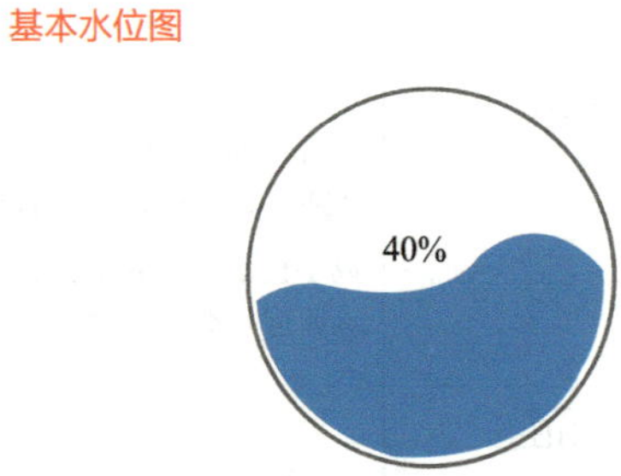
基本水位图
40%</td><td>基本水位图常用于在数据水位线超过设定限值时进行报警</td></tr>
<tr><td>漏斗图</td><td>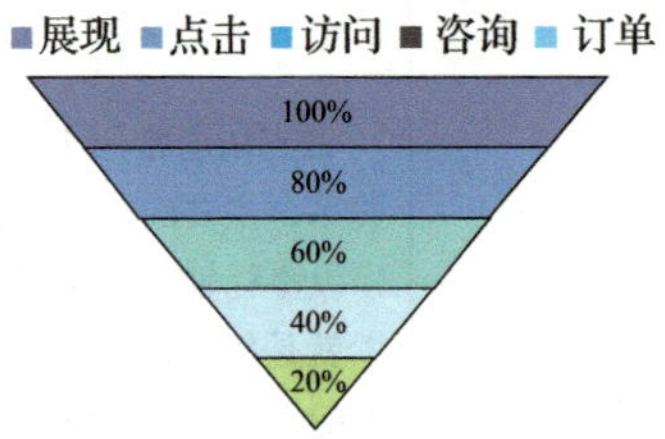
展现 点击 访问 咨询 订单
100%
80%
60%
40%
20%</td><td>漏斗图由多个梯形从上而下叠加而成，具有逻辑上的顺序关系。由于漏斗图形象直观且配色饱满，它在大屏上使用较多</td></tr>
<tr><td>词云图</td><td>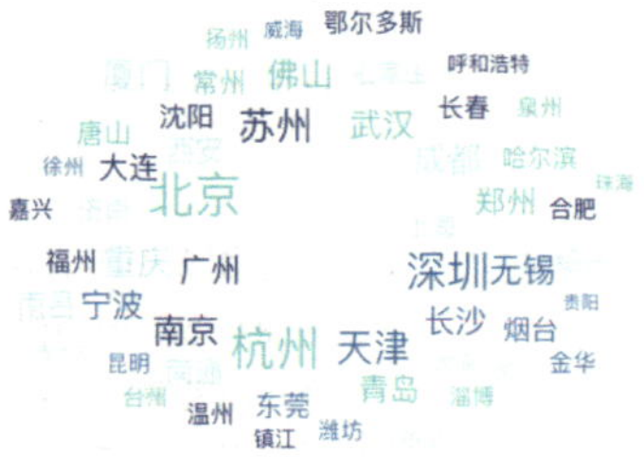
鄂尔多斯
呼和浩特
佛山
沈阳
苏州
武汉
长春
大连
北京
郑州
合肥
福州
广州
深圳
无锡
宁波
南京
杭州
天津
长沙
烟台
金华
青岛
温州
东莞
镇江
潍坊</td><td>词云图是文本数据的视觉化展示，以字体大小或颜色深浅表示每个词的重要程度，可用于公司印象、客户评价等信息的展示，在展示性质的大屏场景中很常见</td></tr>
<tr><td>雷达图</td><td>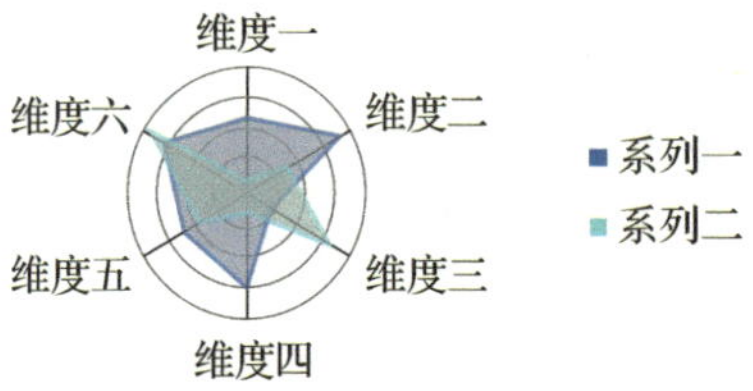
维度一
维度二
维度三
维度四
维度五
维度六
系列一
系列二</td><td>雷达图将多个维度的数据量映射到起始于同一个圆心的坐标轴上，可直观展示数据分布的高低，检查数据是否有异常，在一些监控性质的大屏场景中很实用</td></tr>
<tr><td>地图</td><td>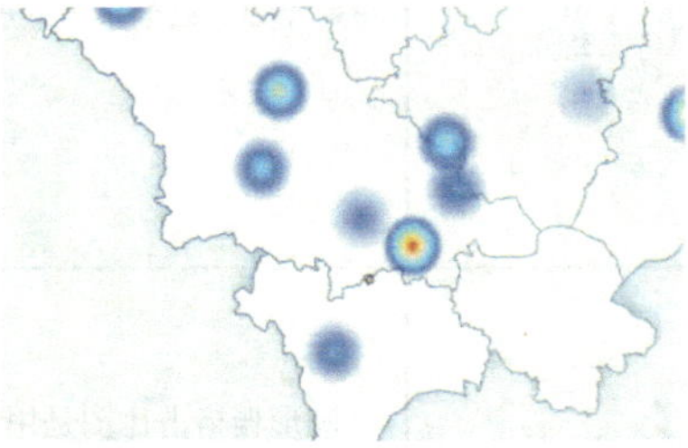</td><td>区域地图是按照国家、省市行政区划分，用来展现地理信息，以及与地理位置有关的信息，指标数值的大小可用颜色深浅区分</td></tr>
</table>

5. 常见的交互效果

为了更好地展示，需要一些人为操作效果，用户需要通过触摸屏幕或远程操作大屏，实现诸如跳转页面、弹出窗口、图表钻取等交互需求。

大屏常见的交互效果包括单击切换 Tab 页、单击按钮切换大屏、单击弹出新窗口和单击地图钻取到下层。

（1）单击切换 Tab 页

每个 Tab 页中含有一个或多个元素，如表格、图表等，单击 Tab 页标签可以实现 Tab 页切换，方便查看更多信息。这类交互需求在驾驶舱大屏中最为常见。多个 Tab 页的切换方便了查看和分析，如图 2-4 所示。

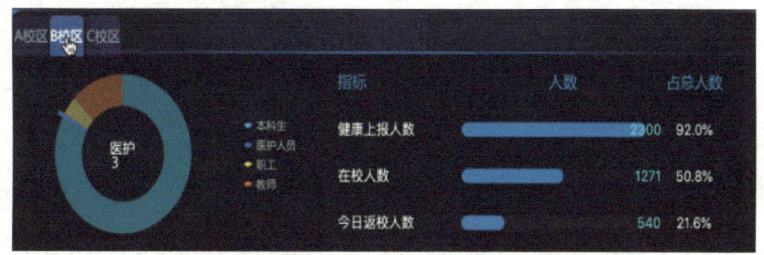

图 2-4　单击切换 Tab 页示例

（2）单击按钮切换大屏

为了分析更多的数据，一张大屏的内容可能无法覆盖所有要展示的信息，此时可以在大屏上添加一个自定义按钮，用 JS 实现跳转到另一张模板，查看一个细分场景的大屏。

如果有多张细分场景的大屏要展示，还可以制作一个"大屏首页"，单击后跳转至指定细分场景的大屏。

（3）单击弹出新窗口

当想要单击大屏上的某处显示详细信息，但又不希望直接跳转到另一张大屏时，可以用弹出窗口来解决，如图 2-5 所示。此类用法适合弹出信息不多的场景，若信息量较大，则通过打开新的页面的方式更合适。

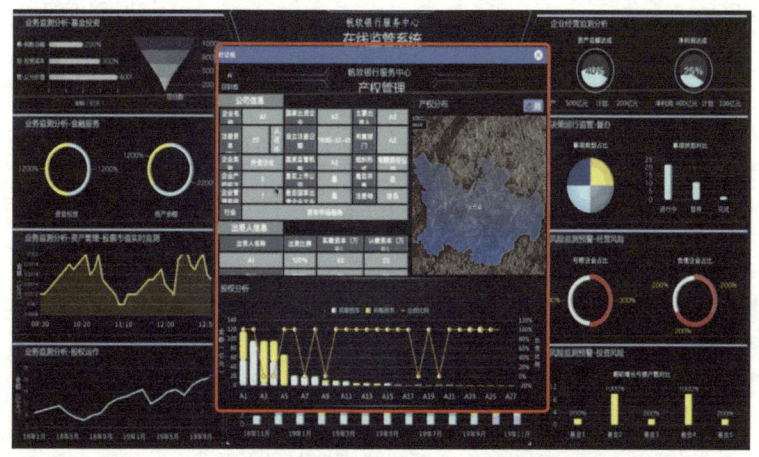

图 2-5　单击弹出新窗口示例

（4）单击地图钻取到下层

地图在大屏上是十分常见的元素，有时候地图数据不在一个层级，如全国所有省份的数据和某重点省份的市区数据，不便于在同一张地图上全部显示。常用的解决方法是钻取地图——先显示最上层的所有数据，再往下层钻取，了解下一层级的数据，如图2-6所示。

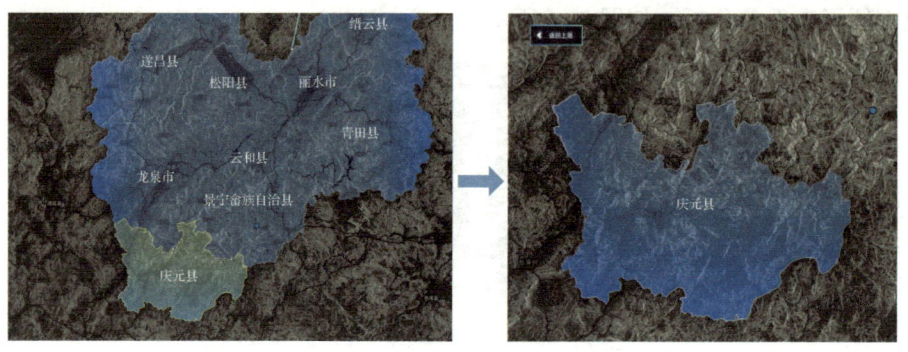

图 2-6　单击地图钻取到下层示例

任务 1　开展现场调研

开展现场调研

任务描述

为了让产品设计更加切实可行，减少后期因现场原因导致的返工问题，产品经理最好能在项目调研之初到达项目现场进行实地调研，并结合现场实地情况建立现场调研表。任务导图如图 2-7 所示。

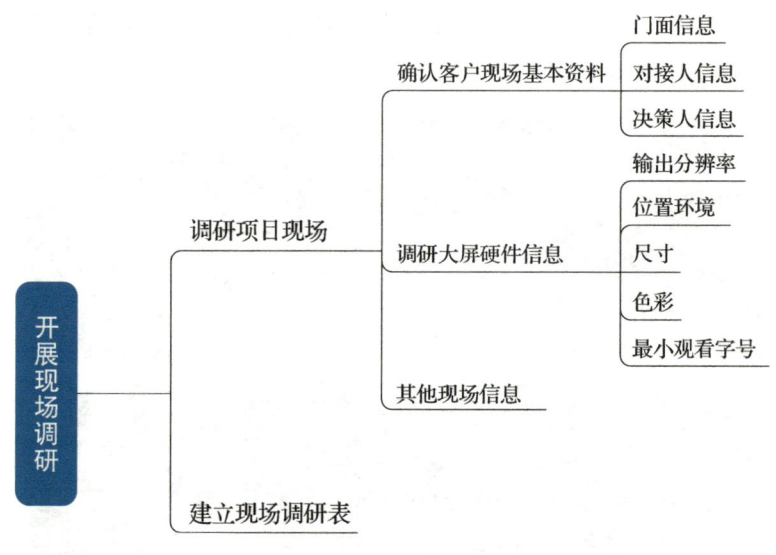

图 2-7　开展现场调研任务导图

任务实施

1. 调研项目现场

（1）确认客户现场基本资料

1）门面信息：在取得客户同意后，可以收集包括但不限于客户门面、业务场景等照片，以备后续汇报和宣发使用。

2）对接人信息：确认对接人身份、职务、对设计方面的期望值。提供案例让其观看，观察其对设计风格、布局排版的反应，询问关于用色、风格等的倾向和意见。

3）决策人信息：确认决策人身份、职务、对设计方面的期望值。提供案例让其观看，观察其对设计风格、布局排版的反应，询问关于用色、风格等的倾向和意见。

（2）调研大屏硬件信息

1）输出分辨率：根据现场情况制作对应分辨率的页面投屏，验证实际输出分辨率。对于拼接屏，站在观测点感受黑缝的影响程度。

2）位置环境：对大屏所在环境进行拍照，记录光照情况、大屏周围设施摆放情况等，如图2-8所示。

图2-8　大屏位置环境示例

3）尺寸：用于感知大屏的实际大小，如图2-9所示。

图2-9　大屏实际尺寸示例

> **说明：**
> 通过职务来了解对接人、决策人对当前项目的话语权。在实际项目中，面对不同的对接人和决策人，要根据他们的个性和需求调整沟通方式。对接人可能更关注细节和执行，决策人则更关注大局和结果。

> **说明：**
> 大屏只是一个硬件载体，可以在大屏上投放任何内容。真正设计的是一个"数据可视化交互系统"，大屏、计算机、移动设备、投影、VR等都可以成为这个"系统"的展示载体，而大屏是目前大多数使用情景（监控、接待汇报）下最实用的。

> **说明：**
> 拍照记录时，最好有人作为参照物。

> **说明：**
> 若客户有旧版设计方案，可在投屏后拍摄留存，便于设计师在设计时对照分析旧版设计方案的可改进空间。

4）色彩：使用不同色调的设计图或背景色在现场大屏中进行投屏测试，观察大屏与计算机显示间的色差，如图2-10所示。若硬件条件不理想，则要测试色差最小的颜色，以保证大屏最终呈现效果达到最优。

图2-10　大屏色彩测试示例

5）最小观看字号：为了保证文字识别性，需要现场站在观测点测试最小字号，保证最终大屏中文字的展示效果，如图2-11所示。

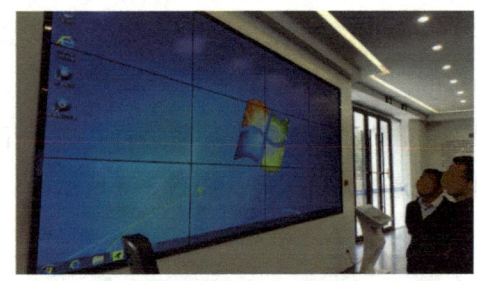

图2-11　大屏观看字号示例

（3）其他现场信息

收集一些不直接相关但是可以辅助了解现场状况的照片。由图2-12可知，若客户有严格的涉密信息处理机制，则须提前与客户进行相关事项沟通，并将其纳入项目后期落地部署与长期维护方案中。

图2-12　其他现场信息示例

2. 建立现场调研表

针对数字乡村可视化大屏项目，根据现场调研内容，建立现场调研表，见表2-2。

表2-2　现场调研表

项目名称	数字乡村可视化大屏				
对接人	王××	职务	办公室科员	联系方式	138××××××××
项目主管	陈××	职务	办公室主任	联系方式	139××××××××
调研地点	市级文化旅游展馆（建设中）				
调研项目		照片		备注	
现场门面		无		建设中	
大屏硬件信息	输出分辨率			LED：4480×2240px，14（横向）×2（竖向）块屏拼接，无接缝	
	位置环境			现场环境光线较好，环境色以浅蓝色为主，装修风格为简约、科技感	
	尺寸			4.48m×2.24m	
	色彩			色彩正常	
	最小观看字号			建议最小字号为12px	
其他现场信息				不提供外网访问，须进行本地化部署	

（续）

调研项目	照片	备注
其他现场信息		大屏主机位于大屏后侧设备室

任务 2　建立用户需求池

任务描述

开发产品的最终目的是服务于用户，使用户满意并产生相应的价值。因此，在现场调研结束后，需要面向产品的重要目标用户开展用户访谈并建立用户需求表。任务导图如图 2-13 所示。

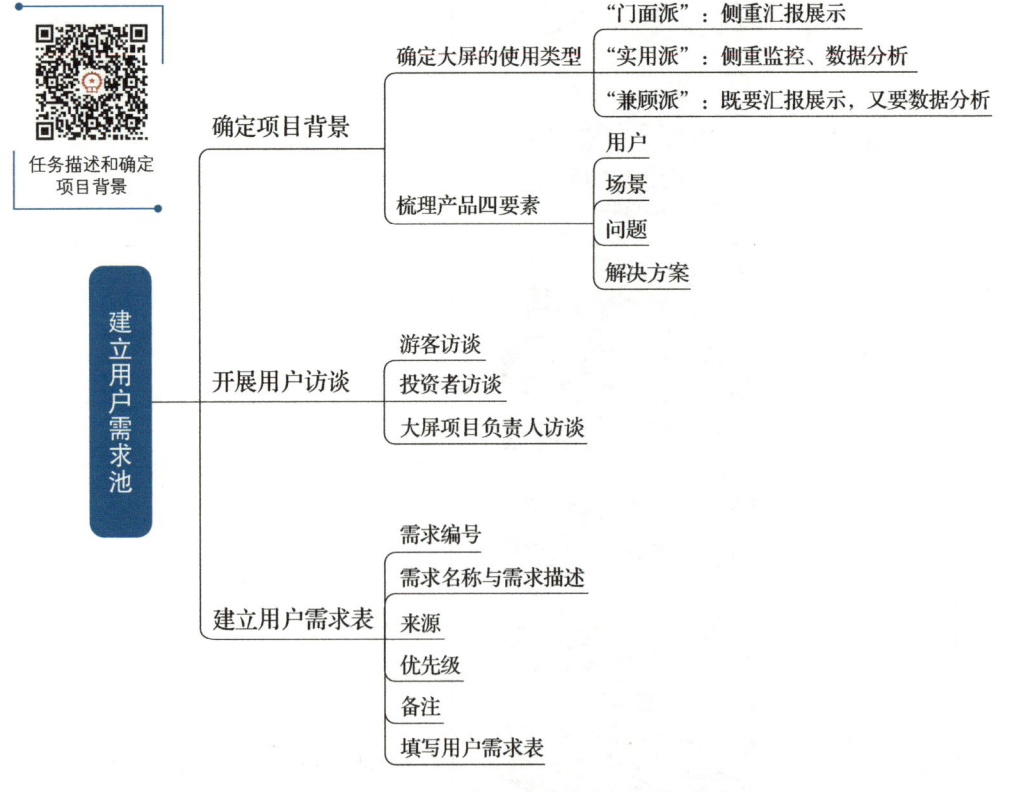

图 2-13　建立用户需求池任务导图

任务实施

1. 确定项目背景

（1）确定大屏的使用类型

根据客户的需求，确定大屏的使用类型。以数字乡村可视化大屏项目为例，客户对本项目提出了如下诉求：

各位同志，我们非常荣幸地向您介绍我们地区近几年在数字乡村改革方面的重大成就。为了全面展示我们在田园建设和文化旅游建设等多个领域所取得的显著进步，我们计划在大屏上呈现一系列数字化展览。这将不仅为游客提供一个直观地了解我们地区数字化转型的窗口，也将成为吸引投资者的重要途径，促进我们区域的招商引资工作。

我们深信，通过这个数字大屏工程，可以有效地向外界传递我们的发展理念，增强外界对我们地区的认知，进而推动旅游和经济发展。同时，此举也将使我们得以在上级领导视察时，全面而翔实地汇报我们的工作成绩。我们对这个项目的内容要求严格而全面，确保每一位用户都能获得丰富且精确的信息体验。

根据以上内容，提炼客户对建设大屏的建议：展示地区数字乡村改革成就。因此，确定本项目的大屏使用类型为"门面派"。

（2）梳理产品四要素

1）用户：在上述需求中，提及观看大屏的角色包括游客、投资者和上级领导。这些群体是数字大屏项目的目标受众。

2）场景：诉求中提到"为了全面展示我们在田园建设和文化旅游建设等多个领域所取得的显著进步"，因此，结合现场调研情况，本项目大屏的场景为在市级文化旅游展厅中的数字大屏上展示地区的数字乡村改革成果，特别是在田园建设和文化旅游方面的进展。

3）问题：需要解决的问题是如何有效地向外界展示地区的数字化转型成果，吸引游客和投资者，以及在上级领导

> **说明：**
> 大屏的使用类型大致可以分成3类：
>
> （1）"门面派"侧重汇报展示
>
> 这类需求是为了接待参观人员，对外进行企业形象展示，对内进行员工激励等（类似数字化的幼儿园小红花榜），从大屏展示体现出公司的数字化建设和管理，展示公司的业绩成果等。
>
> （2）"实用派"侧重监控、数据分析，要求指标全、维度多
>
> 这类需求会比较"务实"，一般提供给内部员工监控任务流程、进度，或者是对某个业务主题的数据进行分析，从而协助领导进行复盘。侧重这类需求的客户，通常不会对效果有很高的要求，而是重点关注实际使用场景。
>
> （3）"兼顾派"
>
> 这类需求想兼顾炫酷视效和庞杂的内容展示交互——效果很炫，内容不能少。要求大屏产品具有一定功能的同时，还具有一定的交互复杂度。

> **笔记：**
> **产品四要素：**
> 1）用户（User）：是指产品的终端使用者。了解用户群体的特征、需求、偏好和行为模式，对于确保产品设计能够有效满足用户需求至关重要。
>
> 2）场景（Scenario）：是指涉及产品使用的具体环境

和情境。包括用户在什么时间、什么地点以及在什么样的情况下会使用该产品。场景分析有助于更好地理解产品如何融入用户的日常生活。

3）问题（Problem）：是指关注用户在使用产品过程中可能遇到的问题或需求。这是产品设计的出发点，旨在通过产品解决这些问题，满足用户需求。

4）解决方案（Solution）：是指针对识别出的用户问题和需求，提出的产品功能或服务。解决方案的创新性、有效性和实用性直接影响产品的市场表现和用户满意度。

⚠ 注意：

在与用户访谈前，要准备好访谈提纲，以便更高效、准确地完成访谈内容。可以准备一支录音笔，记录用户访谈内容，以便后续开展原始需求回溯。

视察时展示工作成绩。

4）解决方案：通过建设一个大型数字屏来展示地区的发展成就和进步，以直观、全面的方式展示信息，满足不同用户群体的需求。

2. 开展用户访谈

根据上述过程，确定本项目的三大主要用户群体：游客、投资者和上级领导。

（1）游客访谈

以下是产品经理与游客的访谈内容：

开展用户访谈1

产品经理：您好，非常感谢您今天能参与我们的用户访谈。首先，我想了解一下，在您浏览我们地区的数字大屏时，您最希望获取哪方面的信息？

游客：您好！我最希望在大屏上能看到一个详细的地图，上面标有重要景区和田园综合体的位置。这样不仅方便我规划游览路线，还能帮助我更好地了解这个地区。

产品经理：明白了，这个功能确实很重要。另外，关于地区的文化活动和娱乐项目，您有什么特别的兴趣或者期待吗？

游客：是的，我对当地的文化活动和娱乐项目很感兴趣。比如有没有一些特色的节日庆典，或者是当地人特有的娱乐方式，我都很想了解。

产品经理：这些信息确实能丰富游客的体验。那么在了解我们地区的特色农产品方面，您期望看到哪些内容？

游客：我希望能了解这里的农产品种类，比如特色的水果、本地特产等。如果能有一些介绍产地和采摘体验的信息就更好了。

产品经理：好的，这对于推广本地农产品也非常有帮助。关于景区的人气和受欢迎程度，您觉得哪种方式展示更合适？

游客：我觉得如果能看到各个景区的实时人流量或者访客评价，我就能更好地选择去哪个景区。

产品经理：这确实是个很好的建议。那关于与大屏的互动，您有什么具体的想法或期待吗？

游客：如果能通过手机与大屏互动，比如在大屏上打卡，显示我目前的位置，甚至是在大屏上查看景区的详细介绍，那会非常有趣。如果还能加入数字人物介绍景区，那就更加生动了。

产品经理：非常感谢您提出这些宝贵的意见。我们会认真考虑这些需求，在未来的大屏项目中尽可能地实现它们，以增强游客的互动体验，提高信息获取效率。再次感谢您的参与和宝贵时间！

游客：不客气，期待看到一个有趣的大屏展示！

根据上述用户访谈内容，梳理该用户提到的需求清单，如下：

1）详细地图展示：

①在大屏上显示包含重要景区和田园综合体的详细地图。

②地图应帮助游客规划游览路线并了解地区概况。

2）文化活动与娱乐项目信息：

①提供地区特色节日庆典和文化活动信息。

②展示地方独特的娱乐方式。

3）特色农产品介绍：

①展示地区特色农产品，如水果、特产等。

②提供产地和体验活动的相关信息。

4）景区人气数据展示：

①显示各景区的实时人流量和访客评价。

②帮助游客选择受欢迎的景区。

5）大屏与手机互动功能：

①允许游客通过手机在大屏上进行打卡和查看位置。

②提供景区详细介绍和数字人物引导。

可以对多位游客、不同年龄层次、不同性别、不同性格的游客开展访谈，并总结用户需求，找出共性需求并设置高优先级。

（2）投资者访谈

为了更全面地挖掘项目用户需求，应该与项目相关的各

> ⚠️ **注意**：
> 访谈过程中要注意礼貌礼仪。

> ⚠️ **注意**：
> 每完成一个用户的访谈后，就要及时对用户提出的需求进行整理归纳。这是产品经理日常工作中应培养的好习惯。

> ⚠️ **注意**：
> 每个用户都有不同的需求，单一用户的需求不一定具有普遍性，因此，不能根据单一用户的需求开展产品设计。

开展用户访谈2

说明：

可以对多位投资者（不同年龄层次、不同性别、不同性格）开展访谈，并总结用户需求，找出共性需求并设置高优先级。

类用户都进行访谈交流。例如，本任务的项目负责人安排与一位关系较好的投资者开展项目交流，交流内容如下：

产品经理： 您好！非常感谢您抽出宝贵时间参与我们的用户访谈。作为一位与我们地区关系密切的投资者，您在考虑投资决策时，对哪些类型的数据或信息最感兴趣？

投资者： 您好！首先我很关心智慧田园的现代化水平，例如各种传感器收集的实时数据，这能帮助我了解农业的数字化程度。

产品经理： 明白了，关于数字化程度的信息确实很关键。除此之外，对于土特产的销售情况，您是否也有兴趣了解？

投资者： 当然，我希望了解农产品在不同渠道上的销售情况，以及它们销往全国的状况，这有助于我分析市场需求和销售网络。

产品经理： 了解到您对销售网络和市场需求的关注。那么，对于农产品的产量和质量，您有什么特别的考量吗？

投资者： 是的，农产品的产量和质量直接影响投资回报，所以我很想知道这方面的具体数据。

产品经理： 这些信息对于评估投资潜力确实很重要。还有其他方面的数据或信息需求吗，比如地区收入情况？

投资者： 确实，我对该地区综合收入情况很感兴趣，包括景点、农家乐、民宿以及特产的收入水平。

产品经理： 非常感谢您的详细回答。我们会在产品开发过程中重点考虑这些需求，确保能为您提供有价值的数据支持。我们将继续与您保持沟通，确保产品能够满足您的投资分析需求。再次感谢您的参与！

投资者： 谢谢，期待你们的产品能帮助我做出更明智的投资决策。

对以上访谈内容进行梳理，得到该用户提及的需求清单：

1）智慧田园现代化数据：提供各类传感器的实时数据，以了解农业数字化水平。

2）农产品销售情况：

①展示农产品在不同销售渠道的销售情况。

②提供农产品销往全国的数据并分析。

3）农产品产量和质量信息：

①详细的农产品产量数据。

②农产品质量评估信息。

4）地区收入情况：统计和展示景点、农家乐、民宿和特产的收入水平。

（3）大屏项目负责人访谈

由于无法对相关上级领导进行访谈，则开展对大屏项目负责人的访谈，了解其对大屏建设的构思。

项目负责人：您好，在上级领导的视察中，我们应当突出<u>展示本地区数字化改革的成效</u>。这不仅体现了我们对现代化进程的重视，也展示了具体的成果。

产品经理：明白了，那么在体现数字化改革成效方面，您认为哪些具体的内容或数据最为关键？

项目负责人：我们需要展示的关键内容包括数字化基础设施的建设情况、重点数字化项目的进展，以及这些项目对当地经济和民生的具体影响。

产品经理：了解了，那么在展示这些成效时，您对大屏的表现形式有什么特殊要求吗？

项目负责人：大屏的展示应当<u>既清晰又直观</u>。我们希望通过动态数据展示、图表等形式，让上级领导直接看到我们地区数字化改革的具体成就。

产品经理：非常感谢您的指导，我们会着重考虑这些要素。另外，您对大屏的互动性和用户体验方面有何期待？

项目负责人：我认为大屏的<u>互动性</u>很重要，它能够更好地吸引观众，增强信息传递的效果。我们希望通过互动功能，让观众更深入地了解数字化改革的细节。

产品经理：非常感谢您提供的宝贵意见。我们会把这些需求融入项目中，确保在领导视察时能够全面展示我们地区的数字化成果。再次感谢您的支持。

项目负责人：不客气，期待你们的优秀表现，希望我们

> 🔍 **说明：**
> 一般来说，项目仅有一位负责人，如果存在多位项目负责人，则需要同时对多位负责人开展用户访谈，总结用户需求，找出共性需求并根据不同负责人对本项目的重要程度设置优先级。

> ⚠ **注意：**
> 产品经理应当与大屏项目负责人经常交流、确定甲方对项目各方面细节的需求，避免因前期沟通工作不到位导致后面的开发返工问题。

的项目能够成为展示本地区数字化成就的窗口。

对以上访谈内容进行梳理，得到该用户提及的需求清单：

1）展示数字化改革成效：

①明确展示数字化基础设施的建设情况。

②展示重点数字化项目的进展。

③体现这些项目对地区经济和民生的影响。

2）清晰直观的展示形式：

①使用动态数据展示、图表等直观方式。

②确保信息一目了然，便于用户快速理解。

3）大屏互动性：

①加入互动功能，提升用户体验。

②通过互动，使用户深入了解数字化改革的细节。

3. 建立用户需求表

本任务的用户需求表见表2-3。

建立用户需求表

表2-3 用户需求表

项目名称		数字乡村可视化大屏			
需求编号	需求名称	需求描述	来源	优先级	备注

根据前期对各类用户开展的用户访谈情况，汇总填写用户需求表。

以投资者及项目负责人提及的以下需求为例，填写用户需求表。

投资者：关心智慧田园的现代化水平，例如各种传感器收集的实时数据，这能帮助我了解农业的数字化程度。

项目负责人：需要展示的关键内容包括数字化基础设施的建设情况、重点数字化项目的进展。

🔍 **说明：**

本任务重点关注用户需求中的功能性需求项。

1）需求编号：为每个需求分配一个唯一的标识符，便于开展需求跟踪。

2）需求名称：概括性地描述需求。

3）需求描述：清晰、具体地描述每个需求。

4）优先级：标注需求的重要性，如高、中、低。

5）来源：记录需求来源，比如特定用户、市场分析、竞争对手比较等。

6）备注：其他相关信息，如需求背景、相关链接或文档等。

7）用户需求表中还可加入其他内容，包括：

①状态：需求的当前状态（如待审批、已批准、实施中等）。

②负责人：指定负责实现该需求的人或团队。

③目标日期：需求预期完成的时间。

用户需求表通常采用Excel或者数字化系统的方式进行管理与跟踪。

（1）需求编号

从产品四要素分析中得知，大屏主要呈现两大业务内容：田园建设和文化旅游。

另外，由于是对区域建设情况的展示，需要设计一个以地图作为载体的主视觉区域。

因此，需求分为三部分，田园建设需求编号为：1-1、1-2、1-3……；文化旅游需求编号为：2-1、2-2、2-3……；主视觉区域需求编号为3-1、3-2、3-3……

（2）需求名称与需求描述

需求名称应简洁且直接反映核心需求，根据投资者和项目负责人提及的需求，以编号1-1为例，得到需求名称为：展示田园传感器数据。

在进行需求描述时，需要详细、准确地阐述需求的具体内容和目标。在此过程中，关键是保证需求描述清晰、具体且与需求名称紧密相关。以编号1-1为例，得到该需求描述为：开发一个展示模块，用以显示智慧田园项目中各类传感器收集的实时数据，包括但不限于土壤湿度、气温、作物生长情况等。

（3）来源

根据实际情况描述需求来源即可。以编号1-1为例，当前需求来源为：投资者、项目负责人。

（4）优先级

以编号1-1为例，该需求是由项目负责人（对项目具有较大话语权）以及投资者（对项目具有较高的经济价值）提出的，因此，该需求属于对项目影响比较大的需求，优先级为：高。

（5）备注

针对每个需求，可以适当描述需求提出的背景，方便项目开发人员加深对项目与需求的理解。以编号1-1为例，可以如下备注：该模块旨在展示数字化基础设施的建设情况和重点数字化项目的进展，使投资者和项目相关负责人能够直观地了解农业数字化的程度和项目实施的效果。

（6）填写用户需求表

按照以上用户需求分析方式，完成本任务的用户需求

> ⚠ **注意：**
> 整理用户需求表中的"需求描述"时，需要注意以下几点。
> 1）清晰性：确保描述能准确反映用户的意图，无歧义。
> 2）具体性：详细说明需求的具体内容。
> 3）可实施性：描述需求时需要考虑技术可行性。

> 🔍 **说明：**
> 判断用户需求的优先级通常依赖于以下几个关键因素。
> 1）业务影响：需求对业务指标和关键绩效指标（KPI）的影响程度。
> 2）用户价值：需求能为用户带来多大的价值或改善。
> 3）实施难度：实现该需求所需的资源和时间。
> 4）紧急程度：需求解决的问题是否紧迫。
> 5）风险与依赖性：需求的风险水平及与其他需求的依赖关系。
>
> 综合考量上述因素，可确定需求的优先处理级。通常，高业务影响且对用户价值大的需求会被赋予更高的优先级。

表,见表2-4。

表2-4 用户需求表

项目名称		数字乡村可视化大屏			
需求编号	需求名称	需求描述	来源	优先级	备注
1-1	展示田园传感器数据	开发一个展示模块,用以显示智慧田园项目中各类传感器收集的实时数据,包括但不限于土壤湿度、气温、作物生长情况等	投资者、项目负责人	高	该模块旨在展示数字化基础设施的建设情况和重点数字化项目的进展,使投资者和项目相关负责人能够直观地了解农业数字化的程度和项目实施的效果
1-2	展示不同渠道的农产品销售情况	展示农产品在不同销售渠道的销售情况	投资者、项目负责人	高	体现地区农产品销售在数字化改革背景下,探索新型零售形式,多渠道营销
1-3	展示农产品在全国各地的销售数据	提供农产品销往全国的数据并分析	投资者、项目负责人	高	在新型零售模式及多渠道营销的助力下,地区农产品在全国产生的辐射效应
1-4	农产品产量和质量信息	详细的农产品产量数据	投资者	高	体现农产品生产实时监控及智能预测能力
2-1	显示文化活动信息	提供地区特色节日庆典和文化活动信息	游客	中	展示地方独特的娱乐方式,体现地区特色
2-2	展示特色农产品信息	展示地区特色农产品,如水果、特产等	游客	中	通过向游客介绍地区特色农产品,带动农产品销量及知名度
2-3	展示景区人气数据	显示各景区的实时人流量和访客评价	游客、项目负责人	中	帮助游客选择景区
2-4	展示地区收入情况	统计和展示景点、农家乐、民宿和特产的收入水平	投资者、项目负责人	高	吸引外来投资者,为地区招商引资
2-5	游客打卡业务	允许游客通过手机在大屏上进行打卡和查看位置	游客、项目负责人	高	通过游客打卡功能,提升用户互动体验,使用户深入了解数字化改革细节
3-1	展示地区地图	在大屏上显示包含重要景区和田园综合体的详细地图与相关介绍	游客、项目负责人	高	地图应帮助游客规划游览路线并了解地区概况
3-2	展示数字人播报	以数字人的形式,提供景区详细介绍和引导	游客、项目负责人	高	提升用户互动体验,使用户深入了解数字化改革细节

任务 3 分析指标

任务描述

产品经理要真正着手制作产品，除了完成用户需求分析表，还需要对用户需求进行进一步细化，生成产品需求。对于大屏产品而言，其本质是对各类指标数据的呈现，因此，梳理大屏产品的产品需求即是对各类数据与指标进行分析整理。

本任务需要在理解业务逻辑与指标含义的基础上，确定主次指标，最终建立指标分析表（见表 2-5）。任务导图如图 2-14 所示。

表 2-5 指标分析表

页面模块	一级指标	二级指标	数据说明

图 2-14 分析指标任务导图

任务实施

1. 理解业务逻辑与指标含义

以任务 2 的用户需求编号 1-1 为例，在用户需求分析中，得到用户需求"开发一个展示模块，用以显示智慧田园项目中各类传感器收集的实时数据，包括但不限于土壤湿度、气温、作物生长情况等"。对于该需求，如果要设计产品细节，

> **说明：**
> 在开展进一步的用户访谈前，产品经理可以通过"提问法"，不断向自己发出疑问，从而梳理初步业务逻辑，才能更快推进访谈进度，更快获取有效信息。

还会遇到很多问题,例如:该地区共有哪几个智慧田园?每个智慧田园里都有哪些传感器设备?各个传感器都用于什么场景?传感器数据代表什么含义?传感器数据的单位是怎样的?传感器数值长度通常是怎样的?

要解决上述问题,需要首先理解业务逻辑与指标含义。

(1)与业务人员开展访谈

带着上述问题,与相关工作人员进行进一步访谈,了解"展示田园传感器数据"需求对应的相关指标细节。

产品经理:您好,我是负责大屏项目的产品经理。我想了解一下,我们这个地区的智慧田园具体包括哪些部分?

智慧田园负责人:您好,很高兴回答您的问题。我们这里共有四个智慧田园:枇杷园、鱼塘、玉米地和稻田。

产品经理:了解到了。关于枇杷园,我知道那里安装了很多传感器。您能介绍一下具体都有哪些传感器吗?

智慧田园负责人:当然可以。在枇杷园里,我们安装了风力传感器、温度传感器、湿度传感器、土壤pH值传感器和光照传感器等。

产品经理:您好,我对枇杷园中使用的智慧农业技术特别感兴趣。能否介绍一下具体部署的传感器种类及其用途?

智慧田园负责人:当然可以。在我们的枇杷园中,我们部署了多种传感器。例如,风力传感器用于监测风速,以帮助我们了解是否需要对枇杷树进行额外的支撑。温度传感器、湿度传感器和光照传感器用于监测环境条件,确保枇杷生长的适宜气候。土壤pH值传感器帮助我们了解土壤酸碱度,以调整施肥策略。

产品经理:那么,这些传感器的数据单位和数值范围通常是怎样的?

智慧田园负责人:风力传感器的数据通常以米/秒(m/s)为单位,数值范围视具体风速而定;温度传感器以摄氏度(℃)为单位;湿度传感器的单位是百分比(%);土壤pH值传感器的值通常在0~14的范围内;光照传感器以勒克斯(lx)为单位。除此之外,我们还部署了CO_2传感器,

说明:

此处内容是关于"枇杷园"的智能传感数据的访谈,其他场景(鱼塘、玉米地、稻田)类似。

用于监测空气中的 CO_2 浓度

产品经理：CO_2 传感器的数据单位是什么样的？

智慧田园负责人：CO_2 传感器通常测量空气中 CO_2 的浓度，其数据单位一般是 ppm（parts per million，百万分率），表示每百万份气体中 CO_2 的份额。

产品经理：非常感谢您的详细介绍，这些信息对大屏展示非常有帮助。我们将确保这些关键数据准确地反映在大屏上。

（2）梳理数据指标业务逻辑与含义

根据以上对话，可知：

1）该地区共有4个智慧田园，分别是：枇杷园、鱼塘、玉米地和稻田。

2）对于枇杷园，传感设备包括：风力传感器、温度传感器、湿度传感器、土壤pH值传感器和光照传感器和 CO_2 传感器。

3）枇杷园中的传感器功能、单位、数据特点，见表2-6。

表2-6 枇杷园传感器指标信息

编号	传感器名称	传感器功能	传感器数据单位或特点
1	风力传感器	用于监测风速，以了解是否需要对枇杷树进行额外支撑	米/秒（m/s）
2	温度传感器	用于监测环境条件，确保枇杷生长的适宜气候	摄氏度（℃）
3	湿度传感器	用于监测环境条件，确保枇杷生长的适宜气候	百分比（%）
4	土壤pH值传感器	了解土壤酸碱度，以调整施肥策略	pH值通常在0~14的范围内
5	光照传感器	用于监测环境条件，确保枇杷生长的适宜气候	勒克斯（lx）
6	CO_2 传感器	监测空气中的 CO_2 浓度	ppm（parts per million，百万分率），表示每百万份气体中 CO_2 的份额

说明：

为什么要确定主次指标？

大屏空间有限，客户往往想要把所有内容都放在大屏中，那是不现实的，因此要通过需求分析，确定主次指标，将主要指标放在大屏显眼位置，次要指标通过交互方式呈现。

2. 确定主次指标

为了了解以上六个传感器对枇杷园的重要程度，产品经理需要寻求专业人士进行沟通访谈。以下是产品经理与智慧田园负责人的谈话：

产品经理：您好，我想了解在枇杷园中，这些传感器对于监测和维护环境方面哪个更关键？能否根据重要性给它们排序，并简要说明理由？

智慧田园负责人：当然可以。咱们枇杷对生长环境挺敏感的。首先，我觉得温度传感器最重要，因为枇杷对温度特别敏感，温度不对，枇杷就长不好。其次是湿度传感器，控制好空气湿度对防止病虫害很有帮助。光照传感器也很关键，枇杷喜光，光照不足就影响生长和果实品质。然后是土壤pH值传感器，pH值直接影响土壤中养分的吸收。接下来是风力传感器，风大了可能会对枇杷造成物理伤害。CO_2传感器相对来说不那么重要，但还是有作用的，因为植物都需要CO_2。

产品经理：非常感谢您的详细解释，这对我们设计大屏展示内容非常有帮助！

从以上访谈内容中，总结得到各传感器指标重要程度排序为：温度传感器＞湿度传感器＞光照传感器＞土壤pH值传感器＞风力传感器＞CO_2传感器。

根据以上重要程度排序，当出现页面空间不足时，则将优先级较低的数据以交互方式呈现在二级界面中。

3. 建立指标分析表

在理解业务逻辑与指标含义的基础上，确定主次指标后，可以建立本任务的指标分析表，见表2-7。

表 2-7　指标分析表

页面模块	一级指标	二级指标	三级指标	数据说明
四季田园	环境监测数据	枇杷园环境监测数据（指标按优先级排序）	温度传感器	用于监测环境条件，单位：摄氏度（℃）
			湿度传感器	用于监测环境条件，用百分比（%）表示
			光照传感器	用于监测环境条件，单位：勒克斯（lx）
			土壤 pH 值传感器	pH 值通常在 0~14 的范围内，了解土壤酸碱度
			风力传感器	用于监测风速，单位：米/秒（m/s）
			CO_2 传感器	监测空气中的 CO_2 浓度，用 ppm 表示
		鱼塘环境监测数据（指标按优先级排序）	溶氧传感器	监测水中的溶解氧水平，单位：毫克/升（mg/L）
			pH 值传感器	pH 值通常在 0~14 的范围内，测量水的酸碱度
			温度传感器	监测水温，单位：摄氏度（℃）
			浊度传感器	测量水的清澈程度，单位：NTU
			氨氮传感器	监测水中氨氮的含量，单位：毫克/升（mg/L）
			电导率传感器	测量水的电导率，单位：微西门子/厘米（μS/cm）
		玉米地环境监测数据（指标按优先级排序）	土壤湿度传感器	监测土壤的水分含量，用体积百分比表示
			土壤温度传感器	测量土壤温度，单位：摄氏度（℃）
			土壤 pH 值传感器	pH 值通常在 0~14 的范围内，监测土壤酸碱度
			光照传感器	测量光照强度，单位：勒克斯（lx）
			CO_2 传感器	测量空气中的 CO_2 浓度，用 ppm 表示
		稻田环境监测数据（指标按优先级排序）	土壤湿度传感器	监测土壤的水分含量，用体积百分比表示
			水位传感器	监测稻田的水位，确保适宜的稻田水深，单位：米（m）或厘米（cm）
			土壤温度传感器	测量土壤温度，单位：摄氏度（℃）
			土壤 pH 值传感器	pH 值通常在 0~14 的范围内，监测土壤酸碱度
			光照传感器	监测光照强度，单位：勒克斯（lx）
	销售数据	渠道销售数据	线上零售销售数据	最近 6 个月中，每个月的销售总额，单位：万元
			线下渠道销售数据	最近 6 个月中，每个月的销售总额，单位：万元
			线下零售销售数据	最近 6 个月中，每个月的销售总额，单位：万元
		追溯统计数据	各地区累计销售总额	统计各省、自治区的累计销售总额，单位：万元
	产量监测数据	智能预计总产量	—	最近 6 个月中，每个月的农产品预计总产量，单位：千克（kg）
		实际累计总产量	—	最近 6 个月中，每个月的农产品实际总产量，单位：千克（kg）

（续）

页面模块	一级指标	二级指标	三级指标	数据说明
文旅产业	游客打卡数据	游客照片	—	游客照片，支持jpg、png、bmp格式，大小200MB以内
		游客打卡地理位置	—	显示地理位置名称，10个字以内
	景区流量数据	总客流数据	总客流量	数字化改革以来，累计客流量，单位：人
			今日客流量	今日所有景点累计客流量，单位：人
		景区客流数据	古街客流数据	最近6个月中，每个月的累计客流量，单位：万人
			中山公园客流数据	最近6个月中，每个月的累计客流量，单位：万人
			湿地公园客流数据	最近6个月中，每个月的累计客流量，单位：万人
		娱乐项目数据	人气排行数据	根据人气，对地区娱乐项目进行排序，展示不同项目近一个月的游客人次，单位：人次/天
			口碑排行数据	根据口碑，对地区娱乐项目进行排序，展示不同项目近一个月的游客评分，单位：分
	收益分析数据	景点收益数据	—	最近6个月中，每个月的收益金额，单位：万元
		农家乐收益数据	—	最近6个月中，每个月的收益金额，单位：万元
		民宿收益数据	—	最近6个月中，每个月的收益金额，单位：万元
		特产收益数据	—	最近6个月中，每个月的收益金额，单位：万元
主视觉区	地图数据	田园数据	枇杷园	地图中显示点位、照片、文字介绍
			鱼塘	地图中显示点位、照片、文字介绍
			玉米地	地图中显示点位、照片、文字介绍
			稻田	地图中显示点位、照片、文字介绍
		景点数据	古街	地图中显示点位、照片、文字介绍
			中山公园	地图中显示点位、照片、文字介绍
			湿地公园	地图中显示点位、照片、文字介绍
	数字人介绍	景点数据	古街	播报文字介绍
			中山公园	播报文字介绍
			湿地公园	播报文字介绍

任务4　设计原型

任务描述

作为产品经理，在完成分析指标任务后，需要针对不同指标设计产品原型。本任务中，采用原型设计工具Figma，并配合EasyV公司发布的

任务描述和准备原型设计工具

Figma for EasyV 插件完成交互设计。首先根据业务模块设计大屏布局；然后根据指标特点及用户对数据呈现的需求选择合适的图表类型设计实现静态交互原型；最后根据业务需求，适当增加动态交互内容。任务导图如图 2-15 所示。

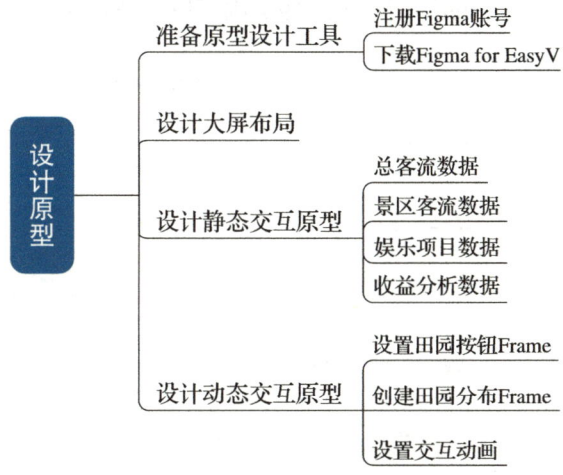

图 2-15　设计原型任务导图

任务实施

1. 准备原型设计工具

（1）注册 Figma 账号

登录 Figma 官网，单击右上角"Get started for free"。在弹框中（见图 2-16），输入邮箱账号及账号密码，Figma 官方则会向邮箱发送一封激活邮件。

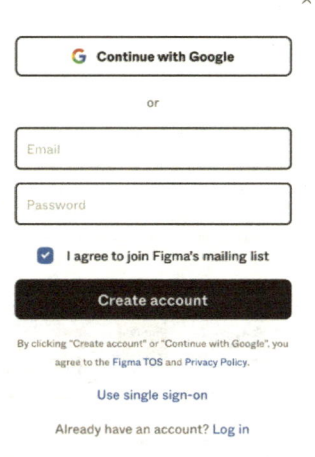

图 2-16　注册 Figma 账号

> 说明：
> 什么是 Figma？
> Figma 是一款流行的在线界面设计工具，广泛用于 UI/UX 设计。它支持多人实时协作，让团队成员可以同时在同一个项目上工作。Figma 的主要特点包括基于矢量的界面设计功能、原型制作工具，以及丰富的插件生态系统。由于其基于浏览器的特性，用户可以实现跨平台访问和编辑设计，无须安装任何软件。Figma 还支持设计系统建立和组件共享，使设计工作流程更高效、更一致。

进入邮箱，查看 Figma 官网发来的激活确认邮件。单击"Verify email"以激活账号，如图 2-17 所示。

页面跳转后，根据提示输入用户名（见图 2-18）、工作类型、使用场景等信息，部分信息可以选择"Skip"，使用计划选择"Starter"（见图 2-19）则可以免费使用。

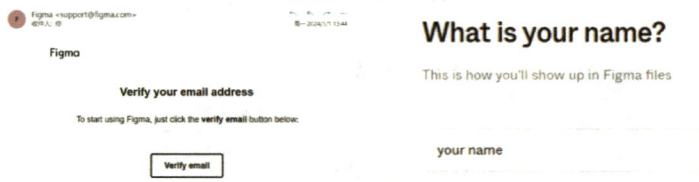

图 2-17　登录邮箱激活账号　　　图 2-18　设置用户名

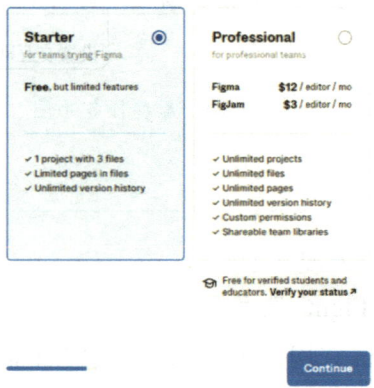

图 2-19　选择使用计划

完成设置后，页面进入 Figma 的网页工作台界面，如图 2-20 所示。

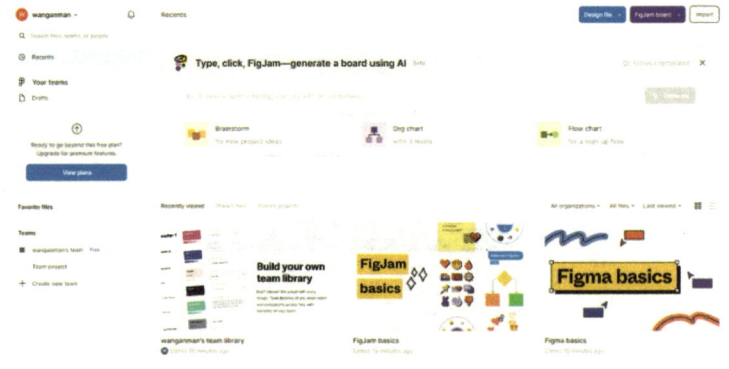

图 2-20　Figma 网页工作台界面

（2）下载 Figma for EasyV

进入 EasyV 的官网下载，如图 2-21 所示。

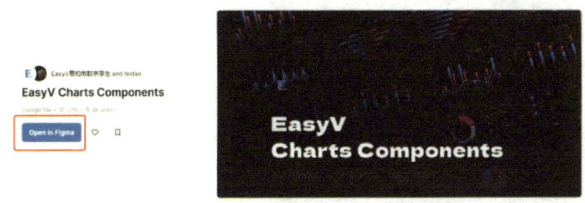

图 2-21　EasyV Charts Components 主页

单击"Open in Figma"，则可以在 Figma 的网页版编辑界面中打开 Figma for EasyV 文件，如图 2-22 所示。

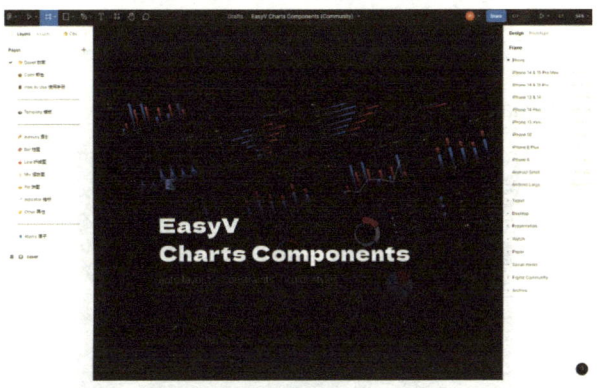

图 2-22　Figma 文件首页

页面左侧为文件导航栏（见图 2-23），选择图表类型查看相应图表（见图 2-24）。

图 2-23　Figma for EasyV 文件导航栏

> 说明：
>
> 什么是 Figma for EasyV ？
>
> 为了帮助产品经理在不同项目之间复用相似的图表设计，国内知名的易知微团队基于其可视化设计的图表设计规范和 EasyV 官方图表组件的特性，面向大众设计师开放了 Figma 图表开源设计文件 EasyV Charts Components。易知微团队根据多年的可视化项目交付经验，在 EasyV 中沉淀了一套标准化的样式配置，该配置具有自由度高、支持深度交互以及数据格式友好的图表组件。现面向设计师，在设计层面开源 EasyV 图表，希望帮助设计师们高效完成可视化图表设计。

> 说明：
>
> EasyV 准备了大屏产品中常见的图表类型，包括柱状图、折线图、组合图（柱状图＋折线图）、饼图、指标图、其他（表格）。并且，每种图表类型都设计了黑白两种风格配色模板。
>
> 在设计原型稿的过程中，只需要从 Figma for EasyV 的文件中复制粘贴所需的表到原型稿中即可。

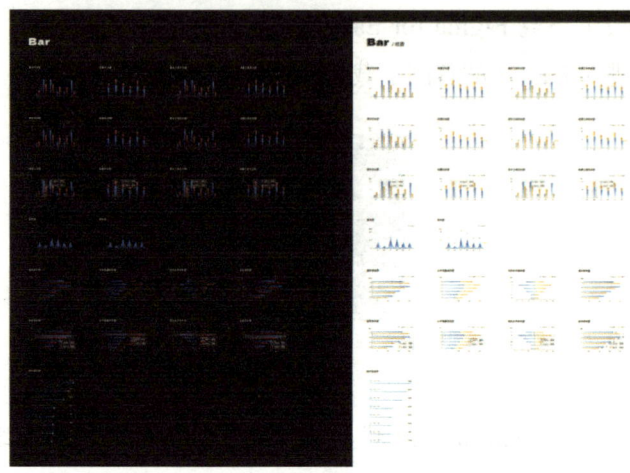

图 2-24　Figma for EasyV 图表

2. 设计大屏布局

在 Figma 中新建文件，如图 2-25 所示。

设计大屏布局

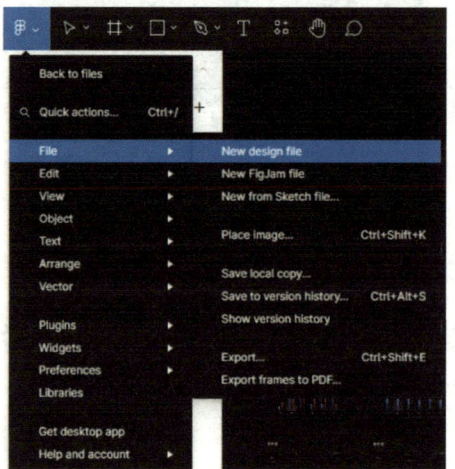

图 2-25　新建 Figma 文件

界面呈现一个新的工程文件，如图 2-26 所示。

图 2-26　新的工程文件界面

创建一个新的 Frame，如图 2-27 所示。

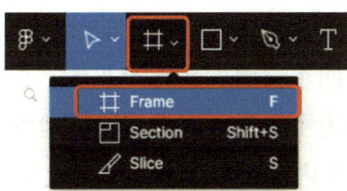

图 2-27 创建新的 Frame 组件

创建 Frame 后，在"Frame"的属性栏中，输入宽度、高度为本项目的实际尺寸"4480×2240"，如图 2-28 所示。

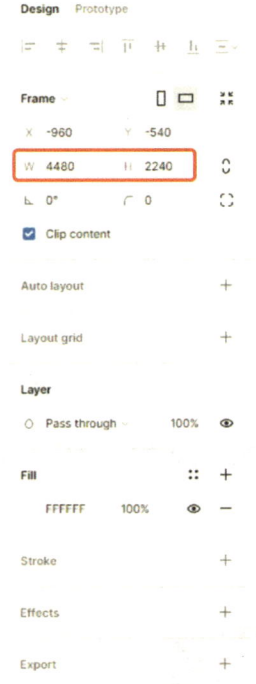

图 2-28 设置 Frame 尺寸

选中 Frame，并为 Frame 设置名称为"数字乡村可视化大屏"，如图 2-29 所示。

图 2-29 设置 Frame 名称

> 说明：
> 尺寸设置完成后，可以在键盘中按住 <Ctrl> 键的同时，滚动鼠标滚轮，则可以调节画布的显示尺寸。

🔍 **说明：**

设计单一大屏产品时，常见的布局结构类型包括以下几类。

对称布局： 画面两侧内容对称排列，适用于需要强调平衡和和谐的场景。

非对称布局： 元素在屏幕上不对称分布，适用于创造视觉兴趣和动态感的设计。

栅格布局： 将画面划分为多个单元格，每个单元格放置不同的内容，适合展示大量组织化信息。

根据用户需求及指标分析任务的分析结果，将大屏分为三个需求模块：四季田园、文旅产业、主直觉区。采用对称布局形式，中间为主视觉区，设置区域地图、数字人和游客打卡等内容；两侧内容对称排列，呈现业务数据。

选中数字乡村可视化大屏 Frame，在可视化大屏 Frame 范围内，创建新的 Frame，如图 2-30 所示。

图 2-30　设置布局

为了便于查看 Frame 范围，设置 Frame 的颜色属性为浅灰色，如图 2-31 所示。

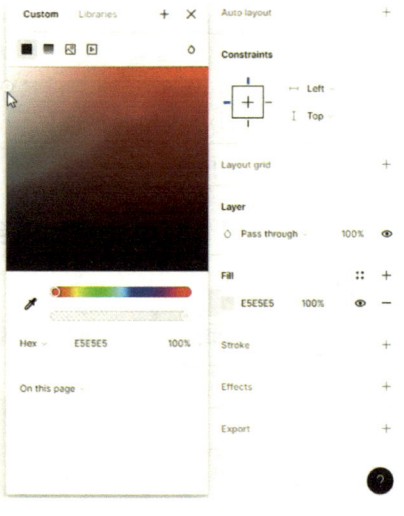

图 2-31　设置 Frame 填充色

选中 Frame，通过 <Ctrl+C> 和 <Ctrl+V> 组合键可复制 Frame。复制 Frame，调整尺寸与位置，分别作为四季田园、区域地图、游客打卡区域，并设置 Frame 名称，如图 2-32 所示。

图 2-32　利用 Frame 设置布局

为了便于在画布上查看各个 Frame，需要在 Frame 中插入文本组件。单击画布中对应的 Frame，再单击"文本"图标（见图 2-33），即可输入文字组件到原型稿中。插入文本后的大屏布局效果如图 2-34 所示。

图 2-33　插入文本

图 2-34　大屏布局效果

3. 设计静态交互原型

以文旅产业模块为例，讲解如何设计静态交互原型。

文旅产业模块的数据分为四个部分：总客流数据、景区客流数据、娱乐项目数据和收益分析数据。

（1）总客流数据

总客流数据需要实时展示两个客流数据（总客流量和今日客流量），因此，使用普通的文本组件即可。展示效果如图 2-35 所示。

> **说明：**
> 复制元素的方法：鼠标选中元素，按住 <Alt> 键的同时，用鼠标拖动元素到新的位置，松开鼠标后，再松开 <Alt> 键。这样，就可以快速复制元素了。

设计静态交互原型 1

总客流量　　　　　　　今日客流量
942332人　　　　　　　5634人

图 2-35　总客流数据展示效果

（2）景区客流数据

景区客流数据需要展示三个景区 6 个月的客流趋势，注重数量的变化情况，因此，选择折线图展示。

在 Figma for EasyV 中，选择"基本折线图"，选中后，按 <Ctrl+C> 组合键复制组件，如图 2-36 所示。

> 说明：
> Figma for EasyV 文件中的各组件编辑方式相似，不再赘述。

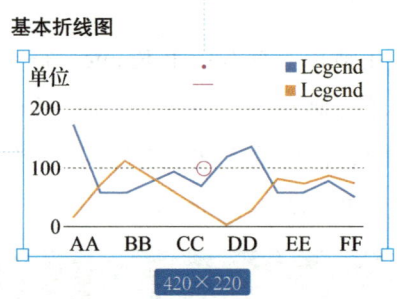

图 2-36　基本折线图

回到"数字乡村可视化大屏"项目中，选中"文旅产业"Frame，按住 <Ctrl+V> 组合键粘贴组件。然后调整组件尺寸，如图 2-37 所示。

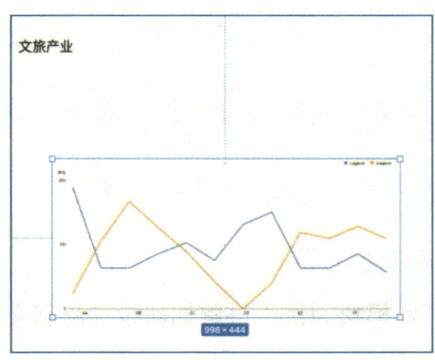

图 2-37　调整基本折线图尺寸

由于需要展示三个景点数据，而基本折线图组件默认仅两条折线，因此，需要设置组件属性。

首先，设置折线数量。

左侧组件列表中，选中"基本折线图"组件中的"line-group"，如图 2-38 所示。

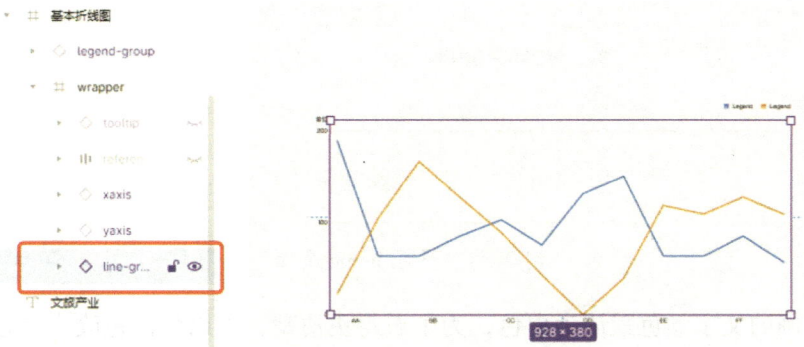

图 2-38 选中基本折线图的 "line-group"

右侧属性栏中,"SeriesNum"选择"3",则画布中的组件显示 3 条折线;"DataNum"选择"6",则画布中每条折线会有 6 个点,如图 2-39 所示。

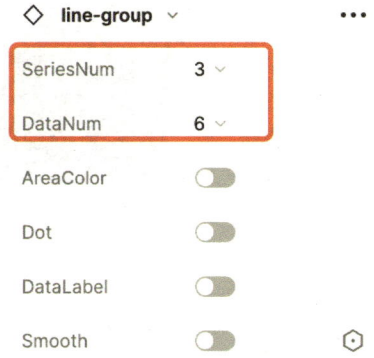

图 2-39 设置 line-group 的 SeriesNum 属性和 DataNum 属性

然后,设置图例数量。

左侧组件列表中,选中基本折线图组件中的"legend-group",如图 2-40 所示。

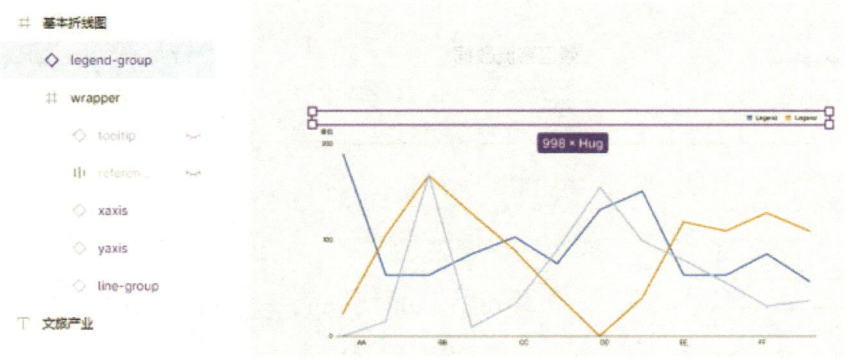

图 2-40 选中 legend-group

右侧属性栏中,"Items"设置为"3"(见图 2-41),则画布中显示 3 个图例。

图 2-41　设置 Items 属性

新增图例的文字颜色默认为白色，为了看得更清楚，可以将白色改为黑色。在左侧图层中，选中新增图例的"label"，然后在右侧属性栏的"fill"中，选择黑色，如图 2-42 所示。

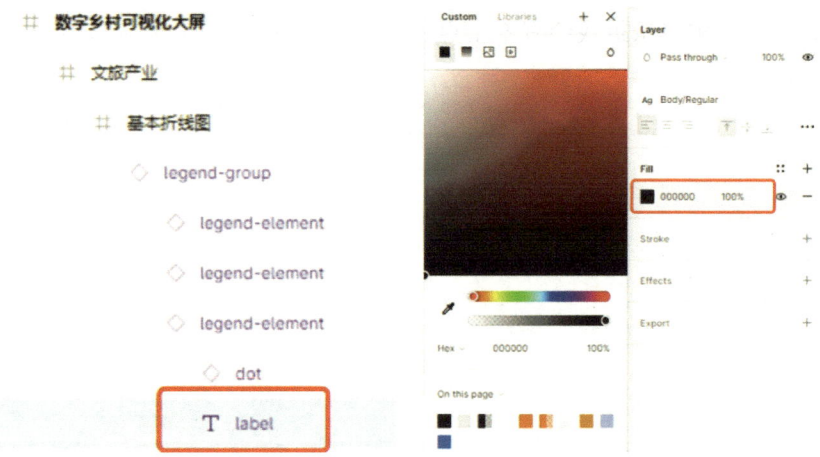

图 2-42　修改新增图例颜色

根据业务场景需求，修改图例及横纵坐标中的文字。为了丰富大屏的图表风格，可以采用平滑线条的方式展示。选中"line-group"组件（见图 2-38），在右侧属性栏中，开启"Smooth"（见图 2-43）。最终效果如图 2-44 所示。

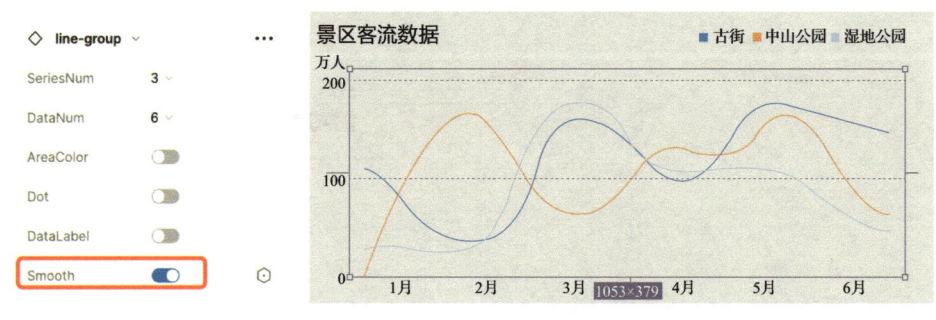

图 2-43　开启 Smooth　　　　　　图 2-44　景区客流数据效果图

（3）娱乐项目数据

娱乐项目数据，需要展示人气排行与口碑排行，因此，需要设计一个轮播效果或者

Tab 切换效果，实现两个排行榜的切换显示。

对于排行榜业务，需要突出不同数据之间的数量差异，因此，更适合采用柱状图或条形图。

设计静态交互原型2

> 说明：
>
> 本任务中，动态交互不是重点，因此，Tab 切换功能仅用文字组件示意，没有实现交互效果。

在 Figma for EasyV 中，选择"Bar"中的"排行条形图"（见图 2-45）并复制。

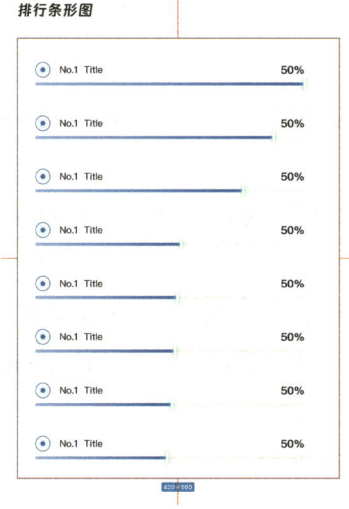

图 2-45 排行条形图

粘贴至"数字乡村可视化大屏"项目中，并调整尺寸。如果默认排行榜中的类目数量太多，则选中左侧组件列表中的"progressbar-element"，并按 <Delete> 键删除，如图 2-46 所示。

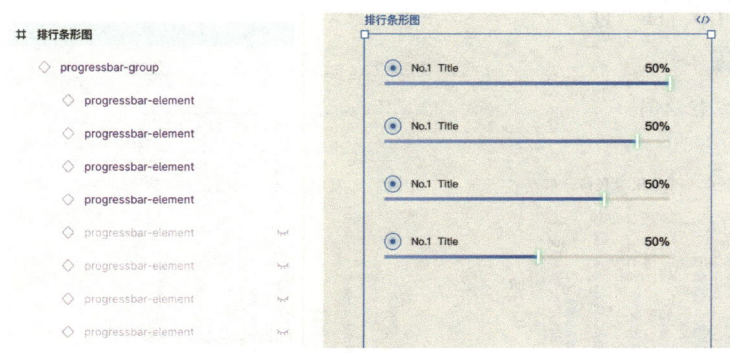

图 2-46 删减排行条形图元素

根据业务场景需求，修改组件内文字，最终效果如图 2-47 所示。

图2-47 娱乐项目效果图

（4）收益分析数据

收益分析数据要体现不同类别（景点、农家乐、民宿、特产）之间的收益差别，因此，可以采用柱状图。

在 Figma for EasyV 中，选择"基本柱状图"（见图2-48），复制到"数字乡村可视化大屏"项目中。

根据业务场景需求，需要增加图例与柱状图数量，方法与前述折线图类似，将"legend-group"属性的"Items"设置为"4"，将"bar-group"的"Items"设置为"4"。根据业务场景修改文字，最终效果如图2-49所示。

因此，文旅产业的交互设计效果如图2-50所示。

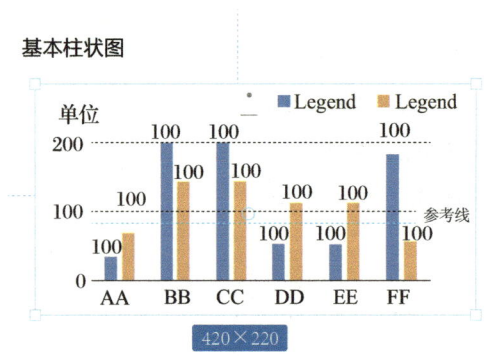

图2-48 基本柱状图

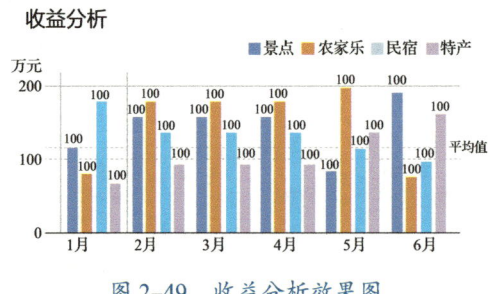

图2-49 收益分析效果图

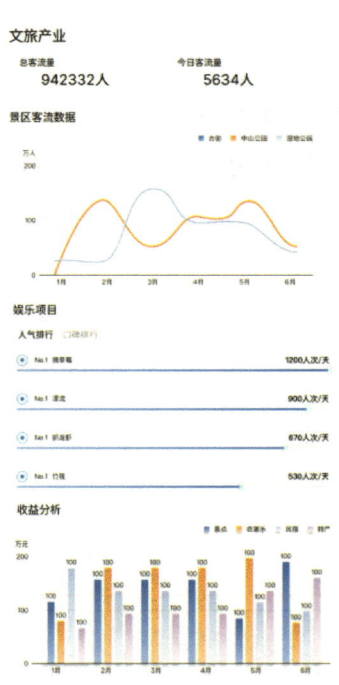

图2-50 文旅产业交互设计效果图

用相似的方式设计并实现其他模块的静态交互效果，最终效果如图2-51所示。

项目2 梳理与分析数据

图 2-51 "数字乡村可视化项目"静态交互设计效果图

4. 设计动态交互原型

本项目中，除了娱乐项目与环境监测模块需要进行 Tab 切换的动态交互设计外，最重要的是地图交互设计。以下介绍地图部分的动态交互设计。

（1）设置田园按钮 Frame

创建一个新的 Frame，命名为"田园按钮"，将"田园"文字及椭圆形框移动到 Frame 中，如图 2-52 所示。设置 Frame 的"Fill"属性为"0%"，即设置其底色为透明色，如图 2-53 所示。

图 2-52 田园按钮 Frame

（2）创建田园分布 Frame

创建一个新的 Frame，命名为"田园分布图"。在田园分布图 Frame 中，根据需要标记的田园，增加 4 个田园位置记号，例如三角形，并设置颜色，如图 2-54 所示。

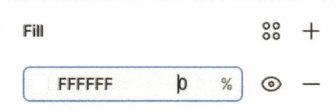

图 2-53 设置田园按钮 Frame 底色

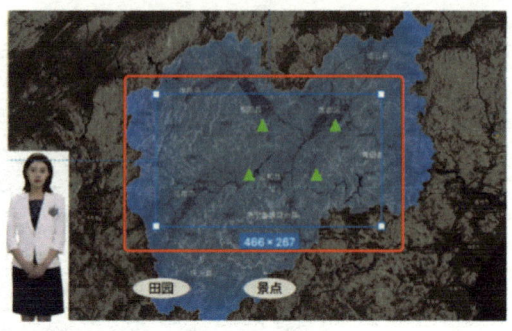

图 2-54　田园分布图 Frame

（3）设置交互动画

在右侧属性栏中选择"Prototype"，即可进入动态交互设计，如图 2-55 所示。

将光标移动至"田园"组件，可以看到出现"+"（见图 2-56）。

> ⚠ **注意：**
>
> 在 Figma 中，仅 Frame 元素支持增加交互动画，因此，在设置交互动画之前，需确认"田园"组件也是一个 Frame。如果当前"田园"组件不是 Frame，则新建一个透明色 Frame，将原"田园"组件中的元素拖入新 Frame 中，将新 Frame 组件重命名为"田园"即可。

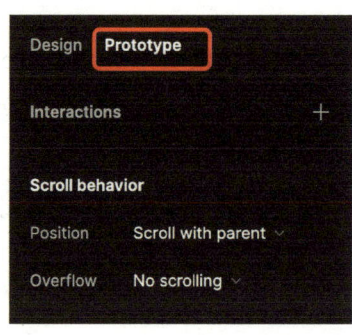
图 2-55　进入动态交互设计

图 2-56　动态设计操作提示标记"+"

单击"+"，同时将其拖动到田园分布图 Frame 附近，Figma 工具会自动出现一个箭头，并自动关联到田园分布图 Frame 上，如图 2-57 所示。

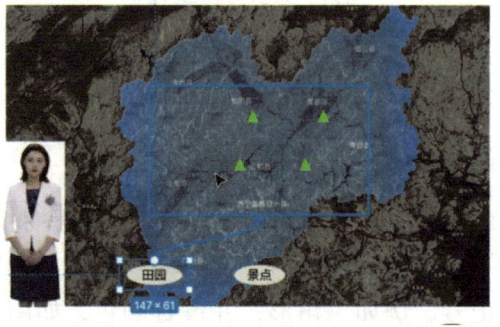

图 2-57　田园按钮关联到田园分布图 Frame 上

松开鼠标后，出现交互属性设置框（见图 2-58），单击"Scroll to"下拉菜单并选择"Open overlay"（见图 2-59），界面中会呈现"田园分布图"预计出现的位置。由于我们希望田园分布图在单击"田园"按钮后才展示出来，因此，需要先将田园分布图 Frame 移至画布范围外，如图 2-60 所示。

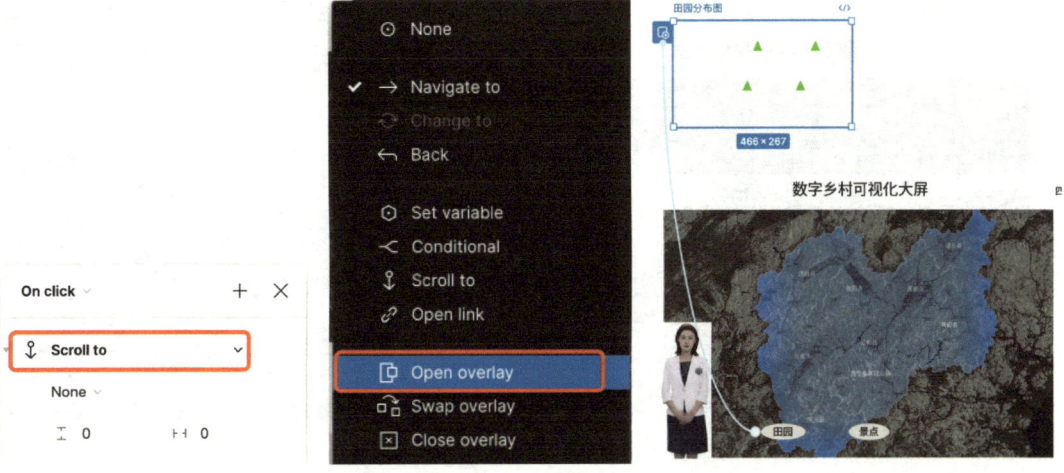

图 2-58　交互属性设置框　　图 2-59　下拉菜单　　图 2-60　将田园分布图移至画布范围外

单击"田园"按钮，在右侧属性栏中找到此交互动作，单击"Click"设置细节，选择"Position"为"Manual"（见图 2-61），指的是在自定义的位置打开田园分布图 Frame，会出现如图 2-62 所示的田园分布图框，单击中间的蓝点并拖动框至画布合适位置，如图 2-63 所示。

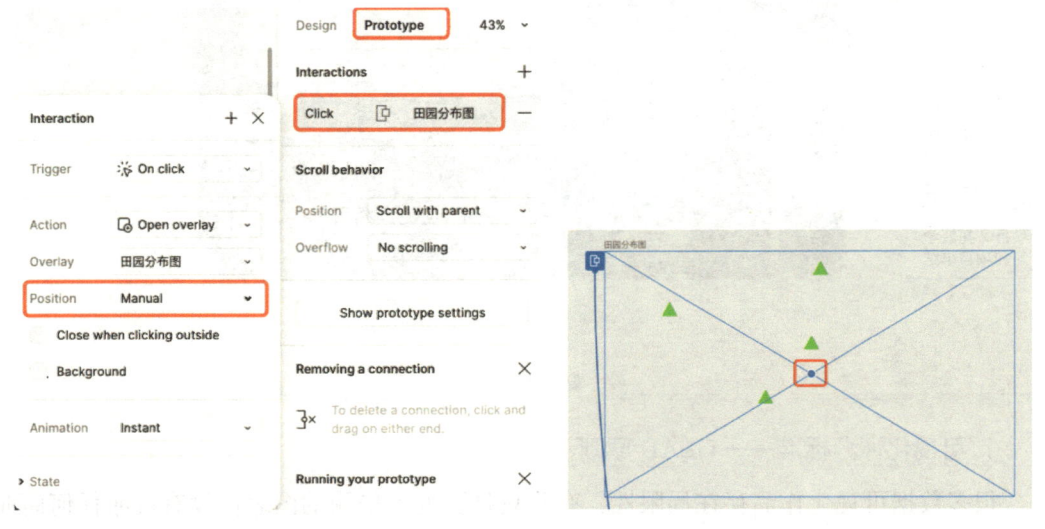

图 2-61　设置田园分布图 Frame 打开位置　　图 2-62　田园分布图框

由此实现了田园动态交互效果：单击初始状态的"田园"按钮（见图 2-64），地图上方显示所有田园标记（见图 2-65）。

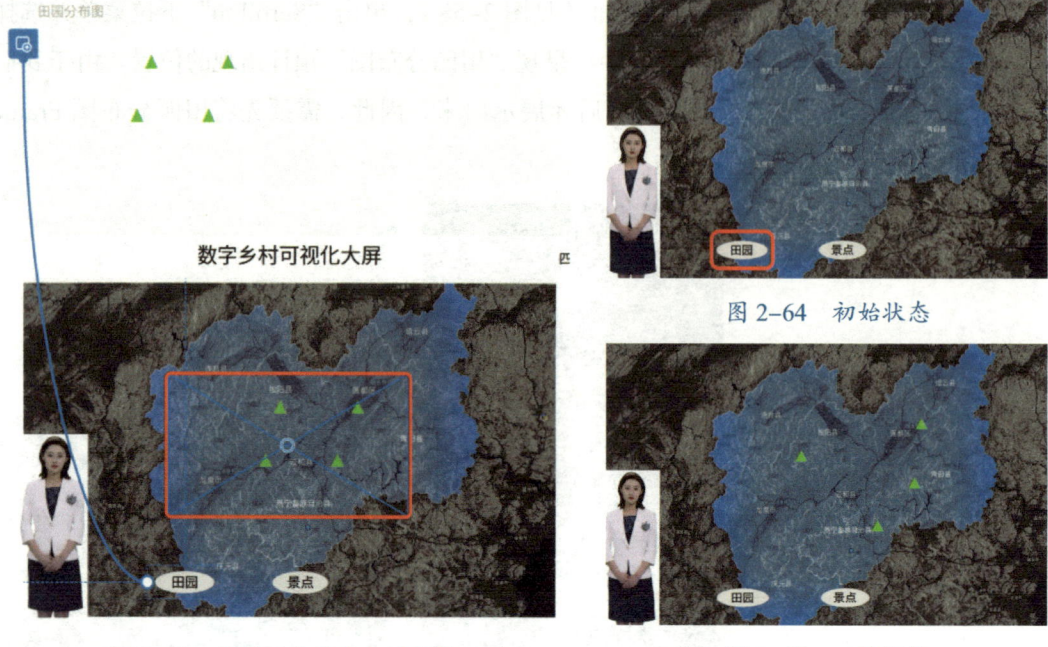

图 2-63　拖动框至画布合适位置

图 2-64　初始状态

图 2-65　田园标记

用同样的方法设置文字介绍信息动态交互效果：单击地图上的某一田园标记，出现该田园的文字介绍信息（见图 2-66）。

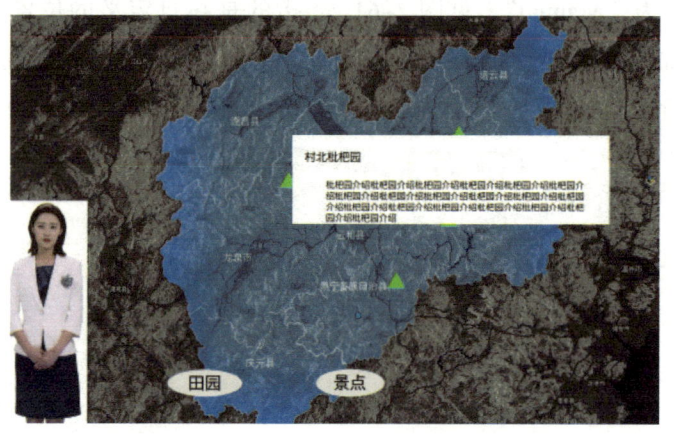

项目 2 拓展学习和项目小结

图 2-66　田园文字介绍

拓展学习

1. 可视化评分标准——GLAD 原则

很多数据可视化作品存在局限性，有些只是罗列了华丽的图表但没有说明任何商业问题和解决方案；还有一些虽然拥有高价值的数据信息，但因为没有使用合理的呈现方式，导致表达得不够清楚。如果遵循数据可视化中的 GLAD 原则（见图 2-67），则可以比较完美地呈现一幅具有商业价值的数据可视化作品。

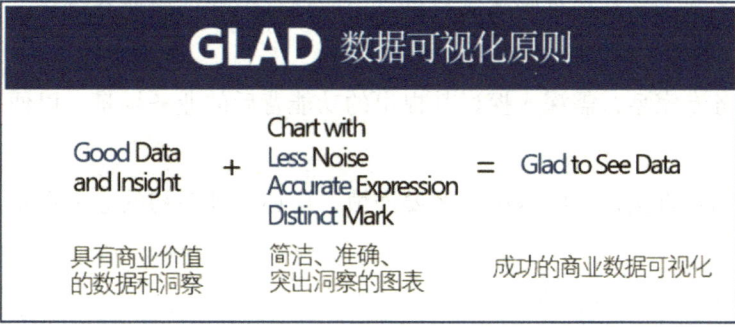

图 2-67　GLAD 数据可视化原则

G：Good Data and Insight。G 原则关注"优质数据与深刻洞察"。在进行探索性数据分析时，G 原则强调提炼出具有商业分析价值的高密度信息。这不仅要筛除低价值数据，还要揭示数据背后的深刻见解，并以易于理解的方式在图表中展示，以提供有指导意义的分析。

L：Less Noise。L 原则代表"降低噪音"。在解释性分析中，其目的是清晰传达信息，避免过度装饰，使得图表既能传达商业价值，又易于快速理解。此原则主张提高信息与噪声的比例，减少不必要的视觉元素。

A：Accurate Expression。A 原则意味"精确表述"。它要求利用图表准确地传递信息。此原则认为数据可视化既是科学也是艺术，强调必须将数据中的有价值信息准确无误地表达出来。

D：Distinct Mark。D 原则指"关键强调"。在数据展示中，应突出数据间的对比和洞察信息，使用鲜明的颜色、形状或文字进行强调，以吸引并保持用户的注意力，达到"画龙点睛"的效果。

2. 需求调研技巧

通过访谈方式开展用户需求调研时，调研技巧有助于更好地开展调研实施。

（1）仔细聆听、及时记录

仔细聆听并及时做好记录，可以使用录音辅助记录，以便后期梳理。

（2）避免使用过于技术的专业词汇

使用与业务相同的语言体系，避免复杂的技术术语，适时展示 demo 案例或草图，使沟通双方能及时领悟谈话内容，达到有效沟通。

（3）针对不同用户类型采用相应的交流策略

①对于强势型，可先搜集需求，然后在规划阶段结合行业案例及历史数据进行评估。

②对于随和型，需主动挖掘其实际的业务需求。

③对于技术新手，其很难阐述清楚诉求，应通过引导还原业务场景，使用原型工具等辅助交流。

④对于业务专家型，需深入探讨其提出的功能背后的业务场景，以便提供全面的解决方案。

注意：对用户直接提出的解决方案要谨慎，应还原到最初的业务场景，并深入思考其实际需求。

（4）统筹宏观与细节需求

宏观和细节需求同等重要，它们共同影响用户对系统的接受度。宏观需求涉及系统核心功能及业务场景。细节需求包括用户习惯和界面样式。

（5）避免使用不明确的词汇

如"我觉得"或"我估计"等词汇可能带来风险，不清晰的内容应先标注，待积累足够信息后进行整体评估。

（6）确保需求调研具有广泛性

广泛调研，确保结果具有代表性。

（7）确定关键的业务联系人

被调研对象以及项目的业务联系人，其质量比数量重要，一般选定 1~2 人，以便在需求调研后及时解答疑问。

（8）引导业务部门明确需求

通常，业务部门会因为对系统效果不了解或担心学习成本，而表现出对产品无使用需求。应通过介绍已实施的业务场景、外部行业案例、产品知识普及、提供产品 demo 体验等方式开展需求引导。

项目小结

本项目围绕"梳理与分析数据"，讲解了需求调研的意义、方法与流程，学习常见的需求分析模型、数据指标的概念，了解了常见的大屏图表类型与应用场景及常见的交互效果。按照企业可视化项目开展四个任务，逐步建立现场调研表、用户需求表、指标分析表，最终实现项目原型设计。完成所有任务后，进行拓展学习，包括可视化评分标准和需求调研技巧。

实战强化

对一所学校而言，每年都会有新生进校，请以"迎新可视化大屏"为项目背景，梳理与分析项目相关数据，并设计项目原型。要求：

1）在所在学校选取一个合适的地点用于向新生展示"迎新可视化大屏"，并建立现场调研表。

2）选择项目相关的用户，例如：新生、相关老师，开展用户访谈，并建立用户需求表。

3）进一步开展访谈，梳理业务逻辑与指标含义，建立"指标分析表"。

4）根据前期的"现场调研表""用户需求表""指标分析表"，利用 Figma 工具以及 Figma for EasyV 文件，设计项目交互原型。

项目 3　设计可视化效果

● **知识目标**

1）了解可视化大屏的整体风格类型。
2）了解元素提炼过程。（重点）
3）掌握装饰元素的形态设计方法。（重点）

项目 3 概述和
知识准备

● **技能目标**

1）根据不同需求的应用场景，制定大屏视觉风格。
2）基于场景素材，提炼色彩、线条、图案等元素。（难点）
3）使用 Adobe Illustrator（AI）和 Figma 软件设计大屏装饰性元素。（难点）

● **素养目标**

1）欣赏优秀视觉设计作品，开阔眼界，提升审美情趣。
2）利用合作分工的形式提升团队协作意识和集体荣誉感。

● **项目概述**

本项目以数字乡村可视化大屏项目为背景，从可视化设计师的视角制定界面风格、提炼装饰元素。首先，根据图文资料设定大屏色彩、设计图案形态；其次，使用 AI 和 Figma 软件设计装饰性元素；最后，实现元素的整合和大屏整体视觉展示。

开展任务前，需要掌握必要的理论知识：图形图像处理和可视化大屏的设计原则与规范。

完成任务后，进一步了解可视化设计师的岗位职责与能力要求，以及可视化大屏的动效与展示。

项目思维导图如图 3-1 所示。

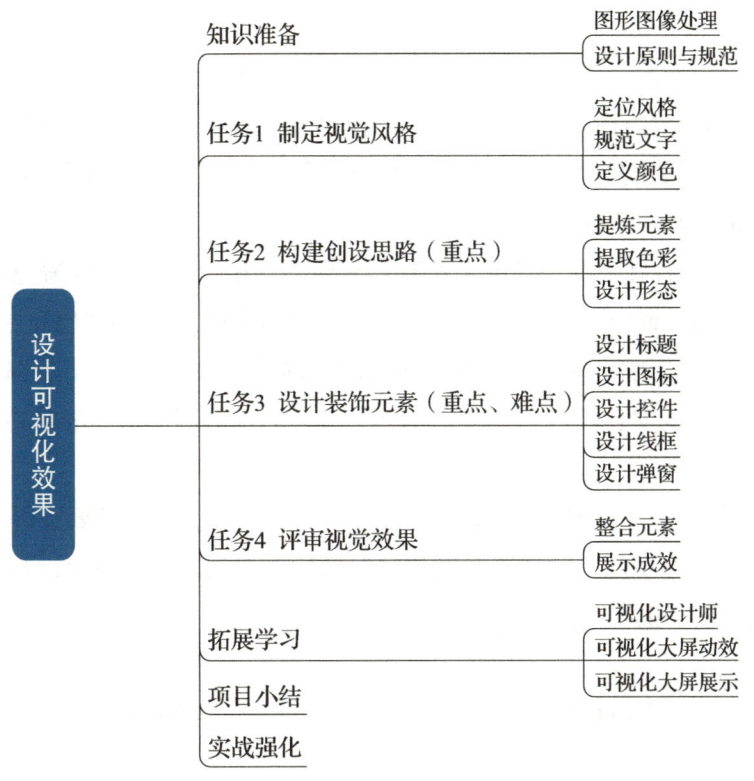

图 3-1 设计可视化效果思维导图

知识准备

1. 图形图像处理

图形图像处理是可视化大屏设计中的重要技术，可实现有创意、复杂的作品，以及传统艺术创作难以达到的效果。其主要应用于：

1）图片修饰与加工：通过调整对比度、亮度、色彩等实现所需效果，使用滤镜、修正工具等增加艺术元素。

2）图片合成与特效设计：为图片添加光影、烟雾、模糊等特效，营造特定氛围与情绪。

3）艺术创作与造型：数字图像处理技术提供自由绘画、复杂效果及模板，帮助设计师快速生成艺术作品。借用以上方法，利用 AI 和 Figma 软件（图 3-2），实现可视化大屏的整体界面设计。

 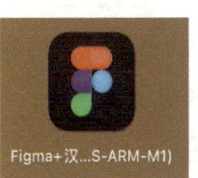

图 3-2 图形图像处理工具

2. 设计原则与规范

在可视化大屏界面设计中,以下几个核心原则与规范尤为重要。

1)信息层级的清晰性是设计的基础。可视化大屏通常需要展示大量数据,因此设计应确保信息的层次结构分明。通过合理的布局、字号大小、颜色对比等手段,使用户能够快速识别出最重要的信息。

2)简洁与一致性在大屏设计中起着至关重要的作用。大屏界面应避免过度装饰,保持简洁明了。使用一致的图标、颜色和字体风格,以增强界面的整体感和专业性。

3)色彩运用是影响可视化大屏设计效果的关键因素。设计师应慎重选择配色方案,确保色彩具有良好的对比度和可读性。例如,过多高饱和度的颜色容易造成视觉疲劳,在设计时应避免。

4)布局与排版也是不容忽视的环节。在制作仪表板时,一般都要有所侧重,将重要指标和核心数据放在中间,次要和辅助的数据指标放在两边或者周围,基本遵循图 3-3 所示的设计大原则,也可以根据实际需要进行调整。

图 3-3　布局与排版原则

总而言之,遵循上述设计原则与规范,可以显著提升可视化大屏的设计质量,确保信息的高效传达和用户的优质体验。可视化数据大屏不仅要美观酷炫,吸引眼球,更重要的是布局合理,重点突出,更好地服务于企业业务数据。只有这样才能使用户清晰地获取数据信息,轻松地与数据对话。

任务 1　制定视觉风格

任务描述

本任务介绍可视化大屏的整体视觉内容:①定位风格,介绍可视化大屏的风格类型;②规范文字,介绍字体使用与字体选择;③定义颜色,介绍主色调和辅助色调的设定。任务导图如图 3-4 所示。

项目 3　设计可视化效果

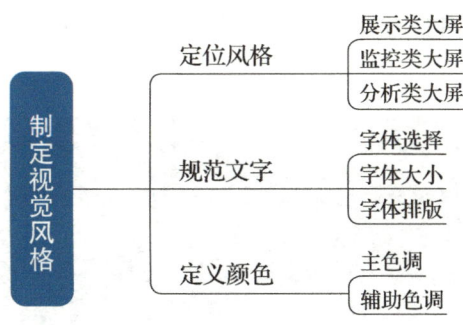

图 3-4　制定视觉风格任务导图

任务实施

1. 定位风格

可视化大屏是为某品牌或机构服务的，设计时要考虑该品牌或机构的形象和定位。可视化大屏可以归纳为以下几种风格。

（1）展示类大屏

展示类大屏（见图 3-5）主要用于展示企事业单位的核心经营理念、公司战略、业务亮点等内容，展示类场景大部分采用平铺的方式来布局展现信息，风格符合企业整体的 UI 风格。展示类大屏对大屏的交互性一般要求不高，主要侧重美观度和震撼力。

图 3-5　展示类大屏

（2）监控类大屏

监控类大屏（见图 3-6）主要用于实时跟踪业务数据变化，从而保证业务正常运行。由于监控类大屏需要监控的内容不同，在大屏界面内容的设计上，需要通过图形图像、动态视频、可视化图表等多种可视化手段结合使用。同时，大屏设计要保证数据的高度实时性，因此在设计界面内容时要充分考虑监控使用人员的认知习惯和后期的大屏交互效率。

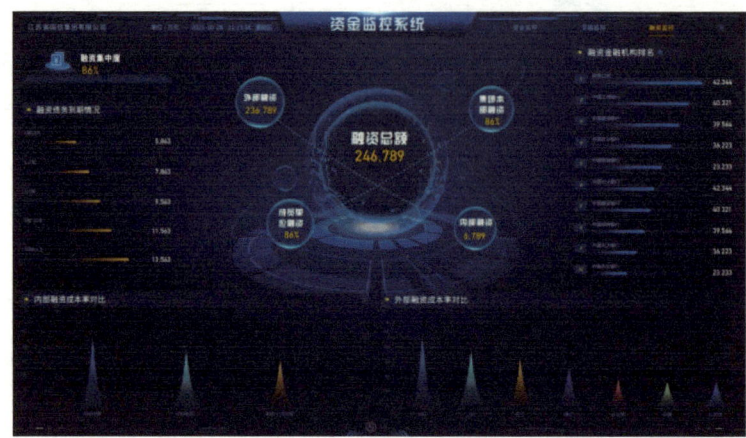

图 3-6　监控类大屏

（3）分析类大屏

分析类大屏主要用于展示和分析企业实际具体的业务数据，例如：企业经营管理的财务数据的营业收入、利润、现金流等财务指标，如图 3-7 所示。分析类大屏要求在界面中展现数据逻辑和业务内容，因此界面的美观度并非设计重点，在视觉设计过程中，需要充分考虑具体分析结果的内容展示，所以界面排版和视觉主次上需要重点考虑，设计难度较大。

图 3-7　分析类大屏

数字乡村可视化大屏的用户群体为前来乡村旅游的游客，大屏主要展示的内容为文旅产业、区域地图、游客打卡和四季田园的情况，属于展示类大屏。展示类大屏对界面的交互性功能要求不高，主要侧重美观度和震撼力，所以在设计数字乡村可视化大屏时，排版布局上采用平铺的方式更能直观地展现乡村的文化特色和景点风貌。除此之外，大屏内装饰元素的设计风格需要符合乡村的视觉识别系统，进一步凸显乡村旅游的特色。

2. 规范文字

在可视化大屏的界面字体设计中，需要灵活利用文本框、图片、容器、扩展插件等元素设置个性化酷炫的大屏标题。同时，可以选择图片、文本框或者容器作为标题的背景装饰、文字边框等。首先，在字体使用过程中，字体优先选择系统默认字体，嵌入字体时需要考虑字体的可识别性、与当前设计风格是否融合、是否可免费商用等问题。其次，在字体大小选择上，建议主标题字号＞次标题字号＞数据信息字号＞图表标注字号。最后，在字体的排版上，要保持合适的文字间距。中西文混排时，要注意中文和西文间的间隔，当中文中混排有西文时，需要在中西文间留有间隔，可帮助用户更快速地扫视文字内容。

文字为界面装饰元素的设计重点，在数字乡村可视化大屏设计中，主标题、次标题、小标题之间的等级关系至关重要，因此在字号大小设置上应有序递减。此外，本次数字乡村可视化大屏的主标题采用渐变填充，并添加内阴影、投影等，以丰富文字的视觉效果。因此，大屏内的文字并非简单的文本输入，除了传达意义外，还可作为装饰元素从字体样式、文字颜色、文本效果等方面丰富界面视觉。

3. 定义颜色

品牌的色彩识别系统通常会有主色调和辅助色调的设定，可以根据品牌的要求来确定主色调，以保持品牌整体色调的一致性。

在主色调的选择上，要分析行业的属性特征，然后通过情绪板等方法定义视觉调性。例如公安系统通常运用严谨冷静的蓝色调；能源、教育、医疗行业的主色调一般使用能代表环保、未来、健康的绿色调；电商、新零售行业需要烘托购物热闹的场景，所以靓丽的暖色调更为合适。

在辅助色调的选择上，根据主色调，要适当搭配一定比例的邻近色和对比色，这样能大大缓解用户的视觉疲劳、展示出细节，大屏色彩也会更丰富更具有观赏性。在大屏设计中的色调搭配有很多技法，可以根据色环进行色彩搭配，如图3-8所示。

为了符合数字乡村可视化大屏数据展示的核心原则，本项目选择了暗色系作为背景色，以减少对数据展示的视觉干扰。在颜色的选取上需要结合案例的特色，同时在颜色搭配上遵循冷暖相

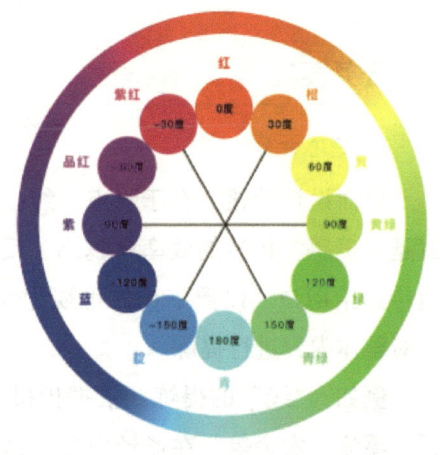

图 3-8　色环

调、明暗对比的配色原则，以保证界面风格的统一与协调。在颜色选择过程中，可以适当借助亮色突出重点信息，增强视觉聚焦效果并缓解视觉疲劳。这种色彩组合能有效营造舒适和谐的视觉环境，提升用户体验。

任务 2　构建创设思路

构建创设思路

任务描述

本任务基于视觉风格的制定，做好大屏设计思路的构建：

1）提炼元素：点线面的内容提炼；

2）提取色彩：大屏的色彩定位；

3）设计形态：底图的设计。任务导图如图 3-9 所示。

重点关注点、线、面元素的提炼和背景底图色设计，元素的提炼为后期设计各类装饰元素奠定基础，所以如何提炼出具有美感和使用价值的基本元素至关重要。设计数字乡村可视化大屏的背景分辨率为 2408×1204，与实物大屏的物理尺寸和分辨率对应，选用合适的背景底图件，以达到丰富的视觉效果。

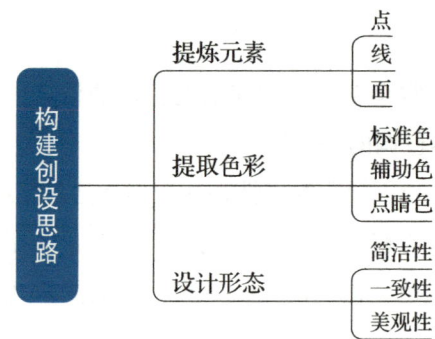

图 3-9　构建创设思路任务导图

任务实施

1. 提炼元素

界面设计的核心在于对点、线、面的提炼，内容提炼得越精确，设计出的形态造型就越具美感，传达的效率就越高。反之，会导致界面内容臃肿散乱，关键信息无法高效地传达给用户。以数字乡村可视化大屏项目为例，前期需要认真了解乡村的特色文化，并对整体内容进行提炼。

例如，"线"的提炼：根据拍摄的乡村场景照片，发现乡村的特色场景有果园、拱桥、溪流、农舍等，在场景中搜寻具有美感的线条，并绘制出对应线条样式，如图 3-10 所示。接下来，用简化构成的方法演变照片中的线条形态，并为提炼出的线条适当地进行对应的形态演变、色彩搭配、效果叠加等,如图 3-11 所示。

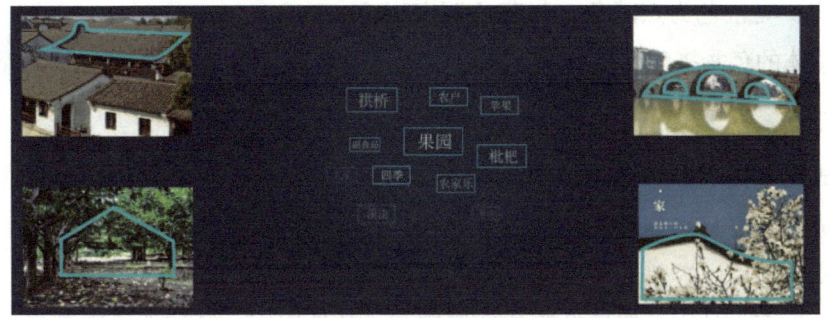

图 3-10　线条元素提炼

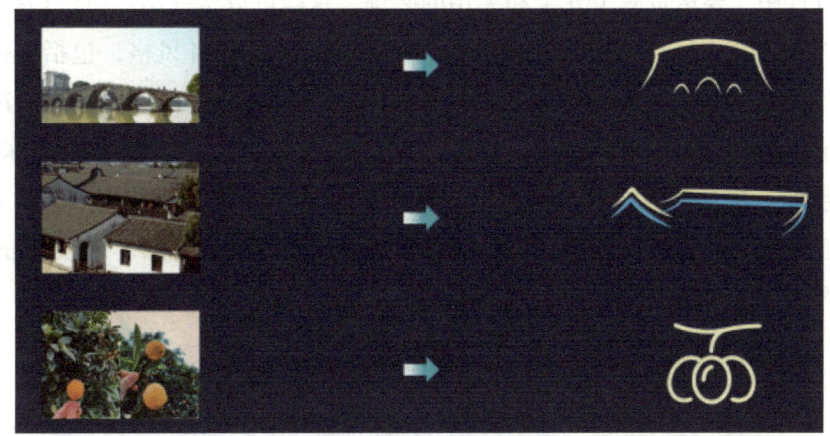

图 3-11　线条元素装饰

提炼思路同样也可以运用于点和面元素中,从乡村实景中寻找具有代表性的点和面,并进一步演变形态、叠加装饰,最终设计出和数字乡村可视化大屏风格相吻合的装饰元素。

2. 提取色彩

提炼元素的同时,还要考虑展示的大屏色彩。首先,不论主色调是什么颜色,背景色通常要用暗色系,以减少对用户视觉上的冲击。深色背景能够有效烘托暖色调的可视化元素,起到对比、聚焦视觉的作用,所以在背景色上选择深蓝色调。其次,辅助色调对主色调起到辅助作用,数字乡村可视化大屏若呈现大面积的冷色调,再搭配大面积暖色调会呈现对比色或互补色,形成强烈对比。所以选择蓝色的近似色——浅蓝色进行搭配,这样不仅能够烘托数字大屏的属性特征,还能在大面积使用蓝色调的同时保持画面和谐统一。最后,暖色调可以烘托乡村的主题,如红色、橙色、紫色都是有效的色调,所以冷色调中搭配一定比例的暖色作为点睛色,能够缓解视觉上的不适。

由此根据设计风格确定了数字乡村可视化大屏色彩以深蓝色为主色,代表数字乡村的科技与创新；浅蓝色为辅助色，实现和主色调的前后呼应；亮橙色为点睛色，与蓝色调实现冷暖相调。整体的色彩搭配效果如图 3-12 所示。

图 3-12　数字乡村可视化大屏色彩定位图

3. 设计形态

在完成元素提炼和色彩定位的基础上，需要进一步完成数字乡村可视化大屏内的装饰图形设计。为了使装饰性内容兼具"美观"和"可视"，在图形图像形态设计中，要遵循简洁性原则和一致性原则。简洁性原则是指在大屏装饰性图案的设计中，要尽量减少冗余和无用的装饰，这样可以帮助用户更快地抓住主要内容。一致性是指在大屏数据可视化设计中，要保持一致的设计风格，包括字体、颜色、图标等设计元素。例如，大屏背景通常使用某一单一色调填充以保证底图的简洁一致，但是使用纯色会显得过于单调，所以在设计数字乡村可视化大屏时，该项目采用了具有 50% 透明度的标准色，并在底部叠加乡村的鸟瞰图，以实现美观装饰效果，如图 3-13 所示。创设完成大屏背景底图后，可以通过复制、粘贴的形式将图片置入 Figma 软件内或者直接将图片拖入 Figma。

图 3-13　数字乡村可视化大屏底图

总之，在考虑大屏视觉呈现的同时，还需做到界面简洁清晰，重点突出。尤其是完成设计初稿后，需要进一步优化。

任务 3　设计装饰元素

任务描述

完成设计思路的构建后，通过 AI 和 Figma 软件，可以实现数字乡村可视化大屏的界面装饰元素设计。本任务将进一步设计各个装饰元素，设计内容包括：①设计标题；

②设计图标;③设计控件;④设计线框;⑤设计弹窗。任务导图如图 3-14 所示。

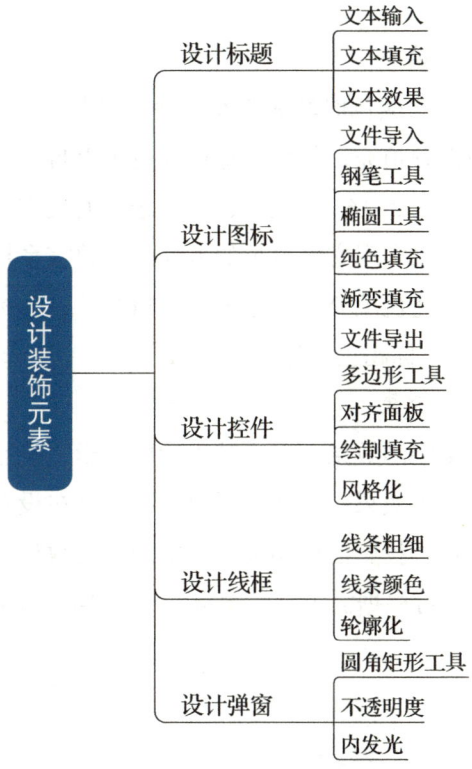

图 3-14　设计装饰元素任务导图

重点关注图标的设计方法,创设具有创新性的设计图,并熟练使用 Figma 和 AI 软件,提高工作效率。

任务实施

1. 设计标题

(1)文本输入

通过对字体、字号、字间距等的自定义设置和效果的添加,使标题能够清晰地传达信息,还能增强界面的整体视觉效果。以主标题"数字乡村可视化大屏"为例,打开 Figma 软件,在工具栏内选择"文本"工具,输入文

图 3-15　文字设置窗口

🔍 **说明:**
在可视化大屏内需要注意主标题、次标题、小标题之间的等级关系,所以在字号大小设置上应依次递减。

字内容；选中文本，在设计窗口内设置字体格式、字号大小、字距、行距、对齐方式等内容，具体设置内容如图 3-15 所示。

（2）文本填充

在设置字体颜色时填充类型分为纯色填充、渐变填充、图片填充和视频填充，使用者也可在色带上自由选择想要填充的颜色（见图 3-16）。同时，针对选择的文本颜色可以设置不透明度，以实现文字效果的多样化。数字乡村可视化大屏的主标题为纯色填充，色号为"FFFFFF"；次标题色号为"EBF6FF"；小标题色号为"02C7FD"。

（3）文本效果

为丰富文字的效果，可为其添加内阴影、投影、图层模糊、背景模糊等效果。例如投影效果，可以在设置窗口中输入投影的位置、投影的模糊度、投影的扩展数值，投影的颜色和透明度也可根据需求自由设定，如图 3-17 所示。

> 说明：
> Figma 在字体颜色窗口，会根据大屏内已有的颜色基础，提供文件中的颜色。因此设置过一次颜色后，后期可直接选择"文件中的颜色"进行字色填充。

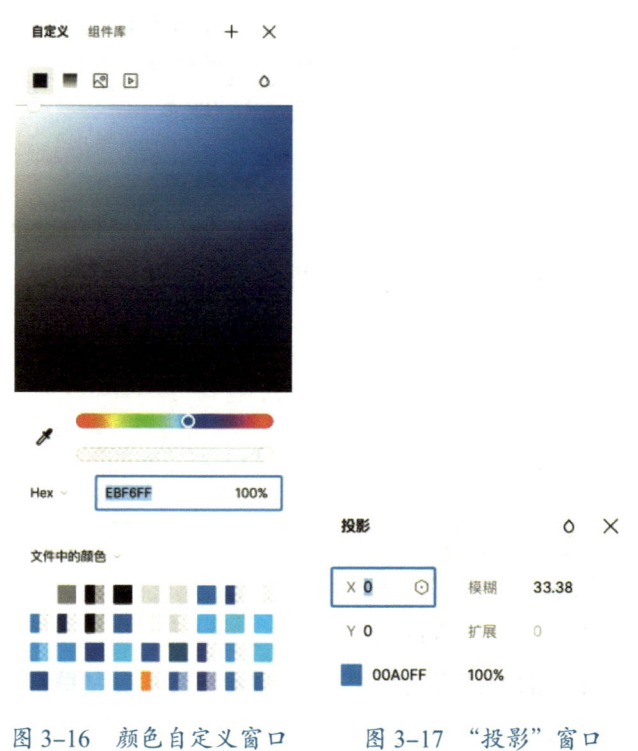

图 3-16　颜色自定义窗口　　图 3-17　"投影"窗口

根据以上绘制方法，制作其他标题内容并置入 Figma 软件内，显示效果如图 3-18 所示。

项目3 设计可视化效果

图 3-18　添加标题效果图

> **说明：**
> 主标题和次标题可设置一定的文字效果以丰富画面。三级标题及以下则不建议设置效果，因为本身字号较小，效果难以体现。

设计图标

2. 设计图标

图标设计是界面中不可或缺的一部分。使用 AI 软件可以精细制作高质量的图标，结合 Figma 软件的组件功能，可以将图标快速集成到界面设计中，实现统一的图标风格。

（1）文件导入

以四季田园模块的图标为例，打开 AI 软件，选择"文件"—"新建"—"画板"，设置画板分辨率为：240×240px，或者在菜单栏内选择"文件"—"打开"，如图 3-19 所示，在弹窗内选择之前提炼好的元素文件。

（2）钢笔工具

在工具栏窗口，选中"钢笔工具"（见图 3-20），绘制路径，利用钢笔工具在原始图形上对图案内容添加细节。

> **说明：**
> AI 是基于矢量图形的制作软件，被广泛地应用于插画、包装、印刷出版、书籍排版、动画和网页制作等领域。

> **笔记：**
> AI 里的钢笔工具使用方法和 PS 里的一样吗？
> 两款软件都是 Adobe 公司推出的平面类设计软件，所以在钢笔工具的使用方法上基本无异。

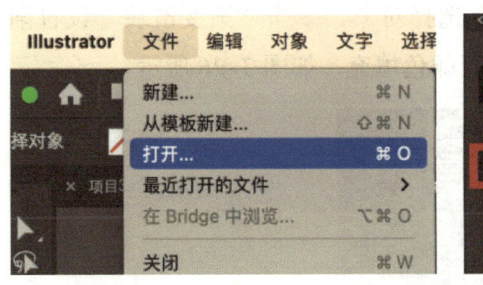 

图 3-19　打开文件　　图 3-20　工具栏窗口

（3）椭圆工具

按住工具窗口中"矩形工具"按钮，可弹出工具组（见图 3-21），选择"椭圆工具"，在页面中直接拖动鼠标可绘制椭圆，按住 <Shift> 键同时拖动鼠标可绘制正圆。绘制内容如图 3-22 所示。

> **说明：**
> 选择"椭圆工具"后，在页面中单击鼠标左键，可弹出"椭圆"对话框，设置椭圆宽度和高度，可绘制固定大小椭圆。

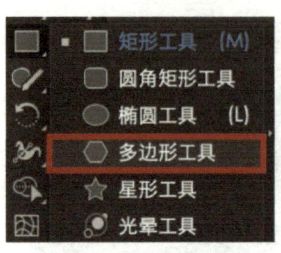

图3-21 工具组

图3-22 图标绘制草图

（4）纯色填充

选择对象，打开"色板面板填充颜色"窗口，如图3-23所示。选择对象，双击"填色"按钮，打开"拾色器"（右下角CMYK模式中设置颜色值），选择"对象填充"。针对图形进行颜色填充，填充效果如图3-24所示。

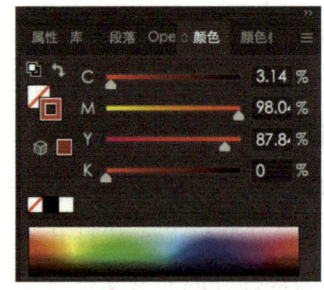

图3-23 填充颜色窗口

图3-24 颜色填充效果图

> **笔记：**
> 能不能输入色号数值来填充颜色？
> 单击窗口右上角的"更多"按钮，可以选择颜色模式，如果是彩色填充可以选择"CMYK/RGB"模式，选定模式后可以设置色号数值。

> **说明：**
> 渐变滑块不仅可以设置渐变颜色，同时可以添加和删减滑块数量，并且单击某一滑块，可以设置颜色的透明度。

（5）渐变填充

单击"菜单"—"窗口"—"渐变"，弹出"渐变"窗口，如图3-25所示。选择对象，单击"渐变滑块"设置渐变颜色，针对图形进行颜色填充，如图3-26所示。

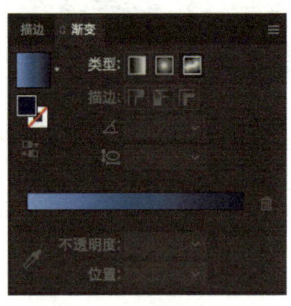

图3-25 "渐变"窗口

图3-26 渐变颜色填充效果图

（6）文件导出

1）文档的保存：制作完成后，执行"文件"—"储存"命令，或者"文件"—"储存为"命令，选择".AI"保存类型，输入文件名称，"保存"即可。

2）文档的导出：执行"文件"—"导出"命令，选择需要保存的类型名称即可，如图3-27所示。

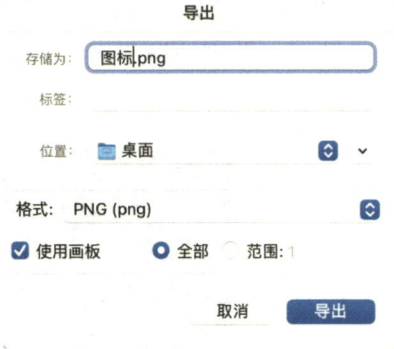

图3-27 导出窗口

> 说明：
> 文档保存快捷键为<Ctrl+Shift+S>；
> 文档导出快捷键为<Ctrl+Shift+Alt+S>

根据以上绘制方法，设计其他主题图标，将绘制好的图标置于Figma软件内，显示效果如图3-28所示。

图3-28 添加图标效果图

3. 设计控件

在控件设计方面，通过AI软件设计出高精度的控件样式，再导入Figma软件进行互动性设置，不仅能提升设计的细节表现力，也增强了界面的用户体验。

（1）多边形工具

以"四季田园"模块下的"环境监测"控件为例，按住工具窗口中"矩形工具"按钮，可弹出工具组，选择"多边形工具"，在页面中直接拖动鼠标可绘制多边形，选择"多边形工具"后，在页面中单击鼠标左键，可弹出"多边形"对话框，设置多边形的半径和边数。绘制内容如图3-29

设计控件

> 说明：
> 选择"多边形工具"后，在页面中直接拖动鼠标的同时，选择键盘上的<↑>、<↓>键，可快速设置多边形的边数。

> **说明：**
> 调出对齐面板窗口的快捷键是 <Shift+F7>。

所示。

（2）对齐面板

单击菜单栏中的"窗口"—"对齐"，出现弹窗如图 3-30 所示。选中绘制的可调整对象之间的对齐方向和分布间距。选中绘制的 2 个六边形，分别选择"水平居中对齐"和"垂直居中对齐"。

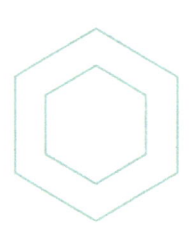
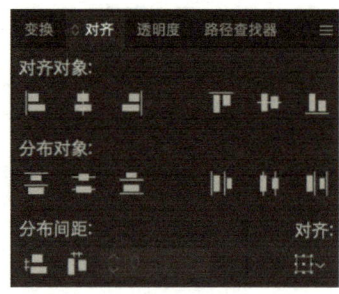

图 3-29　多边形绘制图　　图 3-30　"对齐"窗口

（3）绘制填充

选中内部的六边形，单击菜单栏中的"窗口"—"渐变"，为图形设置渐变色。

（4）风格化

绘制填充后，选中内部的六边形，单击菜单栏中的"效果"—"风格化"—"照亮边缘"（见图 3-31），为图形添加风格化效果，绘制效果如图 3-32 所示。

> **说明：**
> "效果"内除了"照亮边缘"以外，还有"3D""变形""扭曲和变换"等多种应用效果。

图 3-31　选择照亮边缘

图 3-32　控件设计图

根据以上绘制方法，设计其他控件，将绘制好的控件置于 Figma 软件内，显示效果如图 3-33 所示。

图3-33　添加控件效果图

4. 设计线框

线框设计是构建整体布局的基础。通过Figma软件可以创建并调整线框结构，AI软件则可用来进一步精细调整线框的视觉效果，使其在表现上更具设计感。

（1）线条粗细

以"游客打卡"的线框为例，选择"形状工具"，在画板中绘制线框。线框绘制完成后，选中图形中的"圆角矩形工具"，单击菜单栏中的"窗口"—"描边"，为圆角矩形设置描边"粗细"，如图3-34所示。

（2）线条颜色

为了给线条添加颜色，在工具栏内单击"填充描边"，弹出"拾色器"窗口，"选择颜色"—"确定"（见图3-35），即可设置线条颜色。也可以通过"吸管工具"吸取画面内任一颜色，实现线条颜色的填充。添加线条颜色后效果如图3-36所示。

设计线框

说明：

"圆角矩形工具"用来绘制圆角的矩形。选择"圆角矩形工具"，在页面中直接拖动鼠标可绘制圆角矩形，按住<Shift>键同时拖动鼠标可绘制正圆角矩形。

笔记：

线条也可以设置渐变颜色吗？

可以，线条设置渐变色需要先在工具栏内单击"填充描边"，再打开"渐变"窗口，设置渐变颜色即可。

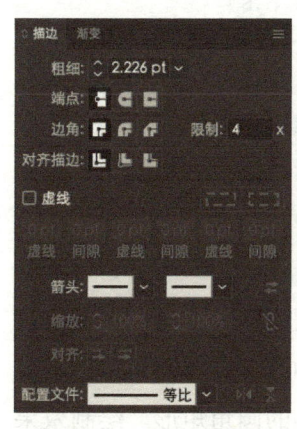

图3-34　"描边"窗口

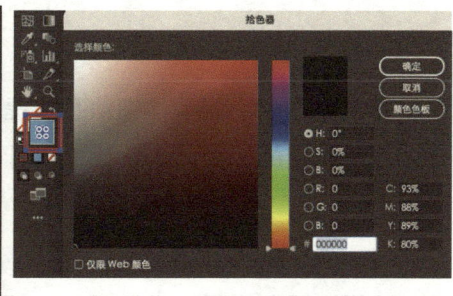

图3-35　"拾色器"窗口

图3-36　线条颜色设置

（3）轮廓化

使用"钢笔工具"，绘制线框装饰图案，绘制完成后，单击菜单栏中的"对象"—"路径"—"轮廓化描边"（见图3-37），为线框装饰图案设置描边路径、填充路径颜色，效果如图3-38所示。

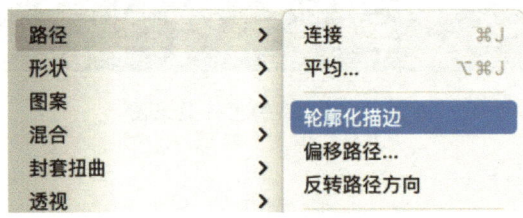

图3-37 轮廓化描边

图3-38 路径填充效果图

根据以上绘制方法，设计其他线框，将绘制好的线框置于Figma软件内，显示效果如图3-39所示。

图3-39 添加线框效果图

5. 设计弹窗

弹窗通常用于展示详细信息或提示，弹窗设计是大屏设计中不可忽视的一个元素，因此设计时需兼顾功能性与视觉吸引力。

（1）圆角矩形工具

选择"圆角矩形工具"后，在页面中单击鼠标左键，可弹出"圆角矩形"对话框（见图3-40），设置圆角矩形宽度和高度、圆角半径，可绘制固定大小的圆角矩形。绘制效果如图3-41所示。

设计弹窗

📝 笔记：

圆角度数后期如何修改？

选中绘制的圆角矩形图案，在菜单栏下方，找到"圆角数值"选项，后面输入圆角度数即可。

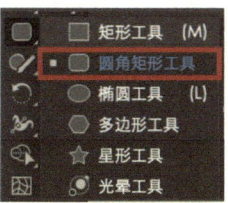 

图 3-40 "圆角矩形"对话框　　图 3-41 圆角矩形绘制效果

(2) 不透明度

选中图形,单击菜单栏中的"窗口"—"透明度",为填充颜色设置不透明度的数值,如图 3-42 所示。

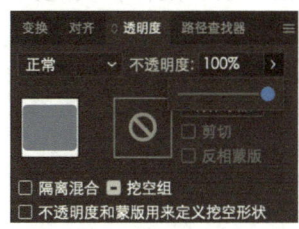

图 3-42 透明度设置

说明:

透明度面板调出窗口的快捷键是 <Ctrl+T>。

(3) 内发光

置入其他装饰性控件线条后,选中图形底图,单击菜单栏中的"效果"—"风格化"—"内发光"(见图 3-43),为图形添加发光和渐变效果。绘制完成效果如图 3-44 所示。

图 3-43 选择内发光　　图 3-44 弹窗效果图

根据以上绘制方法,设计其他弹窗,并添加对应图文内容,弹窗显示效果如图 3-45 所示。

图 3-45 添加弹窗效果图

笔记:

风格化和控件设计中出现的风格化有什么区别?

子栏目下的选项不同,控件设计中的"风格化"只有"照亮边缘"选项,这里的选项内容有"内发光""圆角""外发光""投影""涂抹""羽化"。

通过上述五个方面的设计演示，结合 AI 的创意能力与 Figma 的交互与协作优势，可以为数字乡村可视化大屏界面打造出具有独特风格且功能完备的装饰元素，最终实现设计与用户体验的双重提升。

任务 4　评审视觉效果

任务描述

本任务将通过以下步骤实现画面风格的统一以及最终大屏的展示分享：①使用 Figma 软件，完成各个元素的整合统一；②导出图层和文件，实现大屏的展示效果。任务导图如图 3-46 所示。

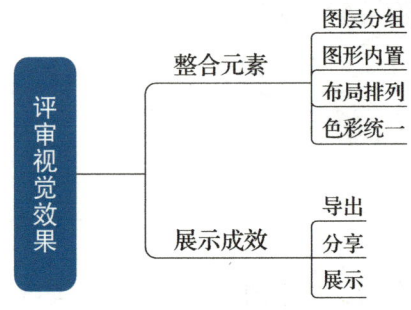

图 3-46　评审视觉效果任务导图

任务实施

1. 整合元素

要实现数字乡村可视化大屏的最终视觉呈现效果，需要将标题、图标、控件线框以及弹窗等元素在 Figma 软件中进行整合。首先，通过图层分组来组织和管理界面元素，这不仅有助于保持设计的整洁，还能确保各个部分之间的逻辑关系清晰，便于后续的调整与优化。然后，通过图形内置功能将复杂的设计元素嵌入界面中，使各设计元素无缝融合，并保持设计的一致性。布局排列是整合过程中不可或缺的一步，通过合理地排列这些设计元素，确保整个大屏界面的结构层次分明，信息传达更加直观。为了进一步提升整体视觉效果，要注意色彩统一，选择一致的配色方案可以使各界面元素风格协调，避免视觉上的割裂感。色彩的统一不仅能增强大屏的美观性，还能帮助用户快速理解信息，提升可读性和使用体验。

（1）图层分组

打开 Figma 软件，将 AI 内制作好的装饰元素按序置入，在菜单栏下方找到"图层"窗口，如图 3-47 所示。将所有图层按照画板内容分组排列，组别命名如图 3-48 所示。

双击图层,可进行重命名。

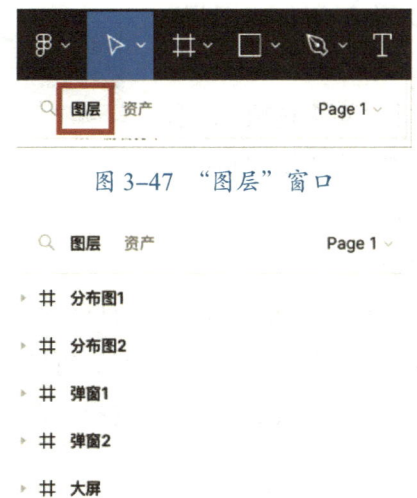

图 3-47 "图层"窗口

图 3-48 图层命名

> **说明:**
> 每个图层组下可以放置多个图层,选中2个及以上图层,单击鼠标右键,在窗口中选中"编组所选项",可创建新的编组。

> **笔记:**
> **图层顺序如何调整?**
> 选中对应图层,拖动图层至目标位置,可调整图层顺序。

(2)图形内置

导入图片素材后,在"形状工具"栏窗口中选择"椭圆"(见图 3-49),按住 \<Shift\> 键绘制 1 个正圆形。将圆形图层放在图片图层下方,同时选中两个图层,单击鼠标右键选中"设为蒙版"(见图 3-50),图片内嵌入圆形内,最终效果如图 3-51 所示。

> **说明:**
> 在 Figma 软件中,如果直接置入照片,照片形状大多为矩形。为提升大屏的装饰效果,可对置入的图片进行外框造型设计,可将外框设计为圆形、三角形、多边形等,如有需要,也可使用钢笔工具自由绘制任意造型。

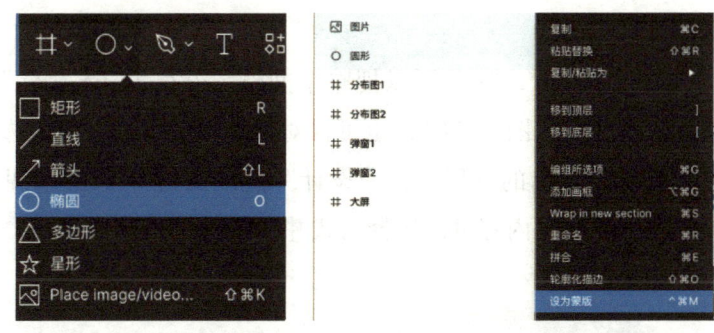

图 3-49 椭圆选项　　图 3-50 设为蒙版选项

图 3-51 图片内嵌效果

（3）布局排列

选中需要对齐分布的图层，在"设计"窗口，选择对齐分布形式，也可单击"更多选项"，选择"垂直间距均分""水平间距均分"，如图 3-52 所示。

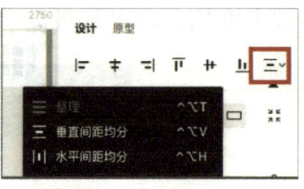

图 3-52　布局排列选项

（4）色彩统一

选中图层或图表，在"设计"窗口，选择"已选的颜色"（见图 3-53），单击下方任一颜色，可统一修改选中图层或图表内的颜色。颜色设置可以选择"自定义"或"组件库"。

> 🔍 **说明：**
> 自定义的颜色设置方法可以参考任务 3 的 "文本填充"。

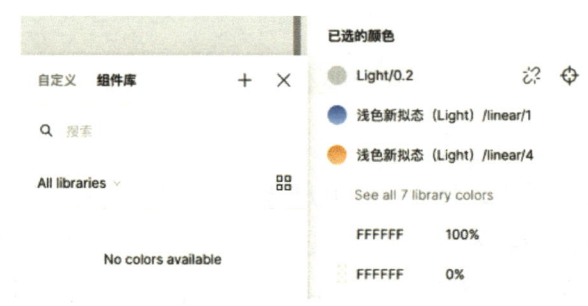

图 3-53　色彩统一窗口

展示成效

2. 展示成效

（1）导出

大屏完成后，除了可以把整个文件"另存为 .fig 文件"整体导出外（见图 3-54），也可针对某一图层单独导出。选中需要单独导出的图层，在"设计"窗口找到"导出"（见图 3-55），导出内容可以选择格式并"预览"。

> 🔍 **说明：**
> 图层导出格式可以选择 PNG、JPG、SVG、PDF 这 4 种格式。

> 📝 **笔记：**
> 如果要把图层放到 AI 内进行修改的话，选择哪一种格式导出？
> 选择 SVG 格式，该格式可以把编组的图层自动分层导出，在 AI 内更易于编辑。

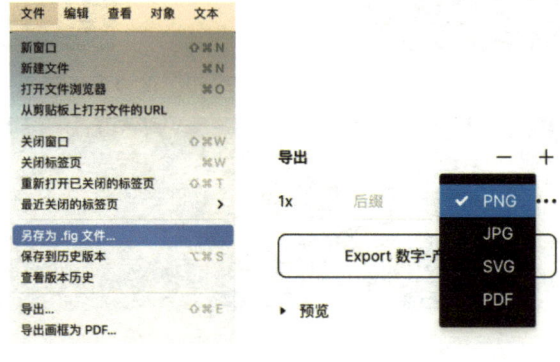

图 3-54　保存文件　　图 3-55　图层导出窗口

项目3 设计可视化效果

（2）分享

单击菜单栏内的"主页"图标，进入个人主页，在该页面中可以看到打开和制作过的所有 Figma 文件，选中任一想要分享的文件，单击鼠标右键，选择"分享"，出现弹窗（见图 3-56），输入分享对象的邮箱等即可分享；也可以直接"复制链接"（见图 3-57），将链接转发给分享对象。

> 说明：
> Figma 软件是一款基于浏览器的 UI 设计与协作平台的软件。用户注册账号后，可以通过浏览器或者 Figma 软件分享查看作品。

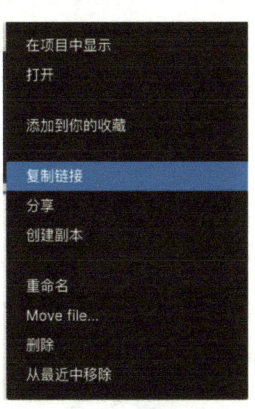

图 3-56　分享弹窗　　图 3-57　复制链接选项

（3）展示

大屏最终绘制效果如图 3-58 所示。

图 3-58　大屏最终绘制效果

=== 拓展学习 ===

1. 可视化设计师

可视化设计师主要负责的工作内容包括：①负责数据可视化、多媒体展示、交互界面、移动应用等 UI 设计；②项目相关平面设计、视觉设计；③参与项目规划、构思创意、用户体验。从事该职业不仅要熟练掌握

项目3拓展学习和项目小结

Illustrator、Photoshop 等设计软件，而且需要对数据可视化充满热爱，拥有宽广的行业视野与时尚的审美标准。根据近几年的招聘趋势（见图 3-59），该行业的招聘数量呈上升趋势，属于朝阳行业，且职业发展方向多样化，如图 3-60 所示。

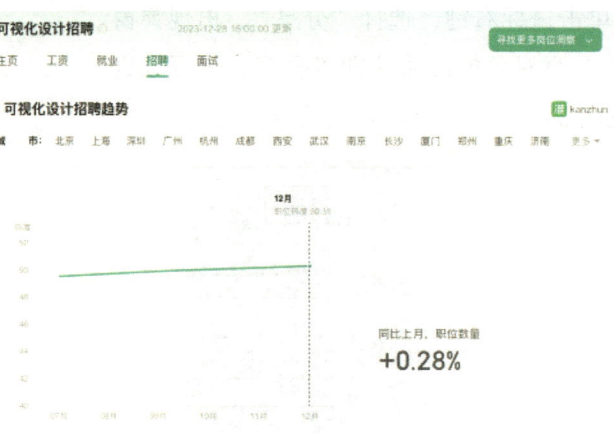

图 3-59　可视化设计师招聘趋势

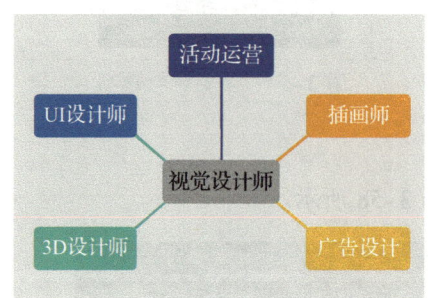

图 3-60　可视化设计师职业发展方向

2. 可视化大屏动效

动效是可视化大屏展示中重要的组成部分，动效能增加视觉内容的观感体验，凸显关键装饰内容，但过分的动效容易喧宾夺主，影响用户体验，反而弱化了数据的视觉展示。优秀的大屏动效设计不仅应遵循一定的原则（见图 3-61），而且要有一定的主次关系变化。例如，一个动画展示的视觉强，另一个表现就稍弱化，有强有弱、有主有次的节奏才会让用户感觉舒适，同时动效要结合大屏的装饰内容，考虑极端情况的展示效果，最终输出一套完整的视觉动效方案。

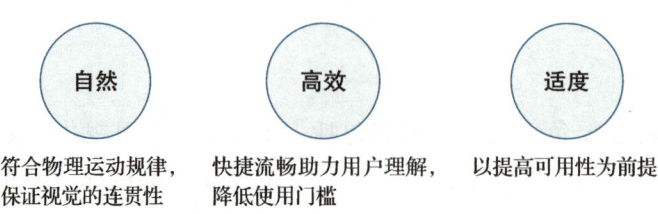

图 3-61　动效的设计原则

3. 可视化大屏展示

可视化大屏是当下数据展示常见的业务表达形态，作为视觉设计端，大屏的整体装饰设计需要配合最终的交互效果，不能影响后期的动效展示和数据接入。设计完成后，需要校验信息层级、文字大小、图表等各层级间的对比关系是否传达准确，设计负责人与技术负责人同步沟通技术的实现性。最后开发完成后，要拿演示 demo 进行现场测试，查看整体展示效果，测试输出是否有问题，有无拉伸问题，拼接缝与内容有无穿插，及时进行页面的校验工作，最终才算是设计完成。

项目小结

本项目围绕"设计可视化效果"，通过制定视觉风格、构建创设思路、设计装饰元素和评审视觉效果四个任务，帮助读者快速地进入大屏设计的核心环节，同时也能避免在设计过程中可能遇到的一些常见错误。制定视觉风格是整个设计流程的基础，一个统一且富有吸引力的视觉风格可以确保大屏的各个部分在视觉上保持一致性，增强整体的协调感和观赏性。构建创设思路是设计的关键步骤之一，通过深入了解项目的需求和目标，可以确定设计方向，形成独特且切合主题的创意方案。在此基础上，设计装饰元素是对大屏进行细节润色的重要环节，需要考虑如何将这些装饰元素有效地融入大屏的整体设计中，既要突出重点，又要保持风格的一致性。最后，评审视觉效果是确保设计方案落地的重要步骤，通过对视觉效果的反复评审和调整，可以进一步优化设计，确保最终呈现的效果符合预期。

系统化的总结和多角度的考量为设计可视化效果的学习提供了坚实的理论基础，帮助设计者更有条理地推进大屏设计工作，减少设计过程中的试错成本，最终实现既美观又实用的大屏视觉呈现效果。

实战强化

深化 Figma 和 AI 软件的结合，完成"迎新可视化大屏"的视觉设计。要求：

1）根据原型初稿完成大屏的风格定位、文字规范和颜色定义。

2）根据提炼出的图形和色彩，设计大屏内的装饰元素：图标、控件、线框、弹窗等。

3）在大屏整体设计完成后，将真实页面投放到大屏进行测试与优化，检查关键视觉元素、字体字号、页面动效、图形图表等是否按预期显示，有无变形、错位等情况。

项目 4　搭建可视化布局

● 知识目标

1）熟悉搭建可视化布局的流程。
2）掌握各组件样式配置。（重点）
3）掌握交互事件的定义和配置。（重点）
4）了解自定义组件开发。

项目 4 概述和
知识准备

● 技能目标

1）根据不同需求的应用场景，学会选择合适的可视化工具。
2）基于低代码可视化平台 EasyV，实现设计稿效果还原搭建。（重点）
3）通过配置自定义交互事件，实现组件联动及业务监测。（难点）
4）通过自定义组件开发，尝试可视化前端开发的岗位工作。（难点）

● 素养目标

1）与时俱进，关注行业最新技术与应用场景。
2）钻研求真，精益求精，不断完善优化项目。
3）支持使用国产软件，激发国产科技自信。

● 项目概述

本项目以数字乡村可视化大屏项目为背景，基于国产低代码可视化平台 EasyV，以可视化前端开发工程师的视角，根据项目 3 的大屏设计稿进行效果还原搭建。首先初步了解 EasyV 平台，然后根据企业可视化项目流程，针对"搭建可视化布局"，采用任务递进方式，依次完成相应任务：通过可视化组件搭建初步布局、配置组件样式调节细节、定义交互事件实现组件联动。

开展任务前，需要掌握必要的理论知识：可视化标准是什么？可视化工具有哪些？低代码可视化平台有哪些优势？为什么选用 EasyV 平台？

完成任务后，进一步了解自定义组件开发，以及可视化前端开发工程师的岗位职责与能力要求。

项目思维导图如图 4-1 所示。

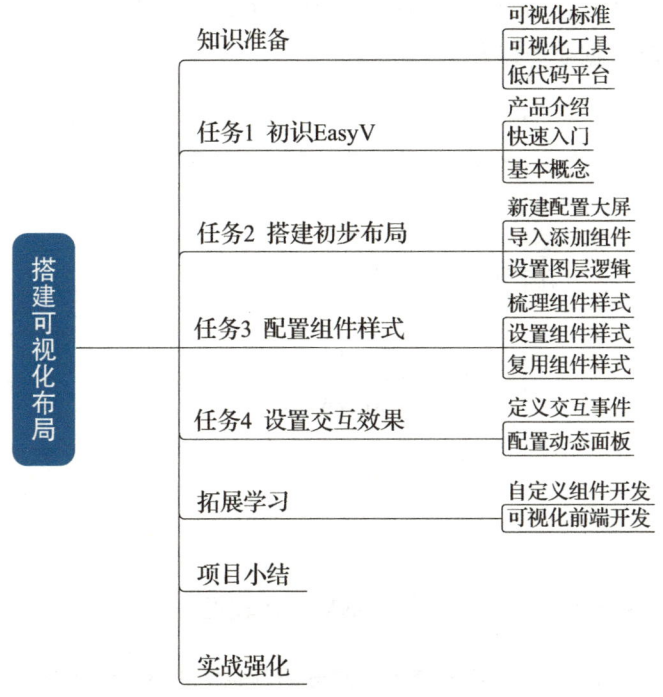

图 4-1 搭建可视化布局思维导图

知识准备

1. 可视化标准

数据可视化旨在将数据转换为符号、图形、纹理、颜色等可视表达形式，帮助用户感知数据、发掘潜在规律，达到一图胜千言的效果。

"信达雅"是可视化的最高标准："信"指的是保留图片的真实信息，能客观反映数据的真实内容；"达"指的是信息表达的效率，能有效帮助用户感知数据；"雅"指的是视觉美学，是更高层次的要求。

2. 可视化工具

可视化工具有：交互式的 Tableau、PowerBI、Gephi；配置式的 Vega Lite、ECharts、Plotly；编程式的 Processing(JAVA)、D3.js、OpenGL、WebGL，如图 4-2 所示。从灵活性、可扩展性方面来说，编程式工具最强，交互式最弱；但从易用性方面来说，交互式最强，配置式次之，编程式最弱。

例如，交互式的 Tableau 很容易上手，它将大量数据拖放至"画布"上就能得到各种图表，能帮助人们快速分析，获得可视化图表，交互性非常好、轻松整合。配置式的

ECharts 是基于 JavaScript 的数据可视化图表库，由百度团队开源，提供柱状图、散点图、盒形图、热力图等丰富的可视化图表，深度交互式探索等操作。编程式的 D3（Data-Driven Document）是一个 JavaScript 库，它有强大的可视化和交互技术，使用 SVG、Canvas 和 HTML 将数据变为现实。

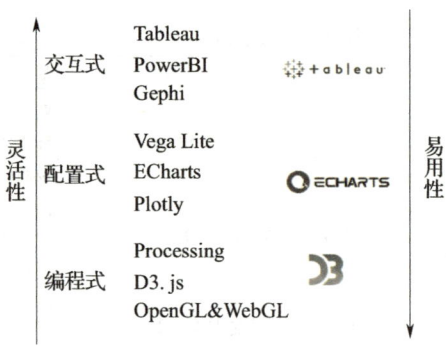

图 4-2 可视化工具

3. 低代码平台

传统可视化实现方式与低代码平台 EasyV 的比较见表 4-1。

表 4-1 传统可视化实现方式与低代码平台 EasyV 的比较

	传统可视化实现方式	低代码平台 EasyV
制作流程	视觉设计、前端开发、后端开发、接口联调、部署上线	组件配置、数据对接、发布
人力成本	视觉设计、模型师、前端开发、后端开发、运维工程师、项目经理	设计师／工程师／业务人员 均可制作
制作周期	常规 1 个驾驶舱页面通常花费几周或几个月，涉及修改流程重跑	同类型页面，通常花费 1~3 天即可完成

Tableau 与 EasyV 都具有简单易用等特点，两者的比较见表 4-2。Tableau 与 EasyV 的定位不同，就像阿里云的产品有 quickBI 也有 DataV。我们应该多支持和使用自主研发的软件、硬件。

表 4-2 Tableau 与 EasyV 的比较

	Tableau	EasyV
定位	数据分析	数据可视化
视觉效果、应用场景	无法实现 EasyV 的视觉效果	可做展示中心、指挥中心、监控中心，能实现驾驶舱、数字孪生的视觉效果
软件归属	国外软件	国产软件

任务 1　初识 EasyV

初识 EasyV

任务描述

本任务介绍低代码平台 EasyV 的基础知识和基本操作：①产品介绍：介绍低代码平台 EasyV 产品及优势和应用场景；②快速入门：利用模板快速搭建可视化大屏；③基本概念：介绍画布、组件、图层等基本概念。任务导图如图 4-3 所示。

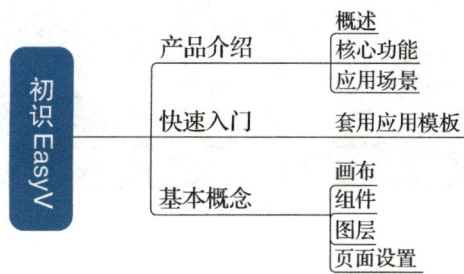

图 4-3　初始 EasyV 任务导图

任务实施

1. 产品介绍

EasyV 是一款在线数据可视化大屏开发软件，使用者无须设计经验或技术背景，通过简单的组件拖拽、图层、画布编辑等操作方式即可快速创建出美观酷炫的数据可视化大屏。软件支持多种数据源类型接入，具备数据实时更新性强、视觉效果丰富等特点。

EasyV 的核心功能如图 4-4 所示。通过灵活多样的图表形式对庞杂的数据进行直观、清晰的可视化呈现，帮助管理者方便快速地洞察复杂业务背后的数据本质，及时发现问题，指导相关决策。

图 4-4　EasyV 的核心功能

EasyV 的应用场景包括：

1）决策、监控：面向业务监控、运营指挥、运维监控等场景，可视化大屏实时、直观地展示跟踪数据，异常出现及时响应，为科学的指挥调动提供依据，起到实时监控的作用。智慧水利如图 4-5 所示。

图 4-5　智慧水利

2）参观、视察：业务数据、业务流程的可视化应用于工作汇报、参观视察、发布演示时效果显著。结合企业文化，整理策划出独特的故事线，有助于展示企业经营能力，提升企业形象。数字化车间如图 4-6 所示。

图 4-6　数字化车间

3）展示、宣传：利用大气美观的图表和丰富的交互形式，直观又灵活地展示业务情况和未来发展，便于媒体推广宣传，吸引潜在客户。智慧园区如图 4-7 所示。

图 4-7　智慧园区

2. 快速入门

易知微官网素材广场有很多应用模板,可以根据需要选择合适的模板。在"素材广场"界面下单击某一应用模板右上角的"立即创建"图标(见图4-8),然后选择团队、选择分组(见图4-9),即可快速进入工作台,在选中的应用模板基础上进行文本、组件等的修改,如图4-10所示。

> **说明:**
> 套用应用模板可快速创建可视化大屏,在已有模板上进行修改即可。

> **说明:**
> 除了套用模板之外,也可以进入工作台,创建空白应用,从零开始搭建可视化大屏。

> **说明:**
> 需要先登录EasyV账号(有免费试用账号),才可进入工作台编辑。

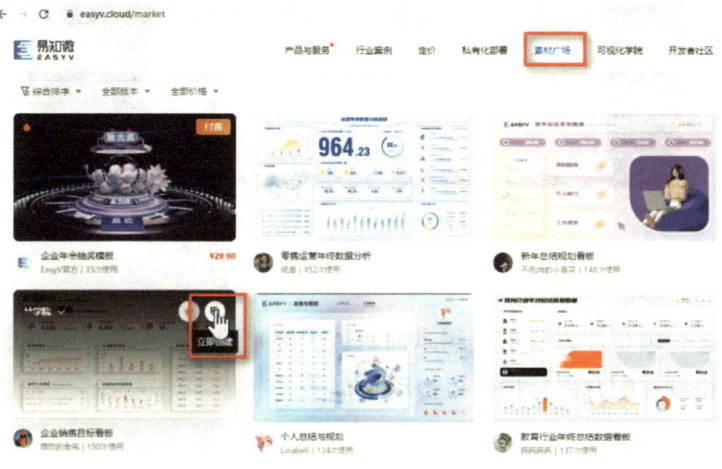

图4-8 素材广场

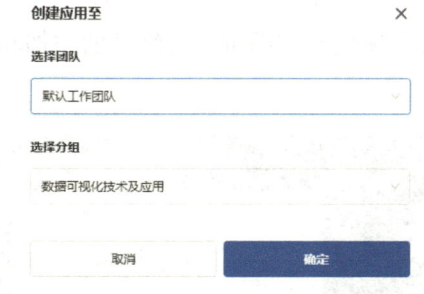

图4-9 从模板创建应用

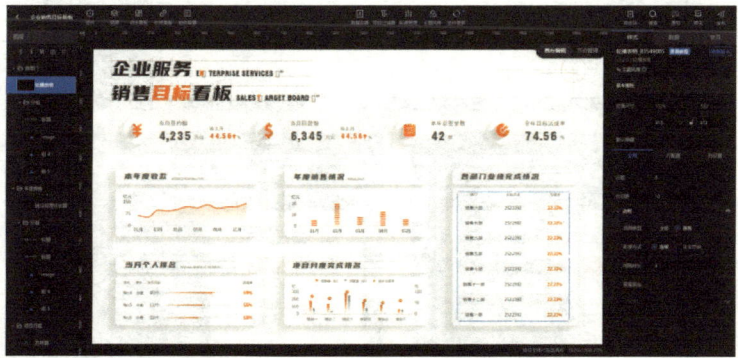

图4-10 大屏编辑界面

3. 基本概念

编辑页面的中心是"画布",上方是"组件",左侧是"图层",右侧是"页面设置",如图 4-11 所示。

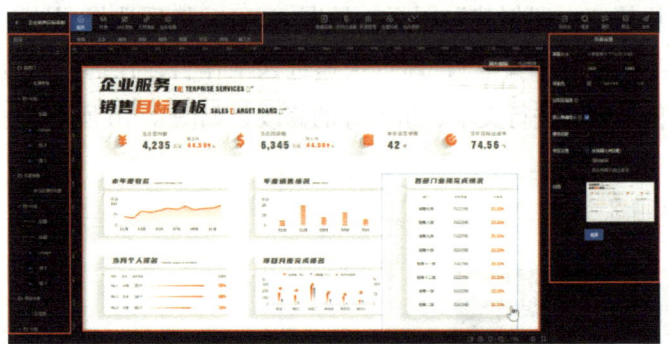

图 4-11　编辑页面

（1）画布

画布即大屏的编辑页面,位于屏幕的中心位置,按住空格键并配合鼠标操作可拖动画布。

（2）组件

EasyV 平台提供了一系列折线图、柱状图等可视化图表,还提供了文字、地图、交互、数字人等组件,如图 4-12 所示。通过单击和拖拽操作即可实现组件的添加和大小、位置调整。

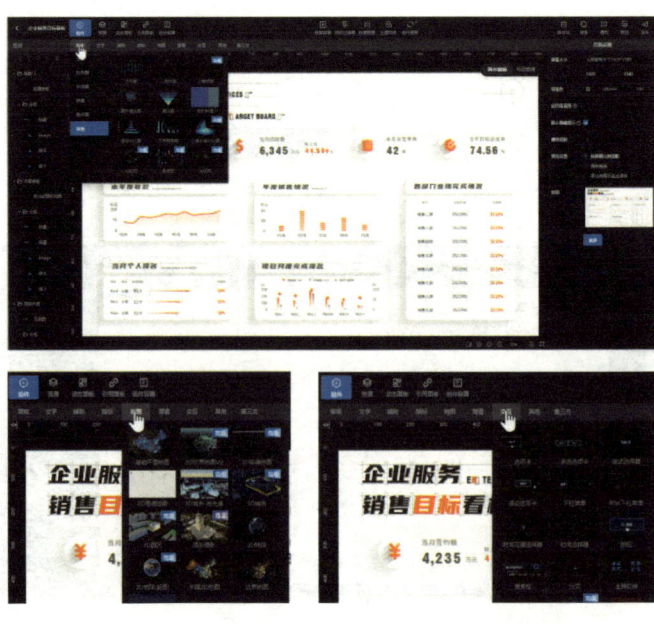

图 4-12　组件

> **说明:**
> 画布默认分辨率是 1920×1080。可根据实际情况,通过页面设置对画布的大小进行设置。

（3）图层

当组件被拖入画布中，即作为图层叠加在画布上。

（4）页面设置

当未选中任一组件时，是对整个大屏的页面设置，包括屏幕大小、背景色等。若选中某一组件，是设置该组件的样式、数据、交互等。

> 🔍 说明：
>
> 选中单个图层可对其组件进行编辑修改。

任务 2　搭建初步布局

搭建初步布局

任务描述

本任务基于 EasyV 低代码平台，根据项目 3 的大屏设计稿搭建初步布局：①新建大屏，进行页面设置；②导入及添加各种组件，放入大屏合适位置；③设置图层，命名规范，使整体逻辑更清晰，方便后续维护。任务导图如图 4-13 所示。本任务完成后效果图如图 4-14 所示。

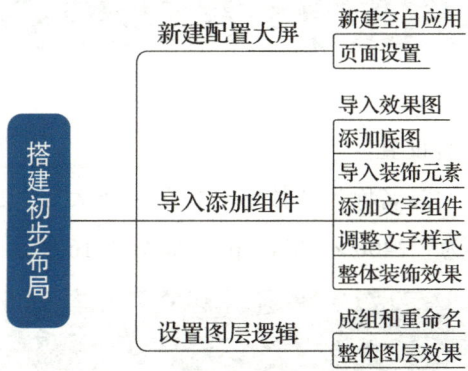

图 4-13　搭建初步布局任务导图

图 4-14　搭建初步布局效果图

重点关注搭建的可视化大屏设置要与实物大屏的物理尺寸和分辨率对应，选用合适的图表组件，以达到数据可供参观、视察的效果，起到决策、监控的作用，并且重点关注命名规范、图层逻辑清晰，便于后续检索、维护。

任务实施

1. 新建配置大屏

（1）新建空白应用

进入 EasyV 工作台后，选择团队和分组，单击右侧"新建应用"，即可创建应用，如图 4-15 所示。

> 说明：
> 可以在工作台自行创建新团队、添加应用分组。

图 4-15　新建应用

（2）页面设置

重命名大屏名称为"数字乡村可视化大屏"，设置屏幕分辨率大小为"2408×1204"px，如图 4-16 所示。

> 说明：
> 屏幕大小设置需根据具体大屏的物理尺寸和分辨率确定。

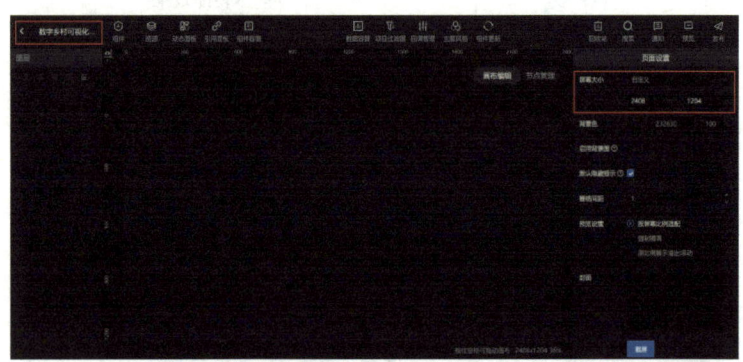

图 4-16　页面设置

2. 导入添加组件

（1）导入效果图

将设计稿切图中的效果图拖入画布，移动到合适位置，并设置透明度，如图4-17所示。

图4-17　导入效果图并设置透明度

（2）添加底图

将底图拖入画布，移动到合适位置，并将底图"置底"，如图4-18所示。

图4-18　添加底图

（3）导入装饰元素

根据效果图，逐步导入头部装饰元素，移动到合适位置，如图4-19所示。

图4-19　导入头部装饰元素

（4）添加文字组件

选择"组件"—"文字"—"标题"，添加文本标题"数字乡村可视化大屏"，如图4-20所示。

> 说明：
> 导入的图片大小不能超过5M。

> 笔记：
> **为什么要设置透明度？**
> 设置效果图透明度后，将效果图作为"模板"，方便参考、查看，可快速还原布局。

> 笔记：
> **为什么要将底图"置底"（见图4-18）？**
> 将底图置底后，效果图"覆盖"在底图上，否则效果图会被底图覆盖。

> 说明：
> 根据效果图，使用鼠标拖动或者键盘上下左右键移动装饰元素，使其拖动到与效果图一致的位置。

> 说明：
> 可右击左侧图层进行重命名。鼠标移到相应图层，可选择"隐藏"或"显示"该图层（见图4-20）。搭建布局时，可隐藏底图，显示效果图；预览效果时，可显示底图，隐藏效果图。

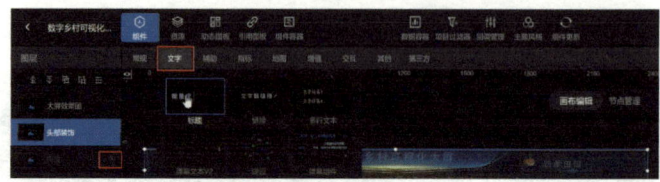

图 4-20 添加文字组件

（5）调整文字样式

查看 Figma 设计稿的文字样式设置（见图 4-21），调整文字的字体、大小、间距等样式，如图 4-22 所示。

🔍 说明：

根据 Figma 设计稿，选中相应文字，查看字体设置，调整 EasyV 中相应文字的字体、大小、间距等。

图 4-21 Figma 设计稿的文字样式设置

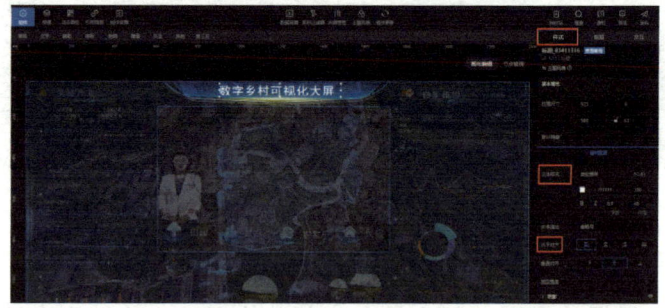

图 4-22 调整文字组件样式

（6）整体装饰效果

按照以上步骤，将大屏其他装饰元素和标题文字全部设置完成，整体装饰效果如图 4-23 所示。

🔍 说明：

左侧图层可选择"隐藏"效果图，"显示"底图。可单击右上角"预览"或"发布"查看效果（见图 4-23）。

图 4-23 整体装饰效果

3. 设置图层逻辑

（1）成组和重命名

选中头部相关的 2 个图层：标题和头部装饰，单击鼠标右键选择"成组"，再单击鼠标右键"重命名"为"头部"，如图 4-24 所示。

> 笔记：
> 为什么要设置图层？
> "图层"是考验"工程性"的一个重点，图层逻辑不清晰，不利于后续维护。

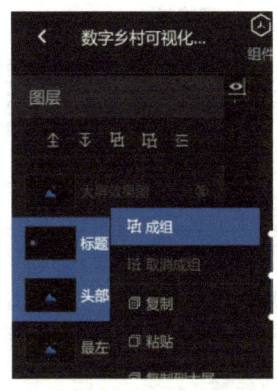

图 4-24　成组和重命名

（2）整体图层效果

同样原理，将相同的图层"成组"，完成整体图层设置，如图 4-25 所示。

> 说明：
> 可对比图 4-23 和图 4-25 的图层部分，感受图层逻辑清晰的重要性。

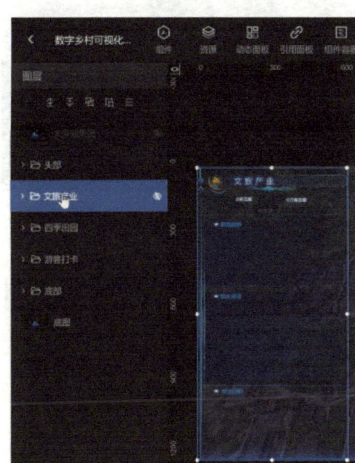
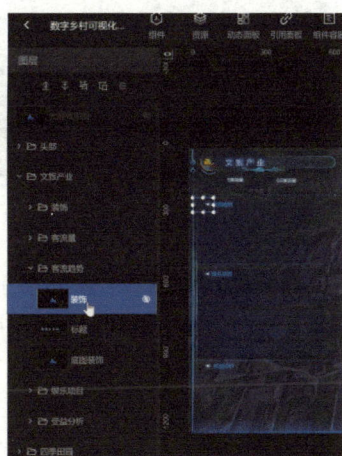

图 4-25　整体图层效果

任务 3　配置组件样式

任务描述

完成初步布局搭建后，本任务将继续添加合适的图表组

任务描述、梳理组件样式和设置组件样式
——翻牌器

件，以及配置图表组件样式：①梳理组件样式；②配置组件样式；③复用组件样式。任务导图如图 4-26 所示。本任务完成后效果图如图 4-27 所示。

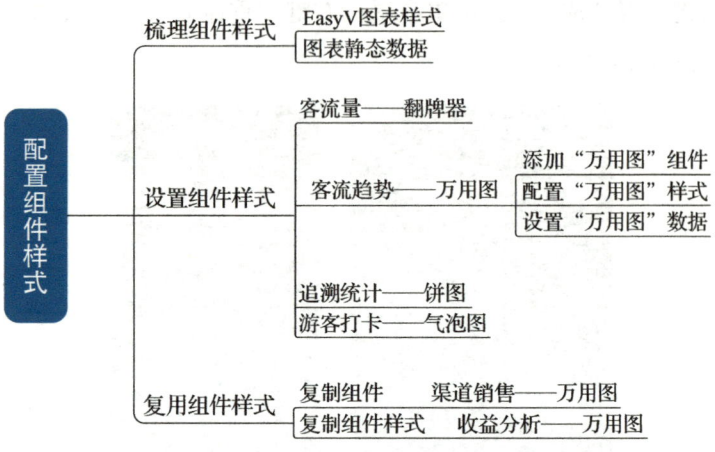

图 4-26　配置组件样式任务导图

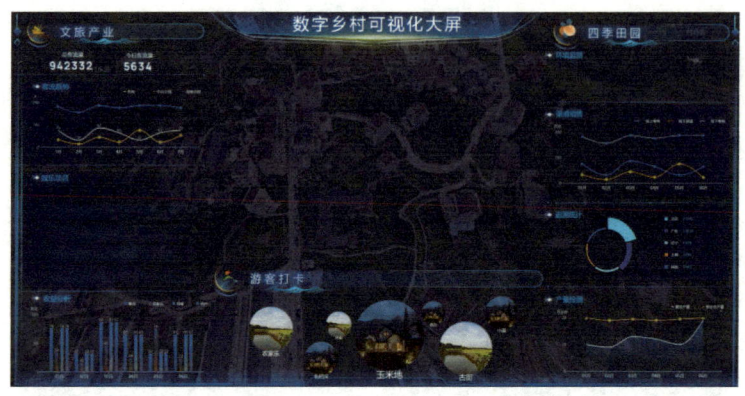

图 4-27　配置组件样式效果图

重点关注组件样式细节的配置调整，以达到设计效果图要求，并合理利用"复用"功能，提高工作效率。

任务实施

1. 梳理组件样式

（1）EasyV 图表样式

每个图表组件有多处样式需要设置，如图 4-28 所示。将图表样式梳理总结为通用样式和特殊样式。通用样式中包括基本属性、全局（图例）、系列；特殊样式是不同图表特有的，比如万用图的坐标轴、饼图的环图属性等。

> 🔍 **说明：**
> 所有样式配置都在"样式"选项卡。

项目 4 　搭建可视化布局

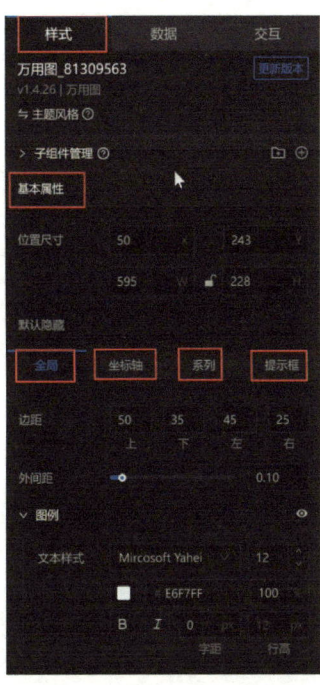
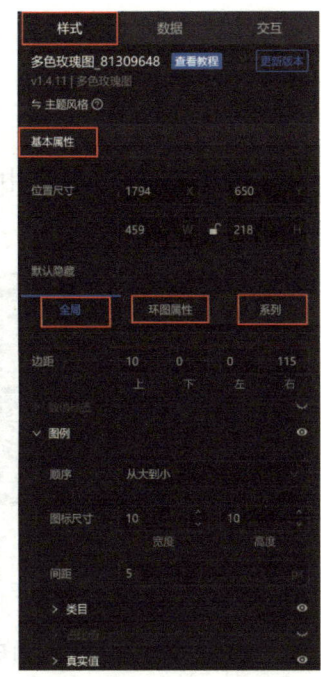

图 4-28 　图表样式

> **说明：**
> 本项目中使用的是静态数据，在项目 5 中会接入真实数据。

（2）图表静态数据

图表静态数据在"数据"选项卡中配置（见图 4-29），可直接修改静态 JSON 数据，数据的样式在"样式"选项卡"系列"中配置，如图 4-30 所示。

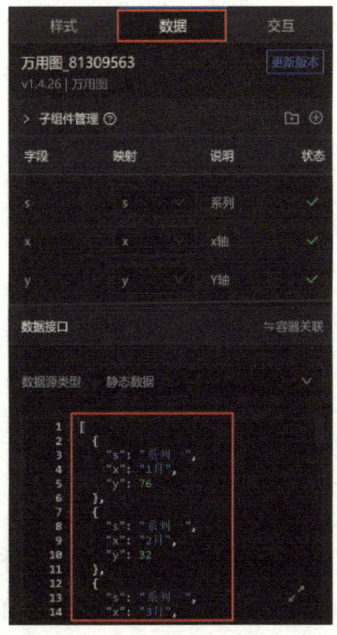
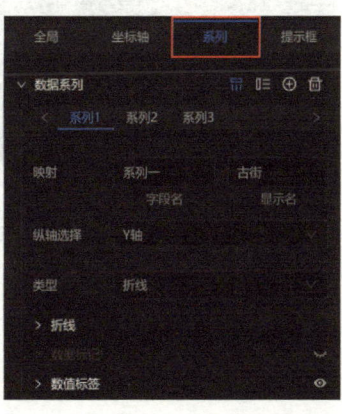

图 4-29 　"数据"选项卡　　图 4-30 　"系列"选项卡

> **说明：**
> 静态数据使用的是 JSON 格式数据（见图 4-29），整个数据是数组，使用 [] 包裹；数组中每个元素都是对象，使用 {} 包裹；每个对象都是一对键值对，由 key：value 组成。

📝 **笔记：**

为什么使用翻牌器？

翻牌器用于展示实时数据的变化情况，通常单独用于热数据展示或与其他组件配合使用。

⚠️ **注意：**

对象中多个键值对之间用逗号隔开，键（key）与值（value）之间用冒号隔开（见图4-32）。

2. 设置组件样式

（1）客流量——翻牌器

1）添加"翻牌器"组件

从"组件"—"指标"中单击"翻牌器"（见图4-31），并移动到合适位置。

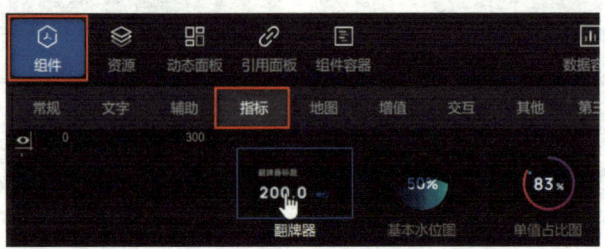

图4-31 翻牌器组件

2）设置"翻牌器"数据

在"数据"选项卡中，修改JSON数据，可删除无关键值对，仅剩value（翻牌器数值），将值改成"942332"，如图4-32所示。

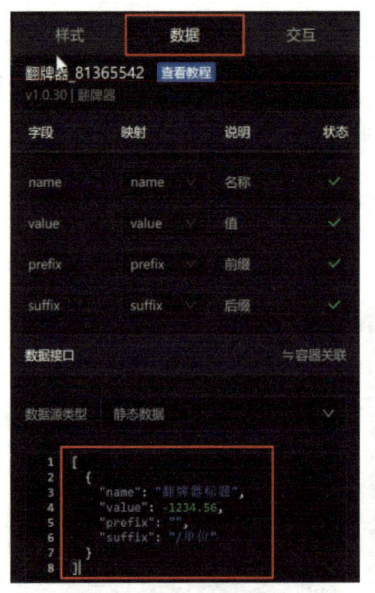
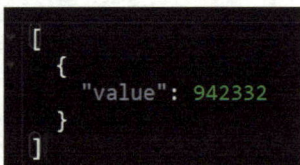

图4-32 翻牌器数据

3）配置"翻牌器"样式

翻牌器的样式配置包括"基本属性""全局配置"和"翻牌器"，如图4-33所示。"基本属性"是位置和大小的配置。"全局配置"包括排列方式、对齐方式、标题的配置，此处无须展示标题,只需单击"标题"右侧的"眼睛"图标(见图4-33),将其隐藏不可见即可。

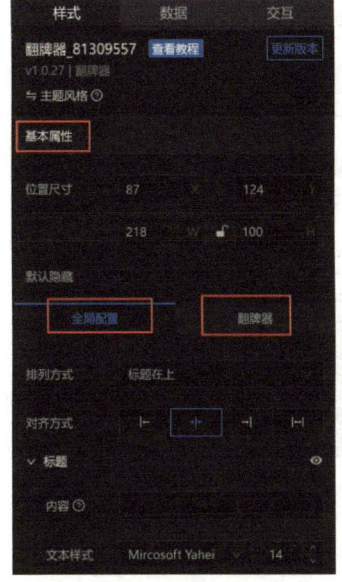
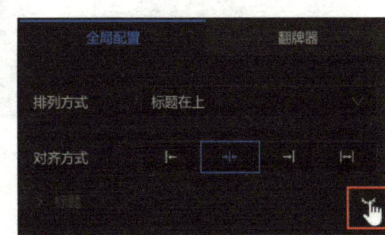

图4-33 样式配置

单击"翻牌器",数据无须"前缀"和"后缀",不勾选"开启"。重点配置"数值"选项卡,如图4-34所示。根据Figma设计图,配置相应文本的字体、大小、颜色等。

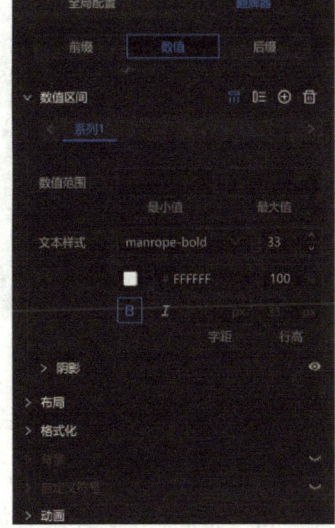
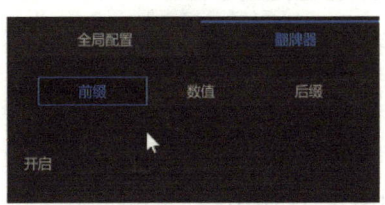

图4-34 翻牌器配置

配置无须补零、无须小数位数,配置动画类型、持续时间等,如图4-35所示。

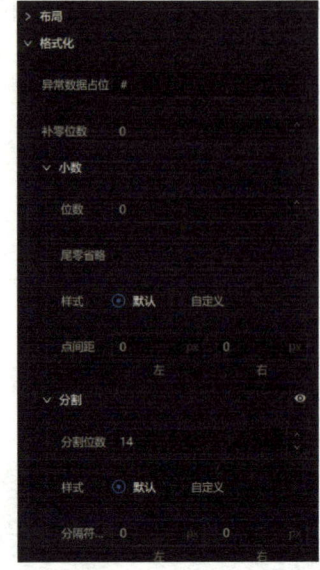
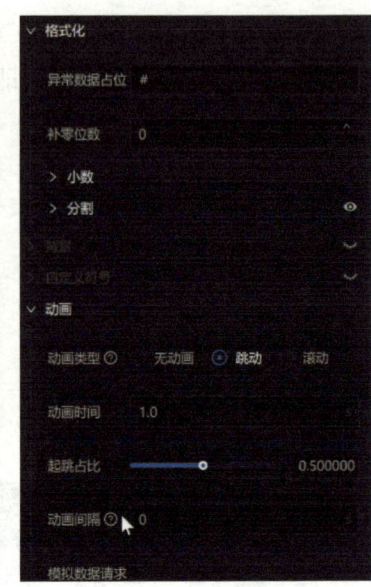

图 4-35　调整翻牌器细节

（2）客流趋势——万用图

1）添加"万用图"组件

从"组件"—"常规"—"全部"中单击"万用图"（见图 4-36），并移动到合适位置。

笔记：

为什么使用万用图？

在实际工程应用中，无论是基本折线图、基本面积图，还是基本柱状图，大多都会用"万用图"来实现。"万用图"能实现不同组件之间快速完成样式，可以在"系列"中单独设置折线、柱形、面积，非常灵活，还可以实现组件样式的复用。

设置组件样式
——万用图

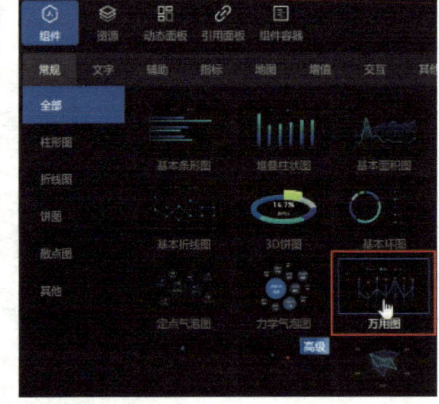

图 4-36　万用图组件

2）配置"万用图"样式

①配置"全局"样式，主要配置"图例"的"文本样式"和"布局"，具体配置如图 4-37 所示。

②配置"坐标轴"样式，"X 轴"和"Y 轴"配置类似，可分别配置"轴标签""轴线""刻度""网格线"，其中 Y 轴多了"轴单位"，具体配置如图 4-38 所示。

⚠注意：

不需要配置的样式，可单击右侧"眼睛"图标，设置成关闭。

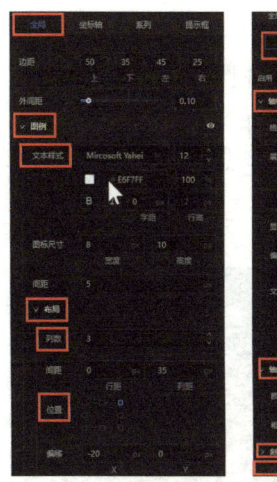

图 4-37　配置图例　　　图 4-38　配置 X 轴和 Y 轴

③配置"提示框"样式，可分别配置"提示框""指示器"，具体配置如图 4-39 所示。

④配置"系列"样式，如图 4-40 所示，其中"映射"中的"字段名"和"显示名"跟静态数据关联；"类型"可选择"柱状""折线""面积"；还可以分别配置"折线""数据标记""数值标签"样式。

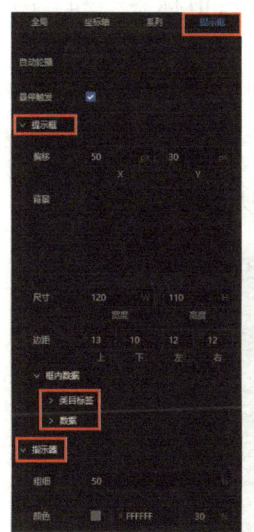
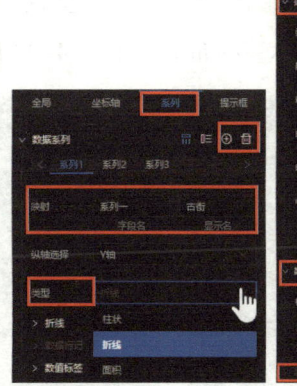
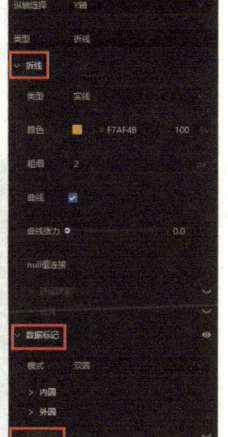

图 4-39　配置提示框　　　图 4-40　配置系列

3）设置"万用图"数据

在"数据"选项卡中，修改 JSON 数据，如图 4-41 所示。其中"s"对应样式中的"系列"（见图 4-40），"x""y"对应样式中的"坐标轴"中的"X 轴"和"Y 轴"（见

笔记：

数据系列中的"加号"图标和"垃圾桶"图标（见图 4-40）有什么作用？

方便快速生成或删除系列。单击"加号"图标可快速生成一个新的系列（样式与前一个系列一样）；单击"垃圾桶"图标可删除系列。

注意：

通过选择类型（见图 4-40），利用万用图可以方便实现折线图、柱状图、面积图。也可以混合使用，比如"系列一"用折线，"系列二"用面积等。

注意：

JSON 数据格式。这里每个系列都有 7 条数据，以"系列一"为例，"系列一"对应"古街"数据，横坐标 X 轴从"1 月"到"7 月"，对应纵坐标 Y 轴有 7 个数据值。

📝 **笔记:**

数据都是静态的吗？真实数据如何接入？

在项目 4 中，专注实现可视化布局效果，使用的都是静态数据。在项目 5 中，会实现真实数据接入、数据回调过滤等功能。

📝 **笔记:**

为什么使用饼图？

多色玫瑰图是基础饼图的展现形式之一。通过扇形样式展示数据系列中各项的大小与各项总和的比例，通过多系列数据配置的方式展现数据变化。

设置组件样式——饼图

图 4-38）。

（3）追溯统计——饼图

1）添加"饼图"组件

从"组件"—"常规"—"饼图"中单击"多色玫瑰图"（见图 4-42），并移动到合适位置。

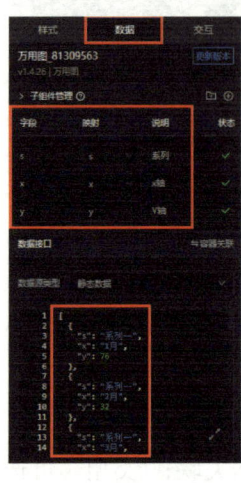

图 4-41 设置静态数据

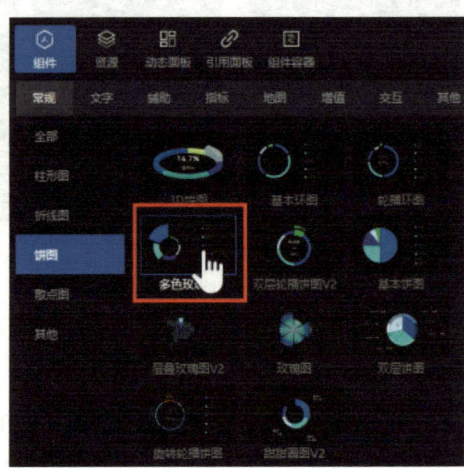

图 4-42 饼图组件

2）配置"饼图"样式

①配置"全局"样式，主要配置"数值标签"和"图例"，例如配置图例的布局"列数"为"1"，"位置"在右上角，具体配置如图 4-43 所示。

单击"眼睛"图标，开启"全局"样式中的"数值标签"，更改数值标签的布局，如图 4-44 所示。

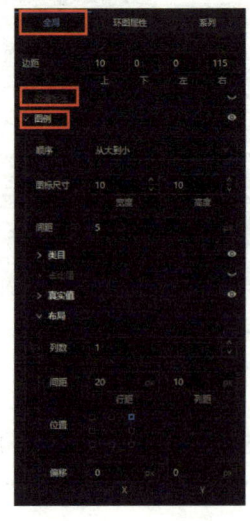

图 4-43 配置图例　　　图 4-44 配置数值标签

②配置"系列"样式，如图4-45所示，其中"映射"中的"字段名"和"显示名"跟静态数据关联。

3）设置"饼图"数据

在"数据"选项卡中，修改JSON数据，如图4-46所示，其中"s"对应样式中的"系列"（见图4-45）。

> **注意：**
> 此处每个系列有1条数据，例如，"系列一"表示"北京"，值为"25342"。

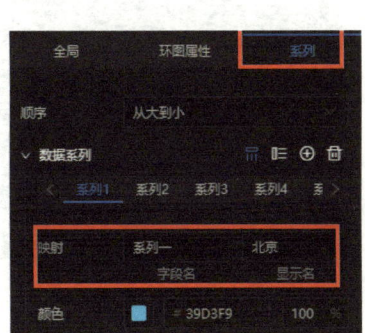

图4-45 配置系列

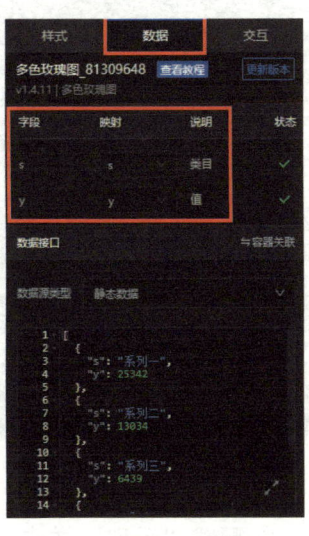

图4-46 设置静态数据

设置组件样式——气泡图

（4）游客打卡——气泡图

1）添加"气泡图"组件

从"组件"—"常规"—"散点图"中单击"定点气泡图"（见图4-47），并移动到合适位置。

> **笔记：**
> 为什么使用气泡图？
> 气泡图多用于表现三个变量之间的关系。气泡图与散点图相似，不同之处在于：气泡图允许在图表中额外加入一个表示大小的变量。通常情况下，气泡由大小不同的标记（指示相对重要程度）表示。

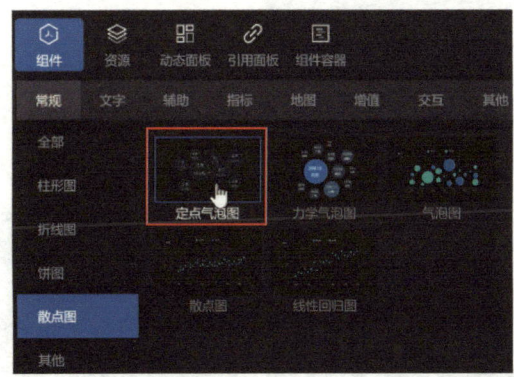

图4-47 散点图组件

2）配置"气泡图"样式

①配置"全局"样式，可设置气泡"半径范围""文本"和"数值"范围等，如图4-48所示。

②配置"动画"样式,可勾选"开启"动画,设置"动画类型",如图 4-49 所示。

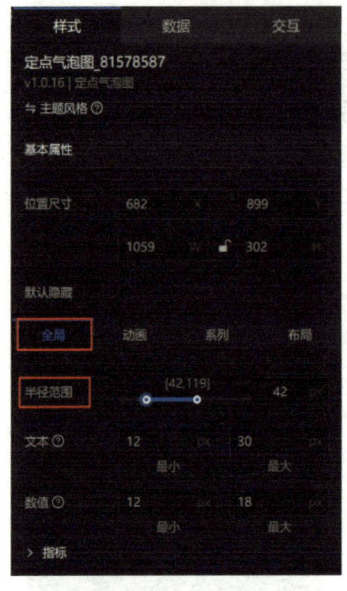
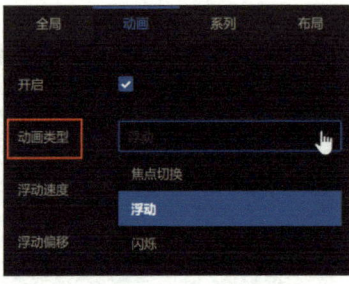

图 4-48 配置"全局"　　　　图 4-49 配置动画

③配置"系列"样式,选中"底部对齐"使标题显示在底部,不显示数值,如图 4-50 所示。

④配置"布局"样式,修改每个气泡"字段值"的名称并设置每个气泡的位置,如图 4-51 所示。

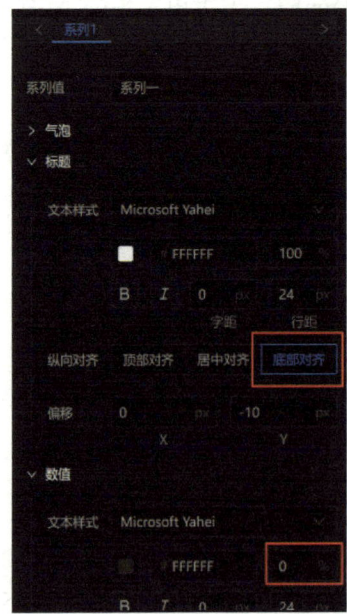
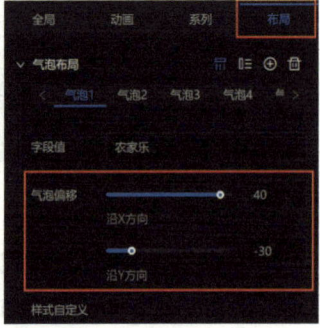

图 4-50 配置系列　　　　图 4-51 配置"布局"

3）设置"气泡图"数据

在"数据"选项卡中，修改 JSON 数据，如图 4-52 所示，其中"name"对应的值，与"布局"中气泡的"字段值"对应（见图 4-51）。

3. 复用组件样式

（1）复制组件

"渠道销售"的万用图，跟"客流趋势"的万用图非常相似，可直接复制组件完成：选中"客流趋势"万用图，单击鼠标右键选择"复制"，得到新的万用图组件。

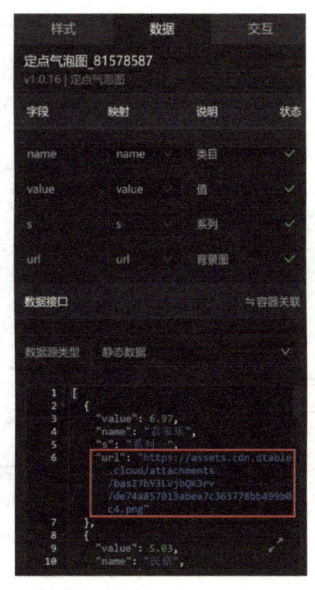

图 4-52　修改 JSON 数据

⚠ 注意：

默认静态 JSON 数据中没有 url，可自行添加，如图 4-52 所示。

⚠ 注意：

复制组件后可重命名。组件应在合适的图层中，逻辑才更清晰。

复用组件样式

在左侧图层中，直接将新的万用图拖到"渠道销售"图层，再修改静态 JSON 数据及部分样式即可，如图 4-53 所示。

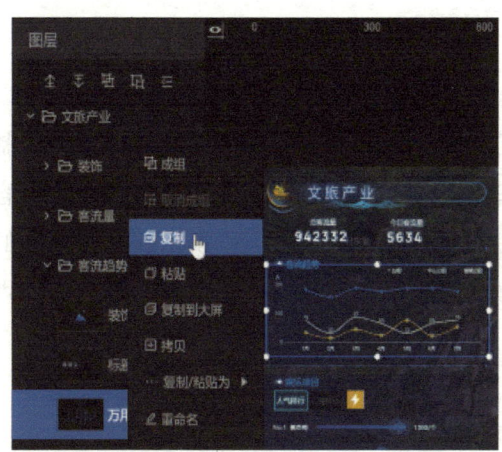 

图 4-53　复制万用图

（2）复制组件样式

"收益分析"的万用图，跟"渠道销售"的万用图的"图例""坐标轴"样式相似，可复制组件样式完成：选中"渠道销售"万用图，单击鼠标右键选择"复制组件样式"（见图 4-54）。然后选中"收益分析"万用图，单击鼠标右键选择"粘贴组件样式"，可以选择实际需要粘贴的样式，（见图 4-55），再修改自身特殊样式及静态 JSON 数据即可。

⚠ 注意：

可勾选需要粘贴的组件样式，也可取消不需要粘贴的组件样式。

⚠ 注意：

合理使用复制组件、复制组件样式等功能，可实现在不同组件之间快速完成样式，提高工作效率。

数据可视化技术与应用

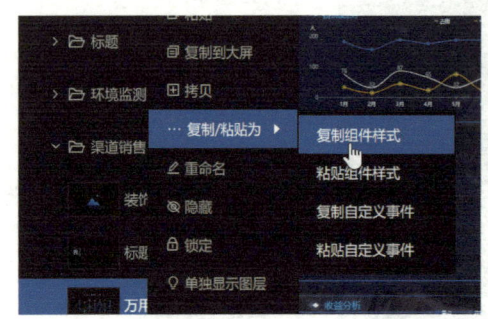

图4-54 复制组件样式

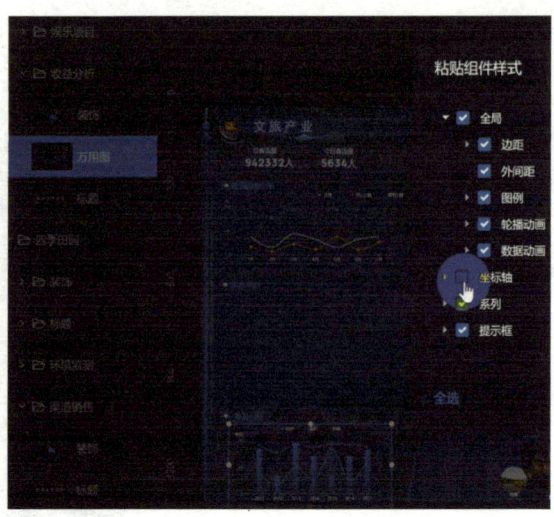

图4-55 选择要粘贴的组件样式

任务 4　设置交互效果

任务描述和定义
交互事件——轮
播排行条形图

任务描述

目前为止，数字乡村可视化大屏的制作缺乏可操作性和交互性。本任务将通过以下步骤实现多组件之间的效果切换，实现交互效果：①定义交互事件，通过选项卡控制不同组件的切换，实现交互效果；②配置动态面板，方便内容切换，实现多状态的内容容器组件。任务导图如图4-56所示。本任务完成后效果图如图4-57所示，在任务3的基础上增加了"娱乐项目"和"环境监测"的滚动选项卡自动切换，也可以手动选择查看某个选项。

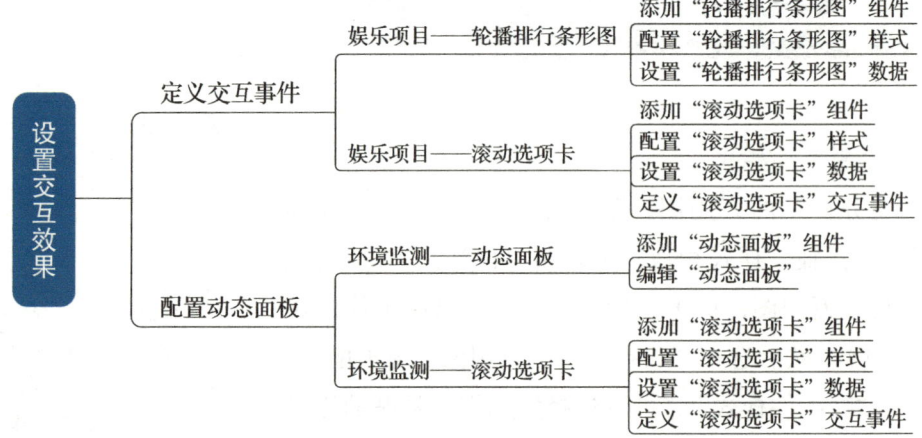

图4-56　设置交互效果任务导图

项目 4　搭建可视化布局

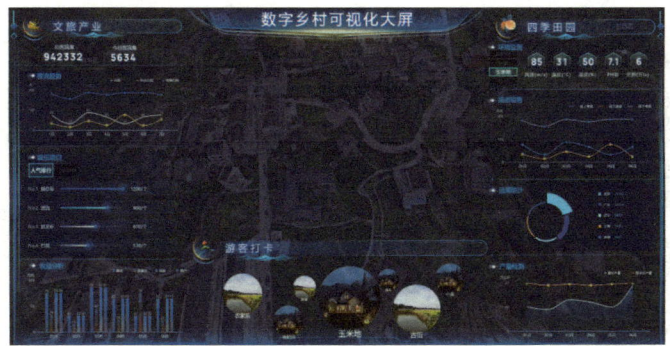

图 4-57　设置交互效果图

任务实施

1. 定义交互事件

（1）娱乐项目——轮播排行条形图

1）添加"轮播排行条形图"组件

从"组件"—"常规"—"柱形图"中单击"轮播排行条形图"（见图 4-58），并移动到合适位置。

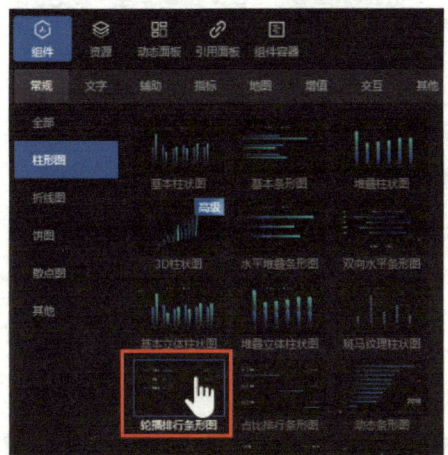

图 4-58　轮播排行条形图组件

2）配置"轮播排行条形图"样式

①配置"全局"样式，有"自动排序""显示行数"和"轮播动画"三种配置，如图 4-60 所示，设置"显示行数"为"4"。

②配置"序号"样式，可以选择"文字"或者"图片"类型，选择"文字"，可修改文字的样式、前缀，还可以设置对齐方式等，如图 4-61 所示。

📝 **笔记：**

为什么使用轮播排行条形图？

轮播排行条形图以排行条形图的方式展示数据，同时以轮播的效果动态展示数据排行效果。

⚠️ **注意：**

可以勾选"自动排序"，选择"升序"或"降序"。还可以开启"轮播动画"，设置"动画类型"等，如图 4-59 所示。

图 4-59　自动排序和轮播动画

113

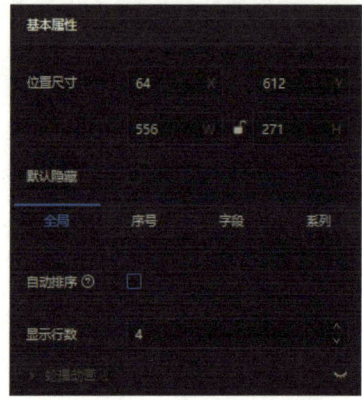
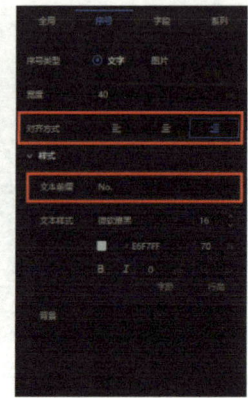

图 4-60　配置全局　　　图 4-61　配置序号

③配置"字段"样式，字段与数据相对应，"字段名"可以任意修改，但必须与数据中的"字段名"相同，"类型"可以选择"类目""柱子""数值"，如图 4-62 所示。

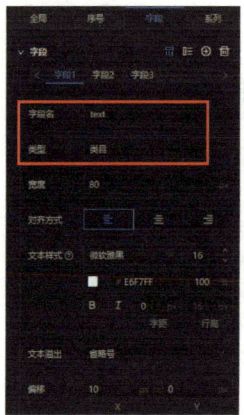
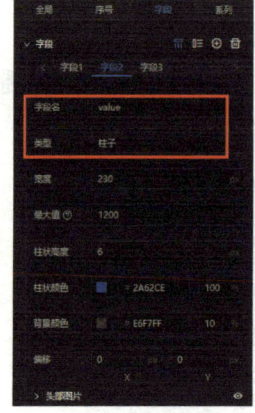
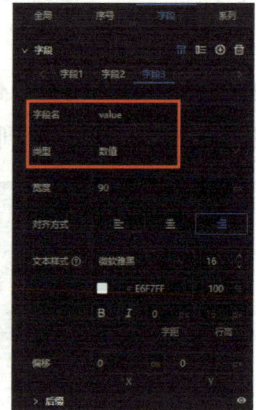

图 4-62　配置字段

④配置"系列"样式，"系列名"与"s"相同即可显示对应颜色，对不同系列设置不同柱状颜色，如图 4-63 所示。

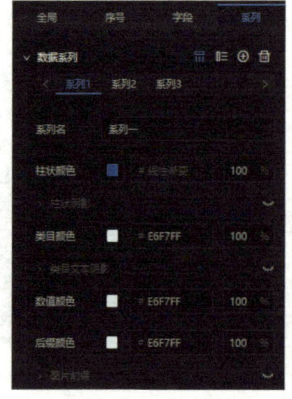
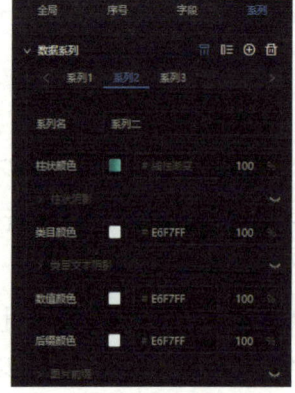
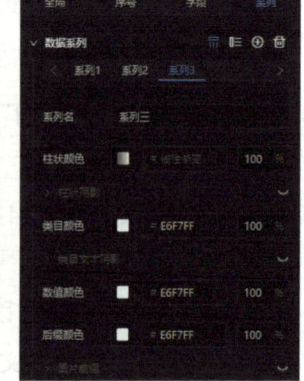

图 4-63　配置系列

3）设置"轮播排行条形图"数据

在"数据"选项卡中，修改 JSON 数据，如图 4-64 所示，其中"text"是展示的文本，"value"是展示的数值，"s"是数据系列，"index"是排行的序列号。

"人气排行"轮播排行条形图添加完毕，同样步骤添加"口碑排行"轮播排行条形图。

（2）娱乐项目——滚动选项卡

1）添加"滚动选项卡"组件

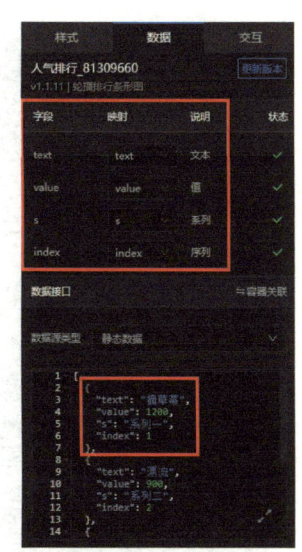

图 4-64　设置静态数据

从"组件"—"交互"中单击"滚动选项卡"（见图 4-65），并移动到合适位置。

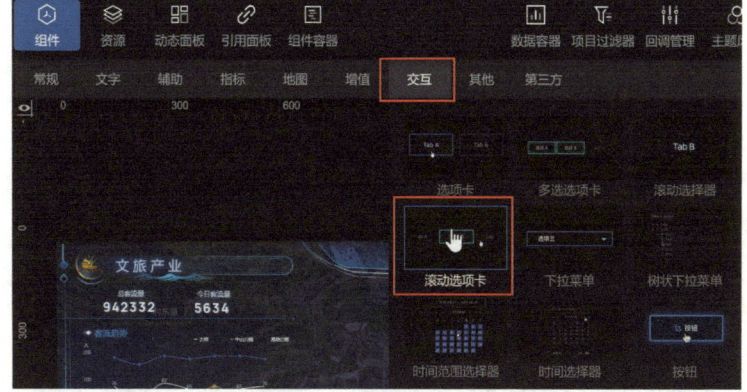

图 4-65　滚动选项卡组件

2）配置"滚动选项卡"样式

①配置"全局"样式，可以调整组件"排列方向""宽度""选项卡间距""自动轮播"等。设置"横排"，选项框"宽度"为"90"，"选项卡间距"为"3"，开启"自动轮播"，并设置自动轮播的"间隔时长"为"3"s，"点击停留"时间为"8"s，如图 4-66 所示。

②配置"样式"，"样式"分为"默认"和"选中"两种，配置项相同，都是对"文字""背景""描边"进行设置，如图 4-67 所示。

> ⚠ 注意：
> "数据"中的"text""value"与"字段"样式中的"字段名"对应，对比图 4-62 与图 4-64。

> ⚠ 注意：
> "数据"中的"s"与"系列"样式中的"系列名"对应，对比图 4-63 与图 4-64。

定义交互事件——滚动选项卡

📝 笔记：
为什么使用滚动选项卡？
滚动选项卡常用于多组件、多页面之间的效果切换，用于交互效果的实现。与选项卡不同的是，滚动选项卡通过滚动组件的方式选择选项，也可以手动操作选择选项。

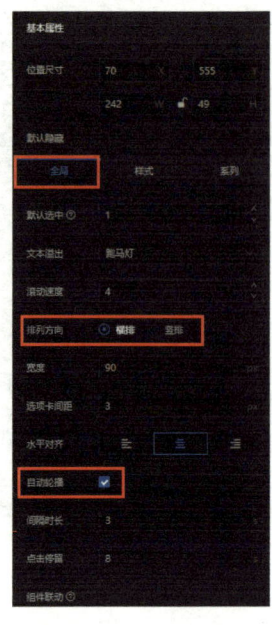

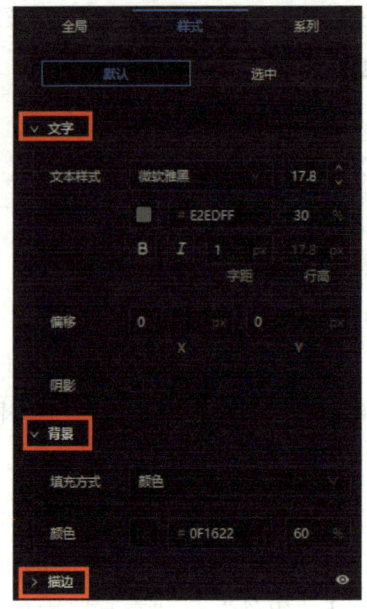

图 4-66　配置全局　　　　图 4-67　配置样式

③配置"系列"样式，滚动选项卡的"数据系列"支持配置选项卡的"背景"，如图 4-68 所示。

3）设置"滚动选项卡"数据

在"数据"选项卡中，修改 JSON 数据，如图 4-69 所示，其中"s"表示系列，"content"是选项卡文字。

⚠ **注意：**

本项目中滚动选项卡未设置"系列"，可直接单击"垃圾桶"图标删除。

⚠ **注意：**

背景可自定义图片或颜色。

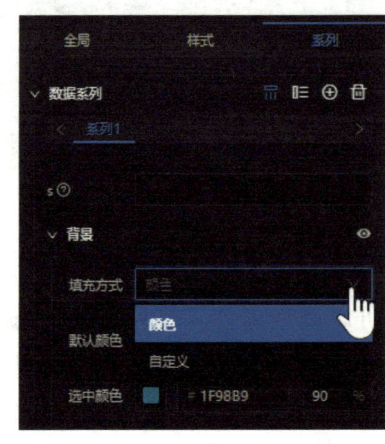

图 4-68　配置系列　　　　图 4-69　设置静态数据

4）定义"滚动选项卡"交互事件

选中"滚动选项卡"组件，在"交互"选项卡中，可配置三种交互："载入动画""回调参数"和"自定义事件"，如图 4-70 所示。

📝 **笔记：**

什么是自定义事件？

自定义事件是交互事件的增强模块，支持通过数据驱动组件状态，或变更组件样式配置，也可自定义编辑复杂的条件逻辑。

一个完整的交互事件由"事件类型＋条件＋组件＋动作"4 部分组成。

项目 4　搭建可视化布局

图 4-70　交互选项卡

自定义交互事件设置如图 4-71 所示。以事件 1 为例：①"事件类型"选择"状态改变"；②"条件"设置"s=1"，表示当前选中的是人气排行条形图（这里的"s"与静态 JSON 数据中的"s"对应）；③动作 1："组件"选择"人气排行"，"动作"选择"显示"；④动作 2："组件"选择"口碑排行"，"动作"选择"隐藏"。

⚠ **注意：**

当事件 1 设置完成后，单击右上角的"加号"图标，可快速生成一模一样的事件 2。此时只需修改：①"条件"设置"s=2"；②动作 1："组件"选择"口碑排行"，"动作"选择"显示"；③动作 2："组件"选择"人气排行"，"动作"选择"隐藏"。

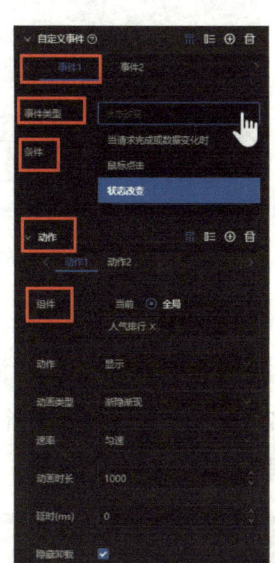
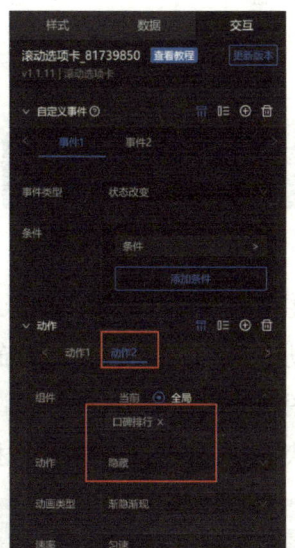
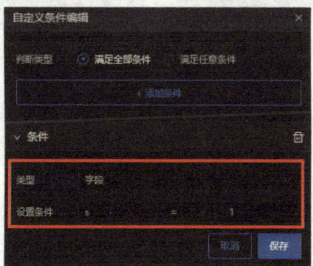

图 4-71　自定义交互事件

最终实现的交互效果是：当"滚动选项卡"自动或手动选中"人气排行"选项时，出现"人气排行"轮播排行条形图，隐藏"口碑排行"轮播排行条形图。

⚠ **注意：**

这里的"组件"选择"人气排行"和"口碑排行"，都是图层中命名的（见图 4-72）。

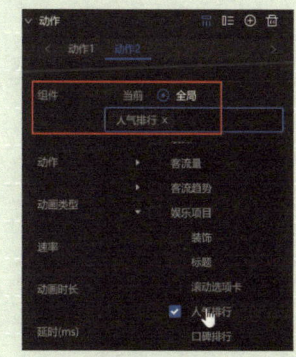

图 4-72　通过图层选择组件

117

📝 **笔记：**

为什么使用动态面板？

动态面板是一个（多状态）内容容器组件，方便使用者做内容切换。

📝 **笔记：**

动态面板可以实现哪些效果？

当组件或页面间需要进行复杂的交互配置时，如组件切换、页面轮播等效果，可用动态面板实现。

📝 **笔记：**

动态面板如何实现内容切换？

可以在动态面板中加入多种不同的状态，每一个动态中可以增加多个组件，可以单独设置自动轮播状态或者配合选项卡组件来控制状态切换。

2. 配置动态面板

（1）环境监测——动态面板

1）添加"动态面板"组件

选择"动态面板"（见图 4-73），并移动到合适位置。

2）编辑"动态面板"

选中"动态面板"组件，单击右侧"动态面板配置"界面的"编辑动态面板"（见图 4-74），进入动态面板编辑界面。

配置动态面板

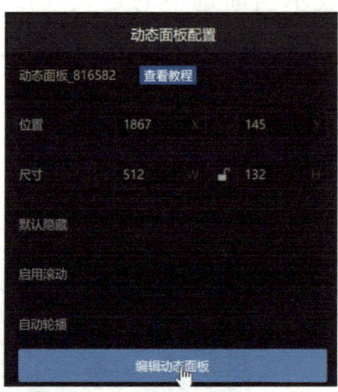

图 4-73 动态面板组件　　图 4-74 编辑动态面板

在动态面板内单击"加号"图标，即可添加一个新的状态。动态面板的编辑页与画布的编辑页基本相同，添加组件、图层等操作都类似，如图 4-75 所示，设置了 4 个状态，每个状态对应 5 个环境监测数据。

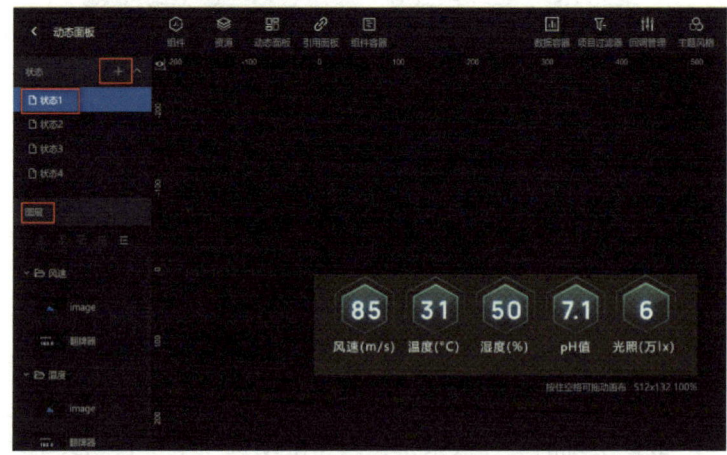

图 4-75 配置动态面板

（2）环境监测——滚动选项卡

1）添加"滚动选项卡"组件

从"组件"—"交互"中单击"滚动选项卡"（见图4-76），并移动到合适位置。

配置动态面板
——滚动选项卡

> **注意：**
> 状态1中使用的组件是装饰图片和翻牌器，表示风速、温度、湿度、pH值、光照数据。图4-77为风速翻牌器的数据部分。

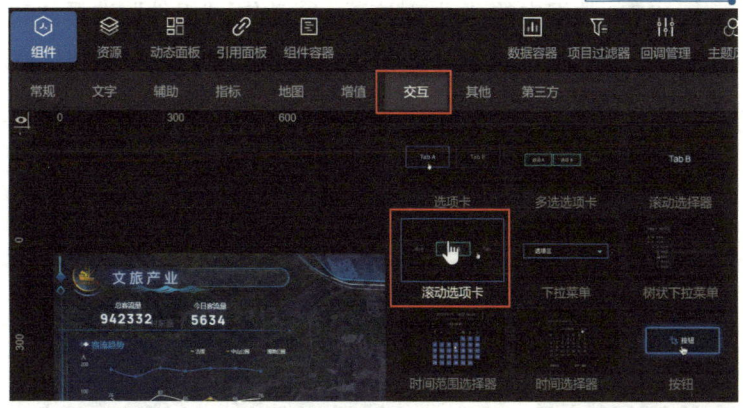

图4-76 滚动选项卡组件

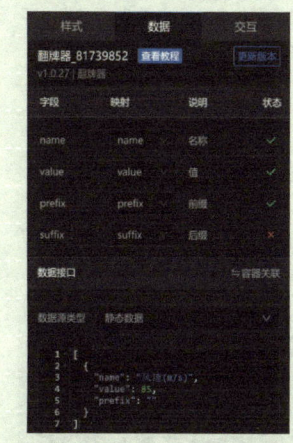

图4-77 风速翻牌器数据

2）配置"滚动选项卡"样式

配置"全局"样式，如图4-78所示，设置"竖排"，选项框高度为"32"，"选项卡间距"为"0"，开启"自动轮播"，并设置自动轮播的"间隔时长"为"3"s，"点击停留"时间为"8"s。

3）设置"滚动选项卡"数据

在"数据"选项卡中，修改JSON数据，如图4-79所示，其中"content"是选项卡文字。

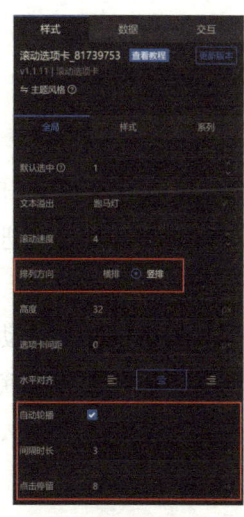

图4-78 配置全局

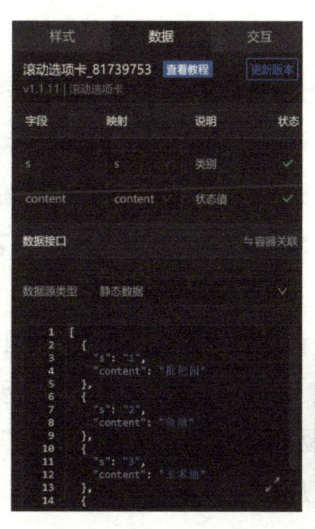

图4-79 设置静态数据

> **注意：**
> "样式"和"系列"的配置跟"娱乐项目"的滚动选项卡类似，可参考前面的配置。

> ⚠ **注意：**
> "事件 1"的动作是动态面板切换为"状态 1"；同理，"事件 2"的动作是动态面板切换为"状态 2"，以此类推，设置"事件 3""事件 4"。

> ⚠ **注意：**
> 这里的组件选择"动态面板"，是图层中命名的（见图 4-81）。

4）定义"滚动选项卡"交互事件

自定义交互事件设置如图 4-80 所示。以事件 1 为例：①"事件类型"选择"状态改变"；②"条件"设置"s=1"，表示当前查看"枇杷园"的环境监测数据（这里的"s"与静态 JSON 数据中的"s"对应）；③动作："组件"选择"动态面板"，"动作"选择"切换组件状态"，"状态"选择"状态 1"。

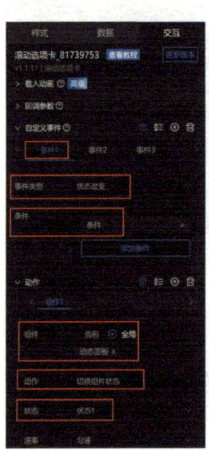
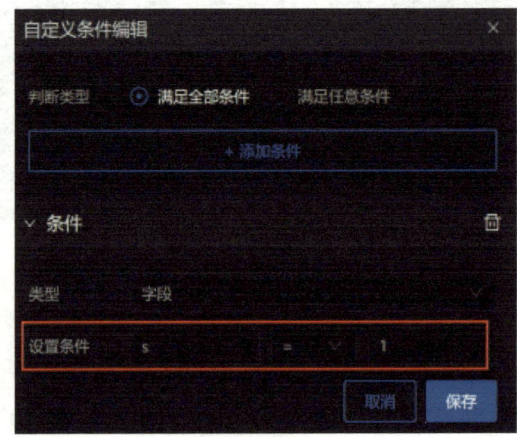

图 4-80　自定义交互事件

最终实现的交互效果是：当"滚动选项卡"自动或手动选中"枇杷园"选项时，动态面板展示"状态 1"。当"滚动选项卡"选中"鱼塘"选项时，动态面板展示"状态 2"。

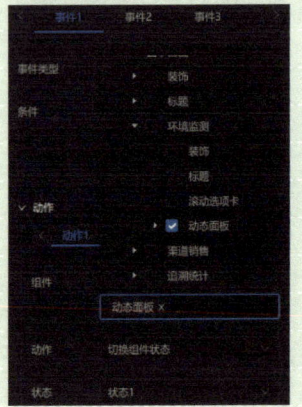

图 4-81　组件选择"动态面板"

拓展学习

1. 自定义组件开发

EasyV 平台包含多种图表组件，且已扩展了第三方 ECharts 图表组件见图 4-82，能满足绝大多数的可视化大屏开发。但若定制组件，则需要进行自定义组件开发。

开发自定义组件的流程包括环境准备、安装工具、创建项目、启动项目、添加配置、关联配置、调试数据、发布组件等，其中最重要的是添加配置、关联配置、调试数据等操作。具体步骤可从易知微官网"可视化学院"的"帮助文档"进入（见图 4-83），从左侧目录中找到"组件开发"（见图 4-84）。

项目 4 拓展学习和项目小结

项目 4　搭建可视化布局

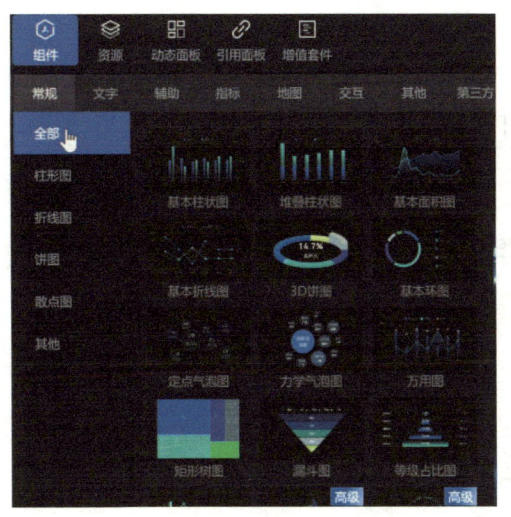
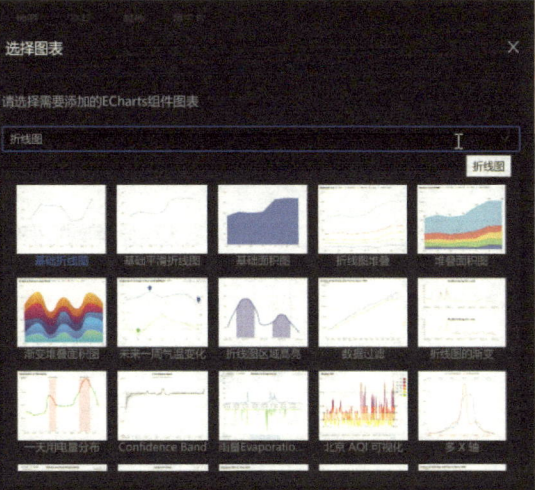

图 4-82　EasyV 图表组件及第三方 ECharts 图表组件

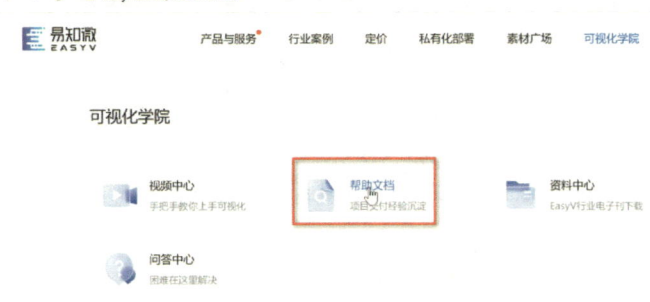

图 4-83　可视化学院——帮助文档

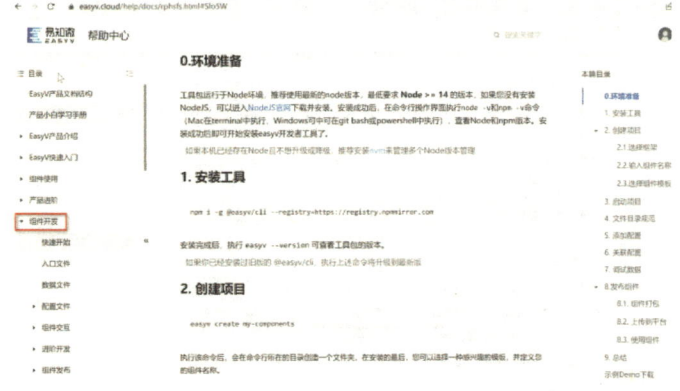

图 4-84　帮助文档——组件开发

2. 可视化前端开发

本项目使用 EasyV 低代码可视化平台搭建可视化大屏，还可以用纯代码方式开发大屏，技术栈可使用：Vue+Axios+Express+MySQL，即前端使用 Vue.js，网络请求使用 Axios，后台使用 Node.js 的 Express 框架，数据库使用 MySQL。

在招聘网站搜索可视化前端开发工程师，从一年工作经验（见图 4–85）、三年工作经验（见图 4–86）的岗位职责和任职要求，可以看出基本要求都包含 HTML5/CSS3/JavaScript，以及 JS 框架（如 Vue）、WebGL 开发等。但若要实现数字孪生效果，还应继续学习 3D 建模、UE 开发等技能。

3D前端开发工程师/前端可视化工程师 8千-1.2万

上海-松江区 1年经验 大专 02-23发布

五险一金 交通补贴 餐饮补贴 通讯补贴 绩效奖金 年终奖金 弹性工作

职位信息

工作职责:

1、负责公司Web产品的开发和维护，主要是WEB 3D引擎部分；

2、按照特定需求，对WEB 3D引擎框架进行修改和拓展；

3、负责Web3D的前沿技术研究和新技术调研。

4、负责公司其他前端相关的开发任务，包括移动端网页、PC网页、微信小程序等；

5、有时需要短期出差。

任职资格:

1、熟悉Web前端技术和标准(JavaScript/ES6, HTML/HTML5, CSS/CSS3)；

2、熟悉主流js框架(vue.js/angular.js/react.js等)；

3、精通计算机图形学，三年以上OpenGL/WebGL编程经验，熟悉渲染引擎原理及常见的JS框架

4、有WebGL及其相关框架(three.js/Babylon.js/cesium.js等)开发实战经验

5、熟悉git等代码仓库及工作流程

图 4–85 一年工作经验的岗位要求

前端开发工程师（3D可视化） 2-3万·15薪

深圳-南山区 3-4年经验 本科 02-18发布

五险一金 补充医疗保险 员工旅游 专业培训 股票期权 定期体检 周末双休 项目奖金

职位信息

岗位职责:

1、负责前端3D可视化项目（含2D canvas画布）模块、组件的设计和实现；

2、具备良好的3D大屏审美，与UI设计师和模型设计师以及产品紧密配合，并能提出开发建议，输出流畅优雅的交互场景；

3、负责前端3D可视化项目（含2D canvas画布）的兼容性优化、性能优化、体验优化、攻克技术难题；

4、遵循并优化产品前端代码标准及规范；

5、开发维护公共组件结构。

任职要求:

1、统招本科以上学历，计算机科学与技术、软件工程等相关专业，三年及以上前端开发经验；

2、前端基础知识扎实，熟练掌握原生 JS、CSS、HTML；

3、熟悉性能优化，例如界面渲染、网络、代码架构等方面；

4、拥有良好的面向对象编程思想：能够使用JS编写面向对象的代码；

5、熟悉WEB标准，对相关兼容问题有深刻理解；

6、熟悉HTTP的基本工作原理，并掌握相关网络调试工具；

7、熟悉前端的常见构建、发布机制，熟练掌握Webpack的使用；

8、精通Vue框架，熟练使用Vue全家桶；

9、熟悉canvas相关API，熟练绘制简单图形；

10、有webGL开发经验，不限于以下框架three.js、babylon.js、cesium、blender、scene.js、layaboxjs。

11、有3D可视化项目展示（不限制展示方式，链接、ppt、图片均可）。

12、加分项：有模型开发经验（不限于使用3DMax）。

图 4–86 三年工作经验的岗位要求

项目小结

本项目围绕"搭建可视化布局",讲解了可视化标准、可视化工具、低代码可视化平台等基础知识,介绍了EasyV平台的特点优势、快速入门,并按照企业可视化项目流程层层递进地介绍了搭建初步布局,配置组件样式,设置交互效果等,引导用户逐步掌握使用低代码可视化平台EasyV完成设计稿效果的还原搭建。在完成任务后,开展拓展学习,包括自定义组件开发满足定制需求、可视化前端开发所需相关技能等。

通过介绍各类可视化工具、低代码平台,引导用户要与时俱进,关注行业最新技术及应用场景;通过搭建可视化布局,引导用户钻研求真,精益求精,不断完善优化项目;通过引入国产低代码EasyV平台,引导用户支持使用国产软件;通过使用发现国产软件的高效高水准,激发国产科技自信。

实战强化

利用EasyV平台,完成"迎新可视化大屏"的布局搭建。要求:
1)根据设计稿还原布局。
2)注意图层的设置,要求逻辑清晰。
3)根据原型设计要求,定义交互事件,完成交互功能。

项目 5　接入与回调数据

● **知识目标**

1）熟悉 JSON 数据类型。
2）掌握各数据源配置。（重点）
3）掌握展示类数据的接入。（重点）
4）掌握交互类数据的接入。（难点）
5）了解数据容器。

项目 5 概述和知识准备

● **技能目标**

1）根据数据源的不同，能够正确配置数据源。（重点）
2）基于可视化界面，实现真实数据的接入。（重点）
3）通过配置回调参数，实现组件间的数据交互。（难点）

● **素养目标**

1）培养学生的编程规范，具备专业精神和严谨态度。
2）培养学生追求卓越、精益求精的工匠精神。

● **项目概述**

本项目以数字乡村可视化大屏项目为背景，基于国产低代码可视化平台 EasyV，以可视化前端开发工程师的视角，在项目 4 搭建的可视化布局的基础上，进行真实数据接入。首先认识数据源类型和 JSON 数据类型，然后根据企业可视化项目数据接入流程，针对"接入与回调数据"，采用任务递进方式，依次完成三个任务：配置数据源、接入展示类数据、接入交互类数据。

开展任务前，需要掌握必要的理论知识：数据源有哪些？ JSON 数据类型是什么？数据接入的工作流程是怎么样的？

完成任务后，进一步了解数据容器和 EasyV×DTable 的使用。

项目思维导图如图 5-1 所示。

项目 5 接入与回调数据

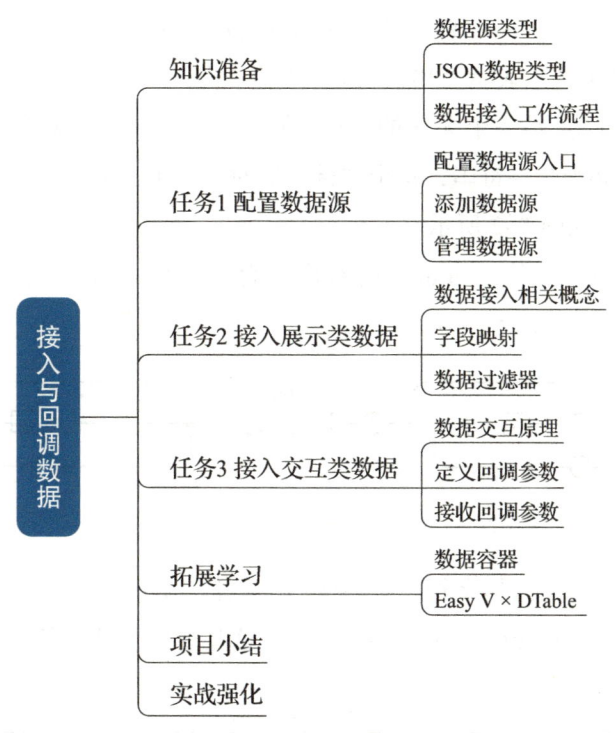

图 5-1 接入与回调数据思维导图

知识准备

1. 数据源类型

数据源是指提供数据的源点。可视化界面所需的数据可以被存储在文件、数据库或网络服务器等位置，以便进行数据展示和分析。

在国产低代码可视化平台 EasyV 中，可视化组件的默认数据为静态数据，可在网页上直接编辑，无须创建数据源。目前，EasyV 支持接入表格文件、数据库和 API 三类数据源。

1）表格文件：支持上传 CSV 文件。

2）数据库：支持 Oracle、MySQL、SQL Server、PostgreSQL、ClickHouse、达梦、DB2、MQTT、WebSocket、金仓数据库。

3）API：支持 API 接口（即公网 API）、DTable API、阿里云 API、数栈 API。

2. JSON 数据类型

JSON 是 JavaScript Object Notation 的简称，是一种轻量级的数据交换格式。它基于 ECMAScript 的一个子集，采用完全独立于编程语言的文本格式来存储和表示数据。简洁和清晰的层次结构，使得 JSON 成为理想的数据交换格式，便于人们阅读和编写，同时也易于机器解析和生成，并有效地提升网络传输效率。

在 JavaScript 语言中，一切皆对象。任何支持的类型，如字符串、数值、对象、数组等，都可以通过 JSON 来表示。JSON 基于两种结构：

1）对象（object）：是一个无序的"键:值"对集合。一个对象以"{"开始，"}"结束。"键"（key）必须是字符串，每个"键"后对应一个"值"（value）。"键:值"对之间使用","分隔。如图 5-2 所示。

2）数组（array）：是值（value）的有序集合。一个数组以"["开始，"]"结束。值之间使用","分隔，如图 5-3 所示。

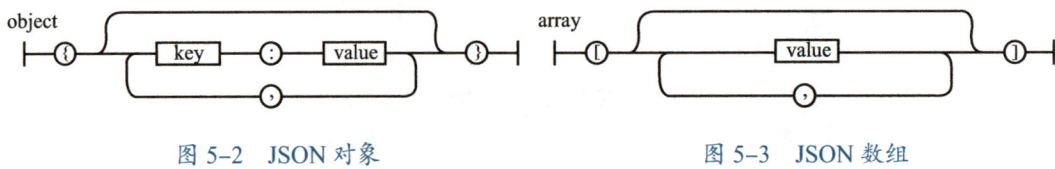

图 5-2　JSON 对象　　　　　　　图 5-3　JSON 数组

其中，值（value）可以是字符串（string）、数值（number）、true、false、null、对象（object）或者数组（array），如图 5-4 所示。这些结构可以嵌套。

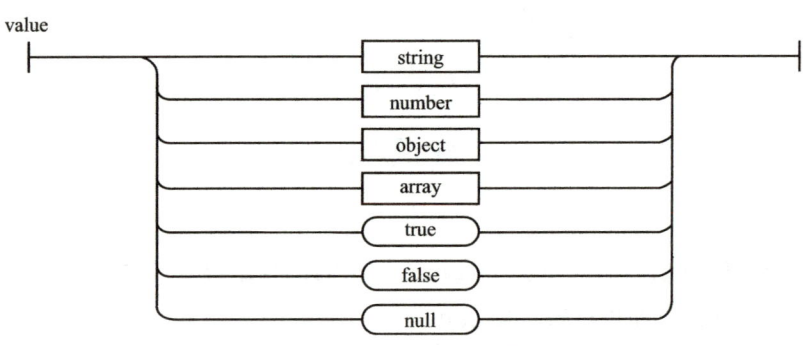

图 5-4　JSON 值

认识了 JSON 数据类型后，下面展示一个 JSON 数据，它用来保存网站的信息，具体如下所示。

```
[
    {
        "name": "易知微",
        "url": "https://easyv.cloud/"
    },
    {
        "name": "百度",
        "url": "https://www.baidu.com/"
    }
]
```

由上面的代码可知,这个 JSON 数组包含两个对象,每个对象代表一条关于某个网站(name、url)的记录。

3. 数据接入工作流程

可视化应用搭建还原后,需要对接入数据的可视化组件逐一进行数据接入。数据接入工作流程如下:

1)梳理并确认各个组件需要接入的数据源及字段,然后创建数据源。
2)选择数据源,建立组件与数据源的连接。
3)完成数据准备及字段映射,将真实数据接入组件中。
4)使用回调参数进行数据交互配置,实现组件间的数据联动。

任务 1　配置数据源

任务描述、配置数据源入口和添加数据源——添加CSV 文件

任务描述

本任务介绍低代码平台 EasyV 配置数据源操作:①配置数据源入口;②添加数据源,分别介绍添加 CSV 文件、DTable API 和 MySQL 数据库三类数据源;③管理数据源,分别介绍编辑数据源、删除数据源和修改数据。任务导图如图 5-5 所示。

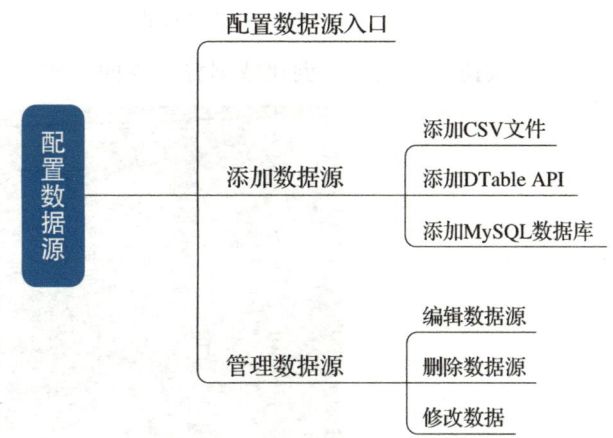

图 5-5　配置数据源任务导图

任务实施

1. 配置数据源入口

登录账户进入 EasyV 工作台,选择"团队"下的具体应用分组,单击"数据源"(见图 5-6),即可查看和管理当前用户下的所有数据源,包括添加新的数据源、对原有数据源进行二次编辑、删除数据源等。"数据源"界面如图 5-7 所示。

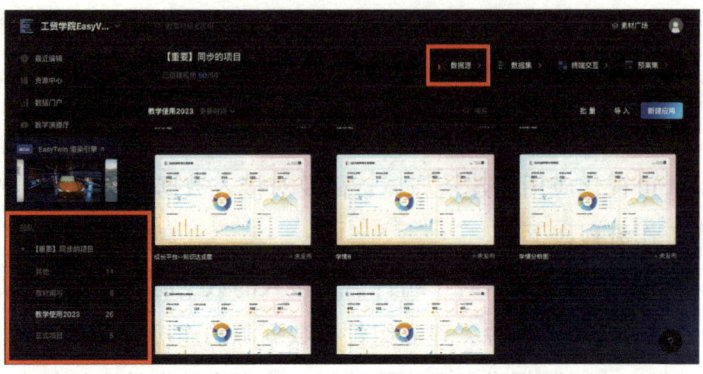

图 5-6　配置数据源入口

图 5-7　"数据源"界面

2. 添加数据源

（1）添加 CSV 文件

1）新建数据源

在 EasyV 平台中，新建数据源的方式有两种。

方式一：单击图 5-7"数据源"界面中的"新建数据源"按钮，可进入"创建数据源"界面，如图 5-8 所示。

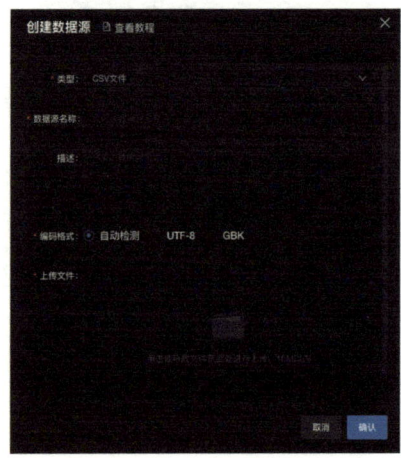

图 5-8　"创建数据源"界面

方式二：以"产量检测"模块为例，选中该模块的"万用图"，然后在右侧配置面板中选择"数据"配置模块，如图 5-9 所示。根据数据源对应选择"数据源类型"，这里选择"CSV 文件"，如图 5-10 所示。

> 🔍 说明：
> 在项目 5 中用于接入的数据均为用于教学的模拟数据。

项目5 接入与回调数据

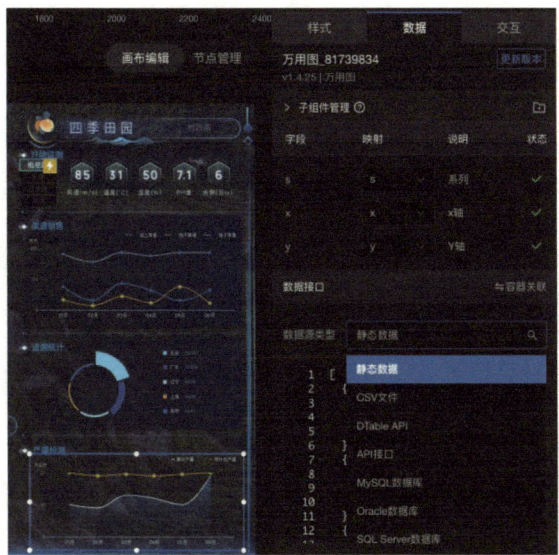

图5-9 "数据"配置模块

○ 说明：

组件的默认数据源类型是静态数据（见图5-9），是JSON类型数据，可在EasyV平台上直接编辑。

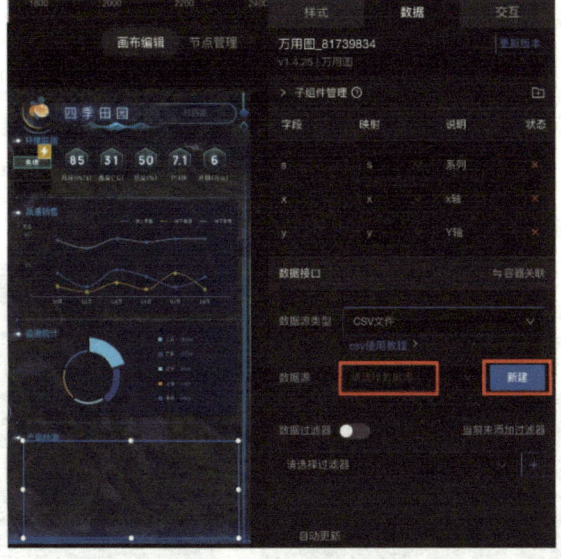

图5-10 选择"数据源类型"

○ 说明：

将"数据源类型"改为"CSV文件"后，由于还未选择或新建具体的数据源，因此数据响应结果为空，产量检测的图表也不显示（见图5-10）。

"数据源"可以选择已有的数据源或新建数据源。这里选择新建数据源，单击"新建"按钮（见图5-10），进入"创建数据源"界面，如图5-8所示，与采用方式一进入的"创建数据源"界面是一样的。

2）配置CSV文件

以"产量检测"模块的万用图为例，以方式二进入"创建数据源"界面（见图5-11）。"类型"选择"CSV文件"；"数据源名称"设为"产量检测数据"；填写"描述"，此为

129

**笔记：**

什么是 CSV 文件？

CSV 文件，全称为逗号分隔值（Comma-Separated Values）文件，是一种常见的数据交换格式。它以纯文本形式存储表格数据。CSV 文件第一行通常为标题行，该行包含字段或列的名称。接着，每行表示一个数据记录，每个记录包含多个字段或列，字段之间以逗号分隔。

说明：

CSV 文件大小不超过 10MB，且删除空数据。

可选项，用于描述数据源；"编码格式"默认选择"自动检测"；上传已经准备好的 CSV 文件。

这里的"产量检测数据 .csv"文件的数据如下：

```
项目，月份，产量，系列
预计总产量，01月，10，系列一
预计总产量，02月，9，系列一
预计总产量，03月，13，系列一
预计总产量，04月，12，系列一
预计总产量，05月，10，系列一
预计总产量，06月，19，系列一
累计产量，01月，20，系列二
累计产量，02月，19，系列二
累计产量，03月，19.5，系列二
累计产量，04月，19，系列二
累计产量，05月，19.5，系列二
累计产量，06月，20，系列二
```

单击"确认"按钮（见图 5-11），查看"数据响应结果"，可以看到返回数据的格式，如图 5-12 所示，每个对象都包含项目、月份、产量和系列，与"产量检测数据 .CSV"文件的标题行一致，说明 CSV 文件配置成功。

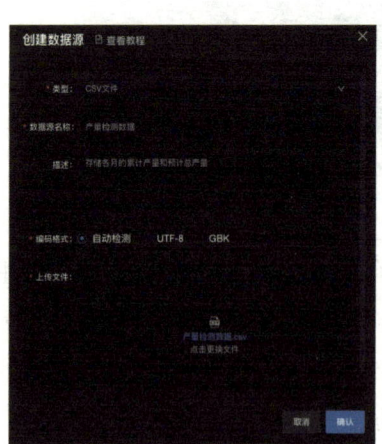
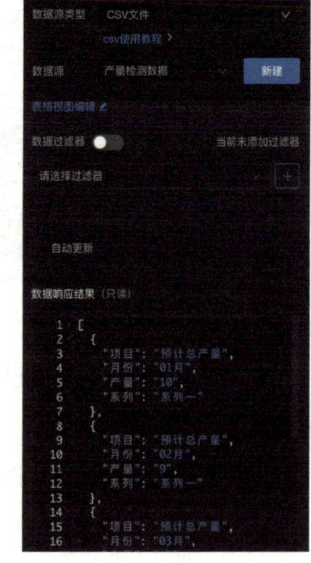

图 5-11　配置 CSV 文件界面　　图 5-12　CSV 文件配置成功界面

（2）添加 DTable API

1）新建数据源

方式一：通过 EasyV 工作台的配置数据源入口或组件的

添加数据源——
添加 DTable API

"数据"配置模块,进入"创建数据源"界面(见图5-8)。

方式二:以"游客打卡"模块为例,选中该模块的"定点气泡图",然后单击右侧的"数据"配置模块,进入"创建数据源"界面。

2)配置DTable API

在"创建数据源"界面中,"类型"选择"DTable API";"数据源名称"为"游客打卡数据";填写"描述",此为可选项,用于描述数据源;填写"API Key",在DTable中每个账号都有对应的API Key,通过API Key可访问账号下的数据表信息,如图5-13所示。

单击"确认"按钮(见图5-13),出现图5-14所示界面。需要指定"TableID"才能获取具体的数据,"TableID"填"游客打卡数据"的ID;"ViewID"选填,这里不指定;"Records"为DTable API返回的记录数,使用默认值"1000"。

> 说明:
> "新建数据源"的过程与"添加CSV文件"中的"新建数据源"过程相同,此处仅罗列必要步骤。

> 笔记:
> 什么是DTable?
> DTable是易知微内部孵化的一款低代码数据协作平台产品(在线协作效率表格),帮助企业轻松搭建个性化业务应用。EasyV用户可使用DTable进行业务数据化。EasyV×DTable的详细介绍参见拓展学习。

> 说明:
> 在DTable中每个账号的API Key都是不一样的,填写自己的API Key。

> 说明:
> 添加DTable API只是建立与DTable账户的连接,在使用该数据源时,还必须指定哪一张数据表。在DTable中每个账号可以创建多张数据表,每张数据表有唯一的TableID和多个视图(ViewID)。只有与数据表建立连接才能获取相应的数据。
> TableID和ViewID的获取参见拓展学习。

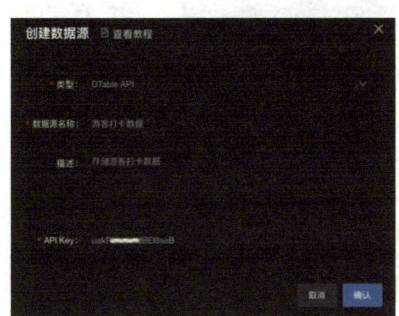
图5-13 配置DTable API界面

图5-14 "数据接口"界面

上述"游客打卡数据"数据表如图5-15所示。

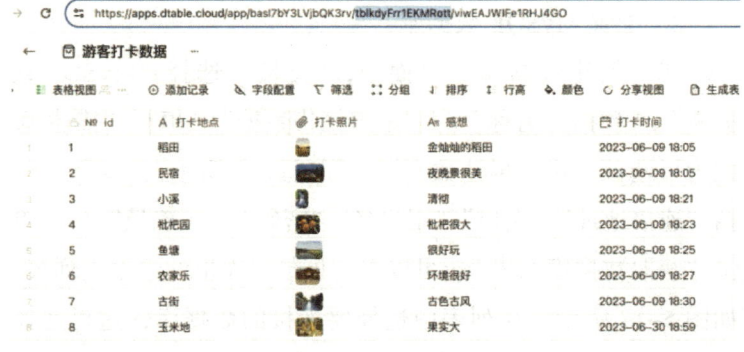
图5-15 "游客打卡数据"数据表

填写正确的 TableID 后，可以查看"数据响应结果"，可以看到返回数据的格式，如图 5-16 所示，每一个对象都对应"游客打卡数据"数据表（见图 5-15）的一条记录，说明 DTable API 配置成功。

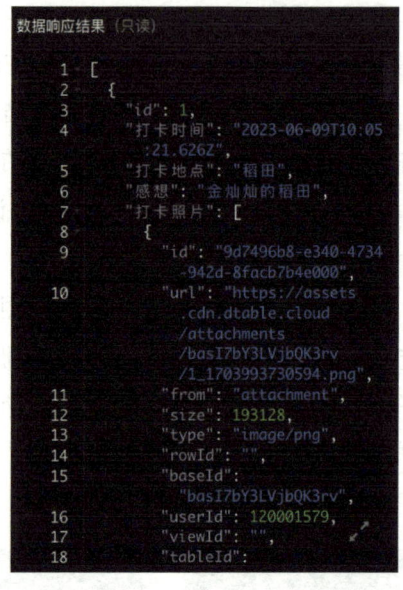

图 5-16　DTable API 配置成功界面

添加数据源——添加 MySQL 数据库

（3）添加 MySQL 数据库

1）新建数据源

方式一：通过 EasyV 工作台的配置数据源入口或组件的"数据"配置模块，进入"创建数据源"界面（见图 5-8）。

方式二：以"渠道销售"模块为例，选中该模块的"万用图"，然后单击右侧的"数据"配置模块，进入"创建数据源"界面。

2）配置 MySQL 数据库

在"创建数据源"界面中，"类型"选择"MySQL 数据库"；"数据源名称"为"渠道销售数据"；填写"描述"，此为可选项，用于描述数据源；配置数据库的连接参数，包括"连接地址""端口""用户名""密码"。正确填写后，单击"获取数据库列表"，可以看到该数据库里的数据表列表，如图 5-17 所示。在列表中选择要连接的数据库，这里选择"datavisualization"。单击"测试连接"，显示"连接成功"，如图 5-18 所示。

> 说明：
>
> "新建数据源"的过程与"添加 CSV 文件"中"新建数据源"的过程相同，此处仅罗列必要步骤。

 笔记：

如何连接 MySQL 数据库？

MySQL 是关系数据库，是目前最受欢迎的开源数据库之一。MySQL 数据库提供使用内网、公网的连接方式。

内网连接：与 MySQL 服务器在同一局域网内的其他客户端可以正常连接访问。需要明确 MySQL 服务器的连接地址，即内网 IP。

公网连接：可以上网的客户端均可访问 MySQL 服务器。需要明确 MySQL 服务器的连接地址，即公网 IP 或动态解析域名。

不管使用哪种方式，除了要确定连接地址，还要确定端口号、用户名和密码，然后就能连接成功。

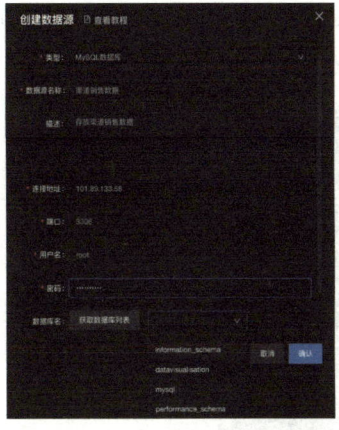 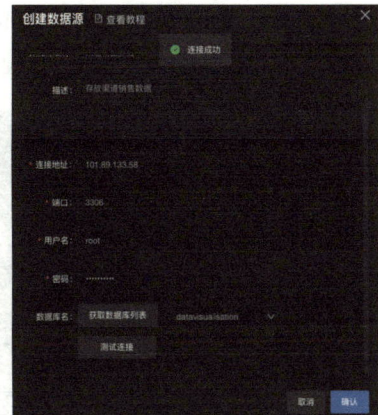

图 5-17　配置 MySQL 数据库界面　图 5-18　MySQL 数据库连接成功

单击"确认"按钮（见图 5-18），出现图 5-19 所示界面。需要指定 SQL 查询语句才能获取具体的数据。因为"渠道销售"模块所需数据在数据表"salesdata"中，所以在 SQL 语句编辑器中输入相应 SQL 语句，如图 5-20 所示。

> **笔记：**
> **EasyV 平台如何连接 MySQL 数据库？**
> EasyV 平台是一款云端数据可视化平台，需要通过公网连接 MySQL 服务器。
> 如果 MySQL 服务器只能在企业内网中访问，公网是无法访问的，需要将 EasyV 平台进行私有部署（详见项目 7）。

> **说明：**
> 要填写自己 MySQL 服务器的配置信息。这里的连接地址是模拟数据所在 MySQL 服务器的公网 IP。

> **说明：**
> 这里的 SQL 语句要根据具体的数据表来填写。

图 5-19　SQL 语句编辑界面　　图 5-20　输入相应的 SQL 语句

这里的"salesdata"数据表的部分数据如图 5-21 所示：

序号	销售渠道	月份	销售额
8	线下零售	02月	15
7	线下零售	01月	34
6	线上零售	06月	65
5	线上零售	05月	32
4	线上零售	04月	65
3	线上零售	03月	87
2	线上零售	02月	32
1	线上零售	01月	76

图 5-21　"salesdata"数据表

填上正确的 SQL 语句后，可以查看"数据响应结果"，看到返回数据的格式。MySQL 数据库配置成功界面如图 5-22

所示，每一个对象都对应"salesdata"数据表（见图5-21）的一条记录，说明MySQL数据库配置成功。

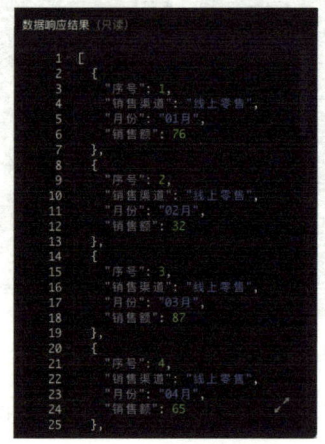

图5-22　MySQL数据库配置成功界面

3. 管理数据源

1）编辑数据源

在"数据源"界面中，可以选择相应的数据源，单击"编辑"图标即可修改该条数据源信息，如图5-23所示。修改信息的操作与新建数据源的一致。

图5-23　编辑数据源

2）删除数据源

在"数据源"界面中，可以选择相应的数据源，单击"删除"图标即可删除该条数据源信息，如图5-24所示。

图5-24　删除数据源

3）修改数据

在"数据源"界面中，可以选择相应的数据源，单击

管理数据源

🔍 说明：

当数据源较多时，可利用搜索功能快速查询。

🔍 说明：

数据源删除操作不可逆，一旦删除，无法恢复。且当删除数据源后，使用该数据的可视化项目组件将无数据接入展示。

项目 5　接入与回调数据

"修改"图标即可修改该条数据源的数据,如图 5-25 所示。目前仅支持对 CSV 文件数据进行修改,完成数据修改后会同步更新数据源。

> 💡 **说明:**
> 　　数据修改操作不可逆,一旦修改,无法恢复,若要复原须重新上传文件。

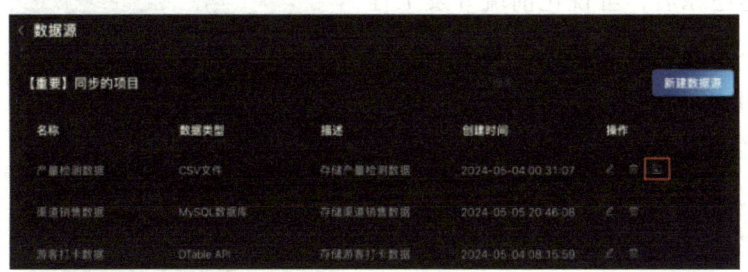

图 5-25　修改数据源

任务 2　接入展示类数据

任务描述

本任务主要介绍低代码平台 EasyV 展示类数据的接入。这类数据在整个大屏的演示过程中,其值是不会随其他组件的数据变动而变动的。

在数据接入前,需要学习数据接入相关概念,包括组件数据格式、数据响应结果、字段映射区、数据与组件匹配。然后,选择对应的数据源,从数据源中获取数据后,根据数据与组件的匹配情况,分为不同的接入流程:当数据与组件匹配,通过字段映射可以快速实现数据的接入;当数据与组件不匹配,可以通过数据过滤器将其处理成符合需求的数据格式。任务导图如图 5-26 所示。

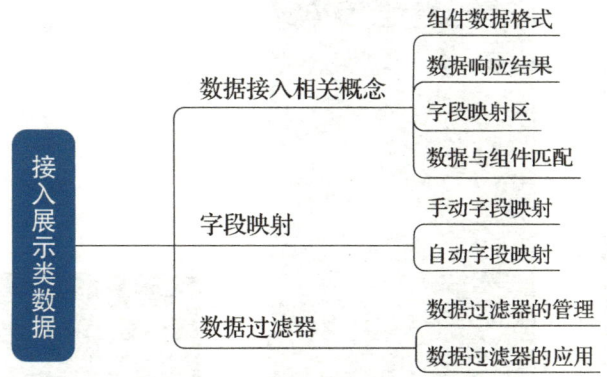

图 5-26　接入展示类数据任务导图

任务实施

1. 数据接入相关概念

数据接入是指大屏搭建还原后，可视化前端开发工程师可以根据各可视化组件来接入相应的数据。EasyV 平台是通过设置组件的"数据"配置模块来实现数据接入的。

选中组件，平台右侧会出现三个配置模块，分别为"样式""数据"和"交互"，然后单击"数据"，进入"数据"配置模块。以"3D 饼图"为例，"数据"配置模块如图 5-27 所示。

在设置"数据"配置模块前，需要先学习数据接入的相关概念。

（1）组件数据格式

EasyV 平台为所有可以接入数据的组件（即数据组件）提供静态数据，不仅用于展示组件的效果，还用于说明组件的数据格式。以"3D 饼图"为例，首先，新添加一个3D 饼图，单击该组件的"数据"配置模块，就能看到默认的静态数据，如图 5-28 所示。

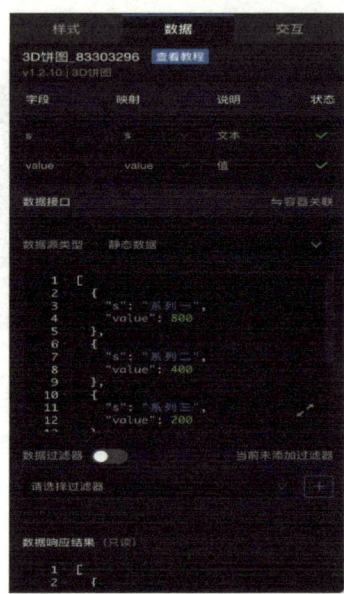

图 5-27 "数据"配置模块

单击图 5-28 中的 进入全屏模式，可以看到静态数据的全部内容，它是 JSON 数据类型，如图 5-29 所示。

可见，组件要求的数据为 JSON 数据，并且是一个 JSON 数组，由多个对象组成。所有对象的结构是一样的，即所有对象的字段是一样的，数据内容是实际值，各不相同。因此，组件数据格式是指 JSON 数组中对象的字段。

3D 饼图的 JSON 数据中的一个对象如图 5-30 所示，其数据格式见表 5-1。

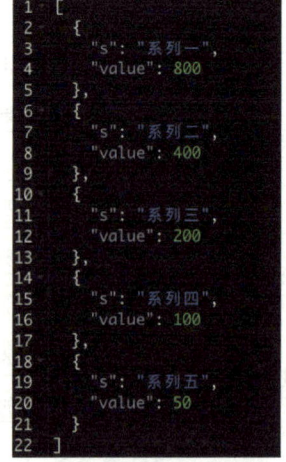

图 5-28 组件默认的静态数据　　图 5-29 3D 饼图的全部 JSON 数据　　图 5-30 JSON 对象示例

表 5-1　3D 饼图的数据格式

字段	说明
s	文本，表示系列
value	值

（2）数据响应结果

数据响应结果是从数据源获取的数据内容，即组件展示所用的数据。各组件添加数据源，EasyV 平台从数据源获取数据后，将数据转换成 JSON 格式返回给组件。

数据内容在数据源中的样式见表 5-2。

表 5-2　数据源的数据样式

s	value
系列一	800
系列二	400
系列三	200
系列四	100
系列五	50

> **说明：**
> 大部分数据源（如 CSV、数据库、DTable 等）中的数据是可以用二维表格的形式来展示的。

该数据内容在"数据响应结果"的表现形式如图 5-31 所示。

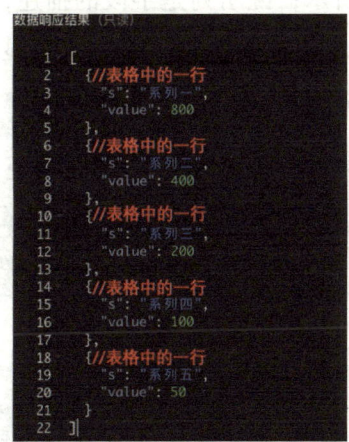

图 5-31　数据响应结果

可见，数据响应结果为 JSON 数据，并且是一个 JSON 数组，由多个对象组成，每个对象的结构是一样的，即字段是一样的。图 5-31 所示数据响应结果的数据格式与表 5-1 所示的数据格式一致，它的字段为 s、value。

（3）字段映射区

字段映射是将从数据源获取的数据与组件进行关联。它是数据接入的关键环节。字段映射区的作用是设置字段映射规则，将数据响应结果的数据内容按字段与组件字段进行关联。

字段映射区在"数据"配置模块下，以"3D饼图"为例，字段映射区如图5-32所示。

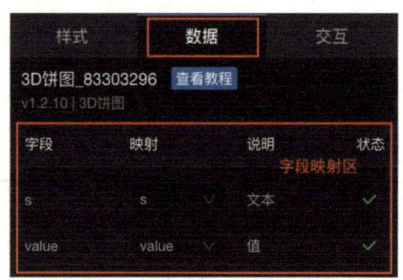

图5-32　字段映射区

> 🔍 **说明：**
> 组件的数据格式和字段列的是一致的，之后分析组件的数据格式可以直接查看组件的字段列。之前通过默认静态数据分析组件数据格式，是为了更好地理解数据与组件的映射。

字段映射区由字段列、映射列、说明列和状态列组成，如图5-33所示。字段列表示组件的数据格式，即用于接收数据的字段名称；映射列用于指定数据响应结果中的字段，单击映射列的下拉选择框 ▼，只能选择数据响应结果的字段，如图5-34所示；说明列是字段的描述；状态列为映射结果，如果映射成功显示为 ✓，映射失败显示为 ✗。

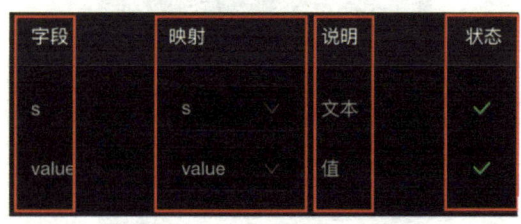

图5-33　字段映射区的组成

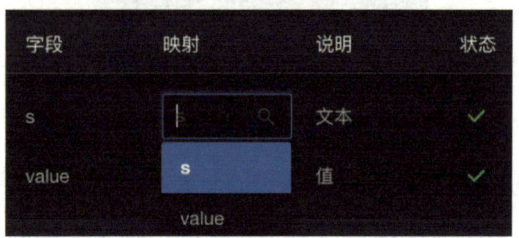

图5-34　映射列的选择框

EasyV平台会根据映射规则，将数据响应结果中的每个

JSON 对象一一映射到组件中显示。图 5-30 所示的 JSON 对象经过字段映射在 3D 饼图中的显示如图 5-35 所示。

> **说明：**
> JSON 数据中对象在组件中展示的效果会因组件而异。

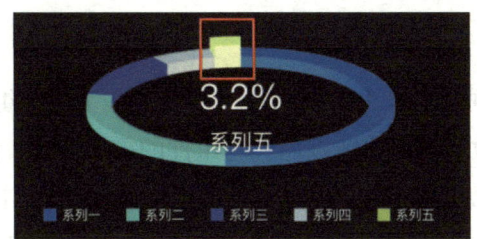

图 5-35　JSON 对象在组件中展示

（4）数据与组件匹配

数据与组件匹配是指数据响应结果的数据格式与组件要求的数据格式是否匹配。注意：两者的字段名称可以不一致，但组件要求的所有字段都能够在数据响应结果找到对应的字段，这些字段对应的数据内容满足组件的需求。

以"3D 饼图"为例，它的数据格式见表 5-1，该组件的字段为 s、value。现在来分析以下四个 JSON 案例是否与该组件匹配，通过案例来深入理解数据与组件匹配的含义。

JSON 案例一：

```
[
    {
        "s": "系列一",
        "value": 800
    },
    {
        "s": "系列二",
        "value": 400
    }
]
```

该案例的字段为 s、value，对应数据内容与组件的需求一致。所以，案例一是匹配的。

JSON 案例二：

```
[
    {
        "系列": "系列一",
        "值": 800
    },
    {
```

```
            "系列": "系列二",
            "值": 400
        }
    ]
```

该案例的字段为系列、值，虽然这些字段与组件字段的名称不一致，但对应数据内容与组件的需求一致。即"系列"字段对应数据满足组件"s"字段的需求，"值"字段对应数据满足组件"value"字段的需求。所以，案例二是匹配的。

JSON 案例三：

```
[
    {
        "s": "系列一",
        "list": [
            {
                "id": 1,
                "value": 800
            }
        ]
    },
    {
        "s": "系列二",
        "list": [
            {
                "id": 1,
                "value": 400
            }
        ]
    }
]
```

> 说明：
> 如果将"JSON 案例三"复制到组件的静态数据中，组件的映射列中只能看到 s、list 字段，而看不到嵌套 JSON 结构中的字段。

该案例的字段为 s、list，而 value 字段嵌套在字段 list 中。虽然，数据字段"s"对应数据满足组件"s"字段的需求，但数据字段"list"对应数据不满足组件"value"字段的需求，因为该组件字段要求数据为一个数值，而"list"对应的数据是一个 JSON 对象。所以，案例三是不匹配的。

JSON 案例四：

```
[
    {
        "s": "系列一",
```

```
            "value": "800万"
        },
        {
            "s": "系列二",
            "value": "400万"
        }
    ]
```

该案例的字段为 s、value，数据字段 "s" 对应数据满足组件 "s" 字段的需求，数据字段 "value" 对应数据不满足组件 "value" 字段的需求，因为该组件字段要求数据为一个数值，而数据字段 "value" 对应的数据是字符串，且该字符串不能直接转换成数值。所以，案例四是不匹配的。

2. 字段映射

当数据与组件匹配时，可以直接通过设置字段映射区进行字段映射，完成数据接入。具体接入步骤：第一步选择数据源。平台从数据源请求数据，返回的数据在组件的数据响应结果中展示。第二步字段映射。根据数据响应结果来配置字段映射区，将数据与组件关联，让数据在组件中正确展示。

在第二步中，如果数据字段名称与组件字段名称一致，则平台会自动进行字段映射。如果数据字段名称与组件字段名称不一致，则需要前端开发工程师手动进行字段映射。

（1）自动字段映射

当数据与组件匹配，且数据的字段名称与组件的字段名称一致时，组件进行自动字段映射。以"产量检测"模块的万用图为例，选择"数据源类型"为"静态数据"，静态数据的数据响应结果与原数据一致。

万用图的数据格式见表 5-3。

> 🔍 说明：
> EasyV 平台在映射时，可以将字符串转换成数值，但要保证该字符串只包含数字字符和小数点。如 "400" 能转换成数值，"400万" 不能转换成数值。

字段映射

> 🔍 说明：
> 静态数据可以直接在平台上进行修改。"产量检测"模块万用图的静态数据已经在项目 4 中根据大屏原型进行修改。

表 5-3 万用图的数据格式

字段	说明
s	系列
x	X 轴文本
y	Y 轴数值

"产量检测"模块万用图的部分数据响应结果如图 5-36 所示。

分析数据发现,当前数据响应结果中的字段为 s、x、y,正好与组件所需的字段 s、x、y 匹配。那么 EasyV 平台会进行自动字段映射,组件的状态列均显示映射成功,再观察组件是否正常展示,如果正常展示表示数据接入完成。

(2)手动字段映射

在项目中,即使数据与组件匹配,数据字段名称与组件字段名称在大部分情况下是不一致的,需要通过手动字段映射来实现数据与组件的关联。

以"产量检测"模块的万用图为例,选择"数据源类型"为"CSV 文件","数据源"选择"产量检测数据",如图 5-37 所示。

🔍 **说明:**
"产量检测数据"是任务 1 中新建的 CSV 数据源,存放用于接入产量检测模块的数据。具体参照任务 1。

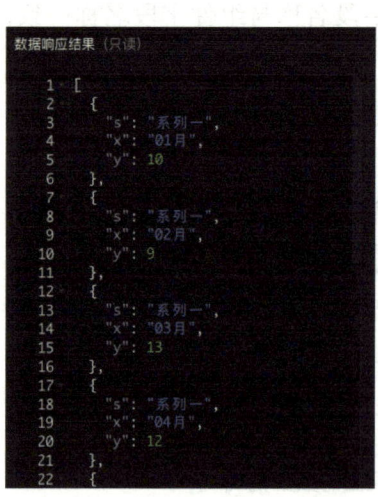

图 5-36 产量检测模块部分数据响应结果

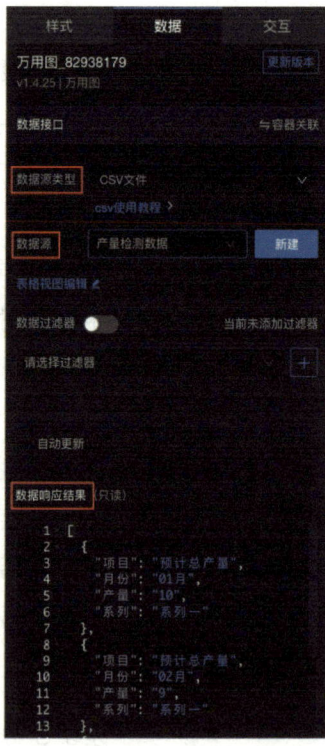

图 5-37 "产量检测数据"接入界面

可见,数据响应结果的字段为项目、月份、产量、系列,与组件字段 s、x、y 的名字不一致,所以自动字段映射失败,如图 5-38 所示。

因为 EasyV 平台并不知道哪个字段的数据是给组件字段 s，字段 x、y 同理。所以，要进行手动字段映射，即由前端开发工程师根据数据的实际含义，建立数据字段与组件字段的映射。

在这里，"系列"字段的数据满足组件字段"s"的需求，同样，"月份"字段与组件字段"x"对应，"产量"字段与组件字段"y"对应。因此，将字段映射区的映射列从上到下分别改为"系列""月份"和"产量"，如图 5-39 所示。手动映射后状态列均显示映射成功，再观察组件是否正常展示，如果正常展示表示数据接入完成。

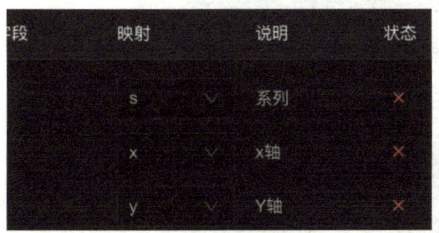
图 5-38 映射失败

图 5-39 "产量检测"模块接入 CSV 文件成功

可以勾选"数据响应结果"上方的"自动更新"，如图 5-40 所示。开启"自动更新"后，平台会根据配置的时间间隔，定期发起请求获取最新的数据，组件也会根据最新的数据进行对应展示。

图 5-40 设置自动更新

3. 数据过滤器

在项目中，接入的数据大部分情况下和组件并不匹配，在这种情况下，数据接入分三步：第一步选择数据源。平台会从数据源请求数据，返回的数据在组件的数据响应结果中展示。第二步数据准备。使用数据过滤器处理数据，使数据与组件匹配。第三步字段映射。实现数据与组件关联。

接下来先学习数据过滤器的添加和创建，再介绍数据过滤器的应用。

笔记：

为什么设置自动更新？

接入的 CSV、API 接口、数据库等数据源需要定期动态更新，所以使用"自动更新"功能实现动态更新的效果。在后面的数据接入时，都可以勾选"自动更新"。

数据过滤器

说明：

EasyV 平台提供了数据过滤器，用于将数据响应结果处理成符合需求的数据格式。

> 说明：
> 数据准备使得数据与组件匹配，所以第三步字段映射与 2. 字段映射步骤的第二步字段映射相同。

（1）数据过滤器的管理

数据过滤器是 EasyV 提供的脚本编辑器，纯原生 JavaScript 编辑器。通过数据过滤器可进行字段类型变更、数值去零、字段拆分、字段组合等数据格式转换以及一些简单的逻辑运算。

1）添加数据过滤器

在"数据"配置模块中，"数据源类型"下方有"请选择过滤器"下拉框，可以选择已有的过滤器。但必须在开启"数据过滤器"的情况下才能起作用，如图 5-41 所示。

图 5-41　添加数据过滤器

> 说明：
> 图 5-41 中数据过滤器为开启状态。

数据组件可以选择添加多个数据过滤器。如图 5-42 所示，该组件添加了两个数据过滤器，名称分别为"url 显示"和"控制气泡大小"。多个数据过滤器的处理顺序为从上向下，上一个数据过滤器的返回值将作为下一个数据过滤器的输入，最后一个数据过滤器的返回值即为组件展示所用的数据。

图 5-42　添加多个数据过滤器

2）新建过滤器

如果平台中还没有合适的数据过滤器，可以新建过滤器。单击图 5-41 中的 进入新建数据过滤器界面，如图 5-43 所示。

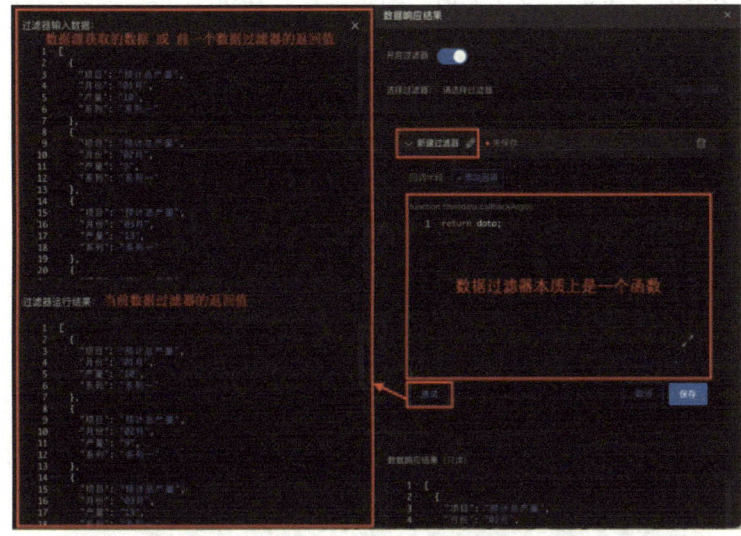

图 5-43　新建数据过滤器界面

从界面中可见，数据过滤器本质上是一个函数，包含固定参数 data 和 callbackArgs，data 为通过数据源获取的数据或前一个数据过滤器的返回值，callbackArgs 包含数据过滤器接收的回调参数（在任务 3 中详细说明），return 所返回的值将在数据响应结果中展示。

单击界面中的"测试"按钮可以看到"过滤器输入数据"和"过滤器运行结果"。

新建过滤器的步骤如下：

第一步，进入新建过滤器界面。

第二步，修改过滤器的名称。过滤器的默认名称为"新建过滤器"，单击 为过滤器重新命名。

第三步，在函数体中添加过滤逻辑。过滤逻辑要考虑输入数据和组件数据格式，不同应用场景的过滤逻辑都是不同的。

第四步，保存过滤器。切记要保存，否则数据过滤器并未创建成功。

说明：

良好的编程命名规则可以提高代码的可读性和可维护性，是前端开发工程师必须具备的专业精神和严谨态度。

说明：

```
return data.filter(d => d.y
> 200);
```

这段代码是用 JavaScript 编写的。过滤器是纯原生 JS 编辑器，因此，过滤逻辑需要用 JS 语言来实现。这段代码的作用是创建一个新数组，包含 data 数组中通过测试（即数据元素的 y 值大于 200）的所有元素。将新数组返回即为组件展示所用的数据。

以过滤器名称为"保留 200 以上数据"为例，它的过滤逻辑如图 5-44 所示。单击"测试"按钮，弹出的窗口可以观察数据处理的过程，"过滤器输入数据"中包含 y 值为 200 的数据，通过数据过滤器的处理后，"过滤器运行结果"中不再有 y 值为 200 的数据，因为它的 y 值没有大于 200。

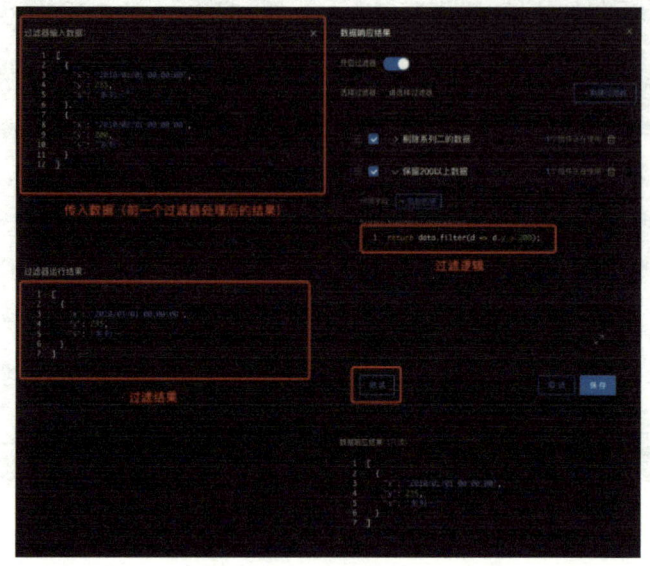

图 5-44 过滤器案例

（2）数据过滤器的应用

当数据与组件不匹配时，需要使用数据过滤器进行数据处理，使得数据与组件匹配，然后通过字段映射实现数据接入。

以"游客打卡"模块的"定点气泡图"为例，选择"数据源类型"为"DTable API"，"数据源"选择"游客打卡数据"，"TableID"填写用于接入组件的数据表 ID，"ViewID"和"Records"按默认，如图 5-45 所示。

定点气泡图的数据格式见表 5-4。

说明：

"游客打卡数据"是任务 1 中新建的 DTable API 数据源，存放用于接入"游客打卡"模块的数据。TableID 在图 5-15"游客打卡数据"数据表中可以找到。参照拓展学习。

表 5-4 定点气泡图的数据格式

字段	说明
name	类目
value	值，即气泡数值
s	系列
url	背景图

"游客打卡"模块定点气泡图的部分数据响应结果如图5-46所示。数据响应结果的字段为 id、打卡时间、打卡地点、感想、打卡照片。

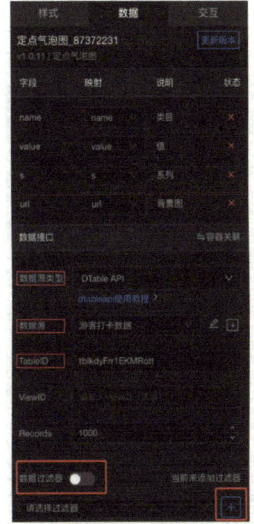

图 5-45 游客打卡数据接入界面

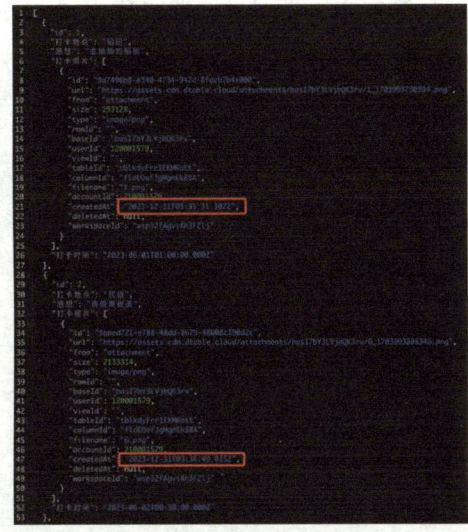

图 5-46 数据源的部分数据响应结果

组件"name"字段的值是气泡下方的说明文字，根据需求，要展示打卡地点。所以，"打卡地点"字段的数据满足"name"字段的需求。

组件"value"字段的值决定气泡的大小，值越大气泡越大。根据需求，打卡时间越新的照片的显示尺寸越大。但"打卡时间"字段对应的值是非数值字符串。仔细分析数据响应结果可以发现，"id"字段的值和"打卡时间"有对应关系：打卡时间越新，id 字段的值越大。所以，"id"字段的数据满足"value"字段的需求。

组件"s"字段的值是系列，因为在项目 4 中设置了定点气泡图的系列一样式，而数据响应结果中没有相关字段，需要用数据过滤器增加系列字段，并把值设置为"系列一"。

组件"url"字段的值是图片的 url，所需的 url 数据嵌套在"打卡照片"字段中，因此无法直接使用，需要用数据过滤器进行字段摘取，并设置成满足的格式。

通过上述分析，数据与组件不匹配，需要添加过滤器，具体步骤如下：

> 说明：
>
> "游客打卡"模块的需求是展示游客在各景点的打卡照片，并且要求打卡时间越新打卡的照片越大。

> 说明：
>
> 需要根据功能需求来确定数据字段与组件字段是否匹配。

🔍 说明：
```
return data.map(d => ({
"id": d['id'],
"打卡地点": d['打卡地点'],
"照片url": d['打卡照片'][0].url,
"s":"系列一"
}));
```

这段过滤逻辑代码的作用是创建一个新数组，遍历数组 data 的每个对象 d，摘取需要的键值对（id 和打卡地点），添加两个新的属性（照片 url 和 s），其中，"照片 url" 的值为 d 中嵌套字段 url 的值，"s" 的值均为 "系列一"。最后，将新数组返回即为组件展示所用的数据。

第一步，开启"数据过滤器"（见图 5-45）。

第二步，单击新建过滤器（见图 5-45），进入新建界面。

第三步，设置过滤器名称为 "url 显示"（见图 5-47）。

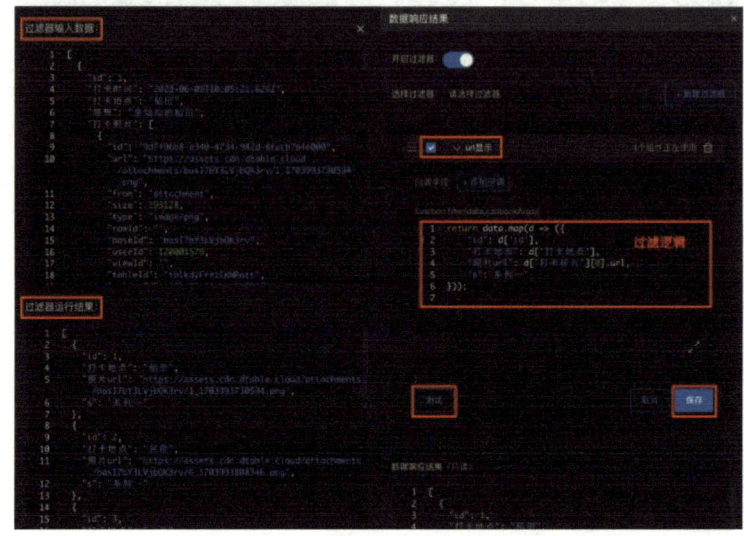

图 5-47 "url 显示" 过滤器

第四步，在函数体中添加过滤逻辑，如图 5-47 所示。单击"测试"按钮，观察运行结果是否符合要求。

第五步，运行结果符合要求后，单击"保存"按钮，退出新建界面。可以看到组件已选中该过滤器，如图 5-48 所示。

图 5-48 过滤器添加成功

过滤器添加成功后，部分数据响应结果如图 5-49 所示。可见，该数据与组件是匹配的。

图 5-49 数据过滤后部分数据响应结果

最后，进行手动字段映射，如图 5-50 所示，状态列均显示映射成功。组件接入数据后展示效果如图 5-51 所示。

组件正常展示表示数据接入完成。

图 5-50 游客打卡模块接入 DTable API 成功

图 5-51 游客打卡模块效果

任务 3　接入交互类数据

任务描述

任务描述和数据交互原理

本任务主要介绍低代码可视化平台 EasyV 交互类数据的接入。这类数据在整个大屏的演示过程中，其值是会随其他组件的数据变动而变动的，即组件间的数据交互。

在接入交互类数据前，需要学习数据交互原理。然后，设置数据回调，实现数据交互切换场景，包括定义回调参数和接收回调参数。任务导图如图 5-52 所示。

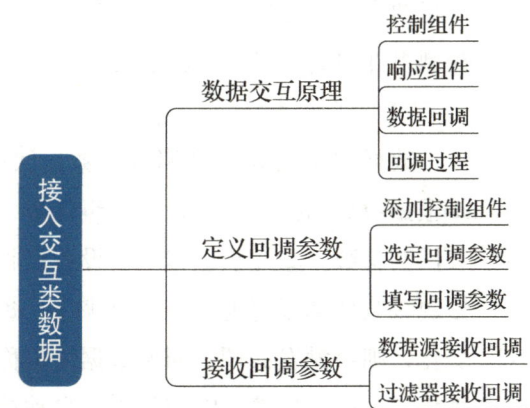

图 5-52　接入交互类数据任务导图

任务实施

1. 数据交互原理

数据交互是指组件间的数据联动，即当一个组件的数据发生变化时，其他相关联动的组件也会自动更新数据，以反映这种变化。这种交互机制可以保证组件之间的数据一致性，提高应用程序的效率和用户体验。

例如动态切换城市天气，如图 5-53 所示。图中有两个组件：上面为选项卡组件，用于动态切换城市；下面为天气组件，用于展示天气情况，该组件会根据选项卡选择的城市，展示该城市的天气情况。两个组件实现了数据交互。

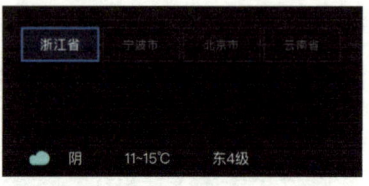

图 5-53　动态切换城市天气

（1）控制组件

在数据交互过程中，把控制数据切换的组件称为控制组件，如选项卡。在 EasyV 平台中，选项卡、轮播表格、地图等交互类别组件均可作为控制组件。

（2）响应组件

在数据交互过程中，因控制组件变化而产生联动的组件，即数据被切换的组件称为响应组件，如天气组件。在 EasyV 平台中，能够接入数据的组件都可作为响应组件。

（3）数据回调

EasyV 平台是通过数据回调实现数据交互的。数据回调是指两个组件之间建立一个通道，实现数据的单向传递，即控制组件向响应组件传递数据。

（4）回调过程

数据回调需要用到回调参数，回调过程分为三个阶段：①根据数据切换需求，在控制组件中，为传递出去的数据定义回调参数。②在响应组件中设置接收回调参数的机制（数据源接收回调或过滤器接收回调）。③当控制组件数据发生变化，则会触发回调，回调数据（也称回调值）会被保存到系统变量中。接着，响应组件会自动接收回调数据，根据回调数据展示相对应的数据。回调过程如图 5-54 所示。

> 说明：
> 回调数据即控制组件中回调参数对应的数值。

图 5-54　数据回调过程

可见，数据回调最重要的是完成前两阶段的设置，第三阶段是触发回调后自动实现的，如单击选项卡就会触发回

项目5 接入与回调数据

调。下面以"渠道销售"模块为例,从定义回调参数和接收回调参数两个方面介绍交互类数据的接入。

2. 定义回调参数

(1)添加控制组件

在项目4中,按大屏设计稿还原了"渠道销售"模块,展示"线上零售""线下零售""线下渠道"三条趋势图。为了提高用户体验,可以对该模块进行优化,实现切换查看三种渠道各自的趋势数据。

为"渠道销售"模块增加控制组件——选项卡,并配置选项卡,效果如图5-55所示。

图5-55 "渠道销售"模块选项卡

(2)选定回调参数

根据数据切换场景,为控制组件定义回调参数。这里需要通过选项卡,切换查看三种渠道各自的趋势数据,则选项卡内包含区分渠道的字段,该字段即可定义为回调参数。观察选项卡的数据,将"channel"字段定义为回调参数,如图5-56所示。

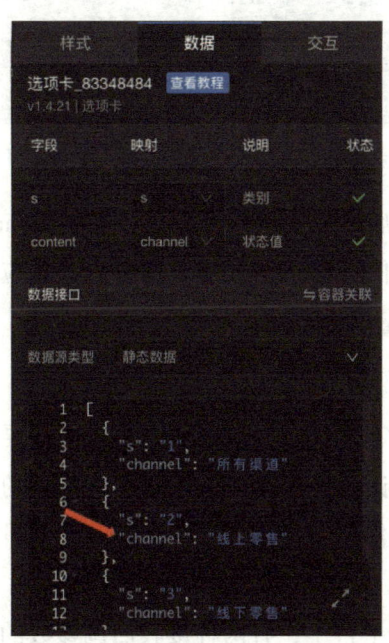

图5-56 定义回调参数

定义回调参数

🔍 **说明:**

在软件开发和设计中,追求更好的用户体验是不断优化和改进产品的关键。作为前端开发工程师要具备追求卓越、精益求精的工匠精神。

🔍 **说明:**

组件的配置参照项目4。

🔍 **说明:**

可以定义为回调参数的字段是不唯一的。例如,这里可以选"channel"字段为回调参数,也可以选择"s"字段,因为"s"和"channel"的值是一一对应的。为了便于理解,这里定义"channel"为回调字段。

（3）填写回调参数

选中"选项卡"的"交互"配置模块，单击"回调参数"，单击出现填写回调参数界面，如图5-57所示。

"匹配动作"是指触发回调的动作，包括状态改变、鼠标点击、鼠标移入、鼠标移出。根据本案例的需求，这里选择"鼠标点击"。

"字段值"为定义的回调参数，即需传递出去的字段名称。在本案例中，已经定义"channel"字段为回调参数，所以，此处填"channel"。

"变量名"为系统中保存回调数据的变量名称，可与原字段名称一致，也可在此处定义别的名称，即为别名。在本案例中，直接使用一样的原字段名称"channel"。

"渠道销售"模块的回调参数填写如图5-58所示。

> 说明：
> "匹配动作"中鼠标单击仅支持单击动作。默认选中、轮播及被动改变选中状态皆为状态改变。

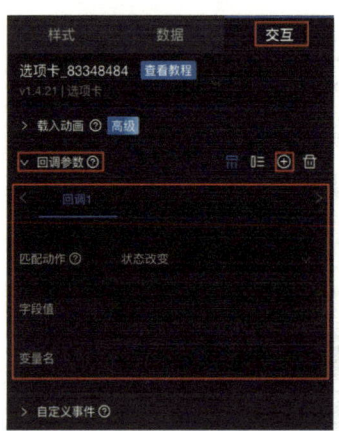
图5-57 回调参数界面

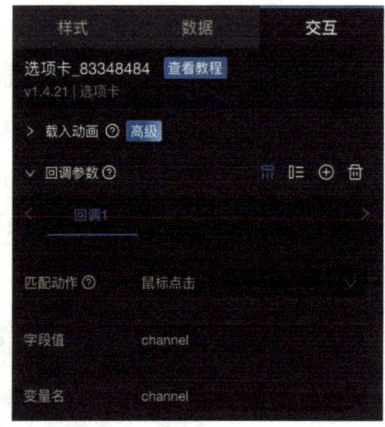
图5-58 填写回调参数

填写完成后，控制组件传递出去的是"channel"字段对应的数值，并保存在"channel"变量中，响应组件支持根据"channel"变量筛选数据。

3. 接收回调参数

控制组件定义好回调参数后，响应组件要设置接收回调参数的机制，让组件根据回调数据筛选对应的数据。在本案例中，响应组件是"万用图"，因此，万用图需要接收回调参数。

在EasyV平台中，有两种接收回调参数的机制：①若数

> 说明：
> 注意区分字段值和变量名的含义。

接收回调参数

据源接入时提供实时查询,则在数据源设置处进行回调参数的接收;②不管哪种数据源接入,都可以使用数据过滤器进行回调参数的接收。

(1)数据源接收回调

API 接口和数据库数据源,在数据接入时可以进行实时查询,所以在配置数据源时就接收回调参数。API 接口数据源在 url 中接收回调参数;数据库数据源在 SQL 语句中接收回调参数。回调参数的值变化后,url 会重新请求一次,SQL 语句会重新执行一次。

"渠道销售"模块的万用图的"数据源类型"为"MySQL 数据库",能用 SQL 语句进行实时查询。可以在数据源设置接收回调参数,实现与选项卡组的数据交互,具体步骤如下:

第一步,进入组件的"数据"配置模块。

第二步,选择"数据源类型"为"MySQL 数据库",选择"数据源"为"渠道销售数据"。

第三步,在 SQL 查询语句编辑器中接收回调参数,如图 5-59 所示。

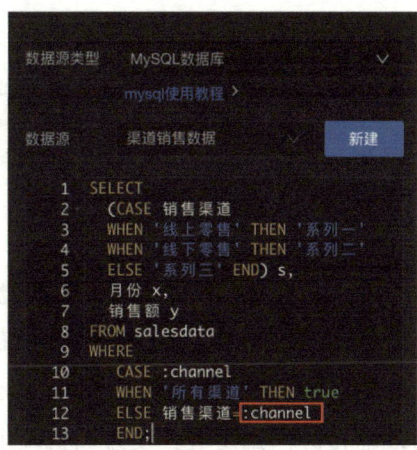

图 5-59 数据源接收回调参数

这里的 SQL 查询语句要根据控制组件(选项卡)传递过来的回调参数(这里为"channel"变量)进行数据筛选。例如,"channel"变量的值若为"线上零售",则查询出线上零售的数据返回给组件;若为"所有渠道",则查询所有渠

> 说明:
> 在 EasyV 平台中,能实时筛选数据的数据源有 API 接口和数据库。以数据库为例,组件在选择该数据源时,需要指定 SQL 语句,动态查询想要的数据。

> 说明:
> "渠道销售数据"是本项目任务 1 中新建的 MySQL 数据库数据源,存放用于接入渠道销售模块的数据。

> 笔记:
> **回调参数的语法:**
> EasyV 对回调参数有单独的语法定义,冒号加上对应参数名称。如这里的":channel"。

> 说明:
> 本案例的 SQL 语句用了两个 CASE 函数。第一个 CASE 函数的作用是将各渠道对应到各系列中(系列不同,样式不同)。第二个 CASE 函数的作用是如果回调参数的值为"所有渠道",返回布尔值"true",相当于没有筛选条件。如果回调参数是某个渠道,筛选该渠道的数据。

🔍 **说明：**
本案例中的SQL语句对返回字段进行了重命名，与组件字段s、x、y一致，所以自动映射。

🔍 **说明：**
数据交互的效果是编辑页面不生效，仅在预览页面或发布页面生效。

道的数据返回给组件，其他类似。

第四步，字段映射，如果数据响应结构的字段和组件字段一致则自动映射，否则进行手动映射。

第五步，在预览中查看效果。"线上零售"如图 5-60 所示，"线下零售"如图 5-61 所示。

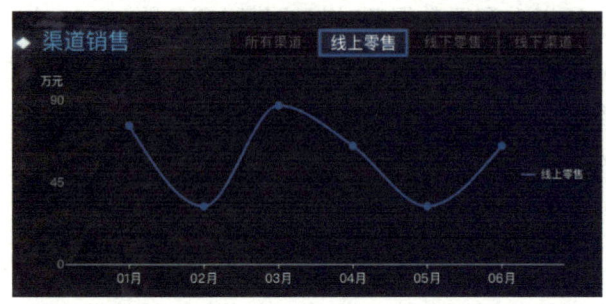

图 5-60　数据交互效果 1

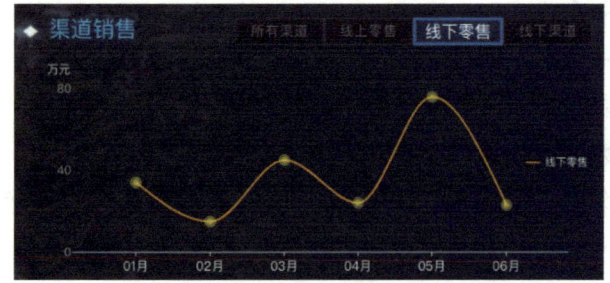

图 5-61　数据交互效果 2

注意：单击"预览"后，会发现"渠道销售"模块的万用图不显示任何趋势图。但单击一次选项卡后，万用图可以与选项卡正常数据联动。

（2）过滤器接收回调

不管是哪种数据源接入，都可以使用数据过滤器接收回调参数。回调参数的值变化后，数据过滤器中的代码会重新执行一遍。数据过滤器的过滤逻辑是根据回调值筛选不同的数据。

用数据过滤器接收回调参数，实现与选项卡组的数据交互，具体步骤如下：

第一步，进入组件的"数据"配置模块。

第二步，选择"数据源类型"为"MySQL 数据库"，选择"数据源"为"渠道销售数据"。

第三步，使用SQL语句返回所有渠道的数据，如图 5-62

📝 **笔记：**
为什么接收回调参数后组件数据不显示？

因为数据回调是否触发，是由控制组件的"匹配动作"来决定的。本案例在定义回调参数时，设置"匹配动作"为"鼠标点击"（见图5-58），在没有"鼠标点击"操作时，回调参数（channel变量）的值为空，所以查询结果为空。

所示。

第四步，开启"数据过滤器"。

第五步，单击 新建过滤器，进入新建界面。

第六步，设置过滤器名称为"基于销售渠道过滤"。

第七步，单击 + 添加回调 输入需要接收的回调参数，即"channel"变量。回调参数和回调值会以键值对的形式添加到数据过滤器的"callbackArgs"变量中。

第八步，在函数体中添加过滤逻辑，根据 callbackArgs 变量中的回调值筛选指定的数据，如图 5-63 所示。

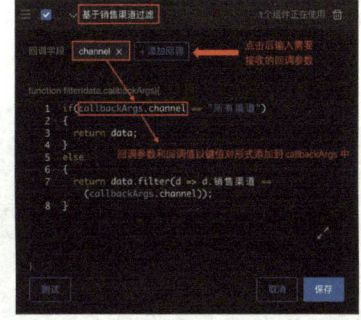

图 5-62　返回所有渠道的数据　　图 5-63　过滤器接收回调参数

第九步，单击"保存"按钮后，数据过滤器添加成功。

第十步，字段映射，如果数据响应结构的字段和组件字段一致则自动映射，否则进行手动映射。

第十一步，在预览中查看效果，跟用第一种方式实现的效果相同。

在接收回调参数的过滤器"基于销售渠道过滤"中，增加代码，为回调参数设置默认值，如图 5-64 所示，预览或打开大屏时，趋势图正常显示。

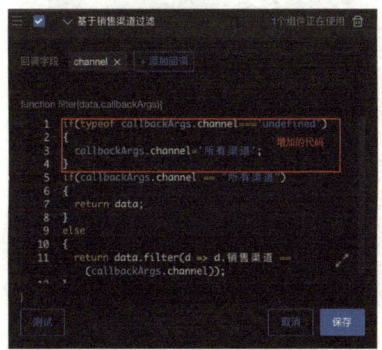

图 5-64　为回调参数设置默认值

> **说明：**
> 在新建过滤器中，单击"测试"看不到数据的变化，因为回调参数仅在预览页面或发布页面生效。

> **说明：**
> 增加代码的作用是判断如果回调值为空，就让回调值等于默认值"所有渠道"。

拓展学习

1. 数据容器

数据容器用于数据存储，主要应用场景有数据共享和数据分发。当同一组件数据由不同数据源而来时，可通过"数据容器"进行数据共享。当多个组件需共用同一数据容器，减少重复请求时，可通过"数据容器"进行数据分发。

项目5拓展学习和项目小结

（1）数据容器列表

单击顶部工具栏"数据容器"进入"数据容器"列表。此处用户可以自由创建数据容器，并支持对数据容器进行常规管理，包括重命名、复制、删除，如图5-65所示。

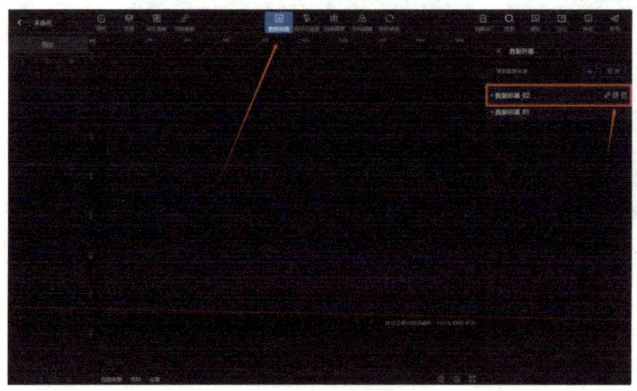

图5-65　数据容器列表

（2）创建数据容器

单击数据容器列表顶部"加号"按钮，创建数据容器，如图5-66所示。数据容器创建后可进行数据源的接入（API或数据库、静态数据均可），同时支持数据过滤器进行数据处理。

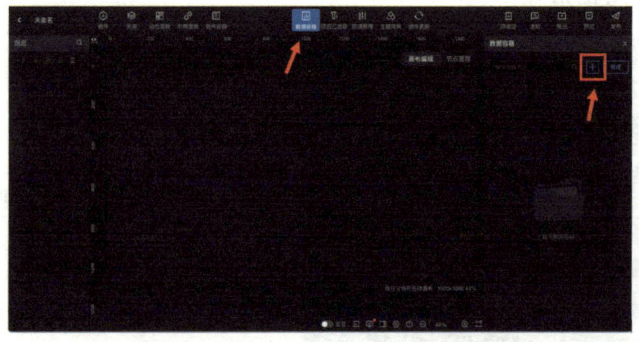

图5-66　创建数据容器

（3）绑定数据容器

数据容器完成数据接入后，选中待绑定组件，单击"数据"配置模块中的"容器关联"，如图 5-67 所示。此时，用户可以在下拉框中绑定所需数据容器，绑定后可在下方代码框内查看该容器数据。每个组件支持绑定多个数据容器。

图 5-67　绑定数据容器

（4）管理数据容器

单击数据容器列表中的"管理"（见图 5-68），可以查看数据容器绑定情况，反映数据容器、数据源和组件的对应关系。

图 5-68　管理数据容器

（5）使用场景示例

数据分发：多个组件可以绑定同一数据容器，从数据容器中获取所需的数据。

数据共享：同 1 个组件可以绑定多个数据容器，默认以数组格式返回数据。如果数据不符合组件数据格式，需要用数据过滤器进行数据格式处理。

2. EasyV × DTable

（1）DTable 介绍

DTable 是易知微内部孵化的一款低代码数据协作平台产品（在线协作效率表格），帮助企业轻松搭建个性化业务应用。EasyV 数据源新增 DTable 接口，所有产品有效期内用户均可使用 EasyV×DTable 进行业务数据化。

（2）DTable 名词解释

API Key：DTable 中每个账号都有颁发的对应 API Key，通过 API Key 可访问账号下的数据表信息。API Key 的获取方式如图 5-69 所示。

图 5-69　获取 API Key

TableID：DTable 中创建的每一个数据表都有唯一 ID。

ViewID：DTable 中可创建表格、看板、相册、表单等视图，每个视图都有唯一 ViewID 与相应的数据返回格式。

TableID、ViewID 获取方式如图 5-70 所示。

图 5-70　获取 TableID 和 ViewID

（3）EasyV×DTable 的使用步骤

第一步，DTable 收集数据。前往 DTable 注册账号，并创建相应的表格应用。在工作中使用 DTable 能实现项目管理、广告投放、门店管理、招聘管理等业务场景，或开始制定个人的减肥计划、阅读计划、存款计划等。

第二步，EasyV 接入数据源。在 EasyV 中创建 DTable API 数据源，仅需填写相应 API Key 和 TableID。

第三步，EasyV 可视化呈现。使用 EasyV 搭建可视化应用并使用 DTable 数据源，定义数字化生活方式。

项目小结

本项目围绕"接入与回调数据"典型工作任务,讲解了数据源类型、JSON 数据类型和数据接入工作流程等知识,并按照企业可视化项目数据接入流程展开三个任务,层层递进地学习配置数据源,接入展示类数据,接入交互类数据,引导用户逐步掌握为可视化大屏接入数据的相关能力。在完成任务后,开展拓展学习,包括数据容器和 EasyV × DTable。

通过规范编写数据过滤器代码,引导用户具备专业精神和严谨态度。通过优化数据展示,实现数据交互,引导用户具有追求卓越、精益求精的工匠精神。

实战强化

为"迎新可视化大屏"项目接入项目数据。要求:

1)将项目数据分别保存在三种数据源中,分别为 CSV 文件、DTable API、MySQL 数据库。

2)在项目中添加 CSV 文件、DTable API、MySQL 数据库数据源。

3)为所有组件接入数据。

4)设计两个组件的数据交互,编写过滤器,实现组件间的数据联动。

项目 6　制作高级主视觉

● 知识目标

1）了解主视觉的作用。
2）了解主视觉的类别。
3）掌握主视觉的制作流程。（重点）
4）掌握主视觉的部分组件使用。（重点）

项目6概述和知识准备

● 技能目标

1）根据多元化的产品要求，学会选择和使用合适的视觉设计工具。
2）通过研究和分析市场趋势和目标用户心理，设计吸引人的主视觉元素。
3）通过实践高级主视觉设计项目，掌握在真实环境中进行视觉设计、视觉审美和视觉艺术的创作技巧。（难点）
4）通过自定义视觉方案，提升在视觉策略规划和实施方面的能力。（难点）

● 素养目标

1）开放思想，主动接受和尝试新的思想、观念和技术，推动创新和进步。
2）注重团队协作，建立良好的人际关系，以促进知识分享和跨课题合作。
3）崇尚敬业精神，致力于提高自己的专业能力和素养，以推动个人和组织的发展。

● 项目概述

本项目以数字乡村可视化大屏项目为背景，基于国产低代码可视化平台 EasyV，以可视化前端开发工程师的视角，对搭建的可视化大屏进行主视觉制作。根据企业可视化项目流程，针对"制作高级主视觉"，采用任务递进方式，依次完成四个工作任务：制作主视觉背景、制作动态视觉、制作 3D 视觉、简单地图实现流程。

开展任务前，需要掌握必要的理论知识：主视觉是什么？主视觉的作用是什么？高级主视觉是什么？

完成任务后，进一步了解粒子效果添加和 Saber 插件的使用。

项目思维导图如图 6-1 所示。

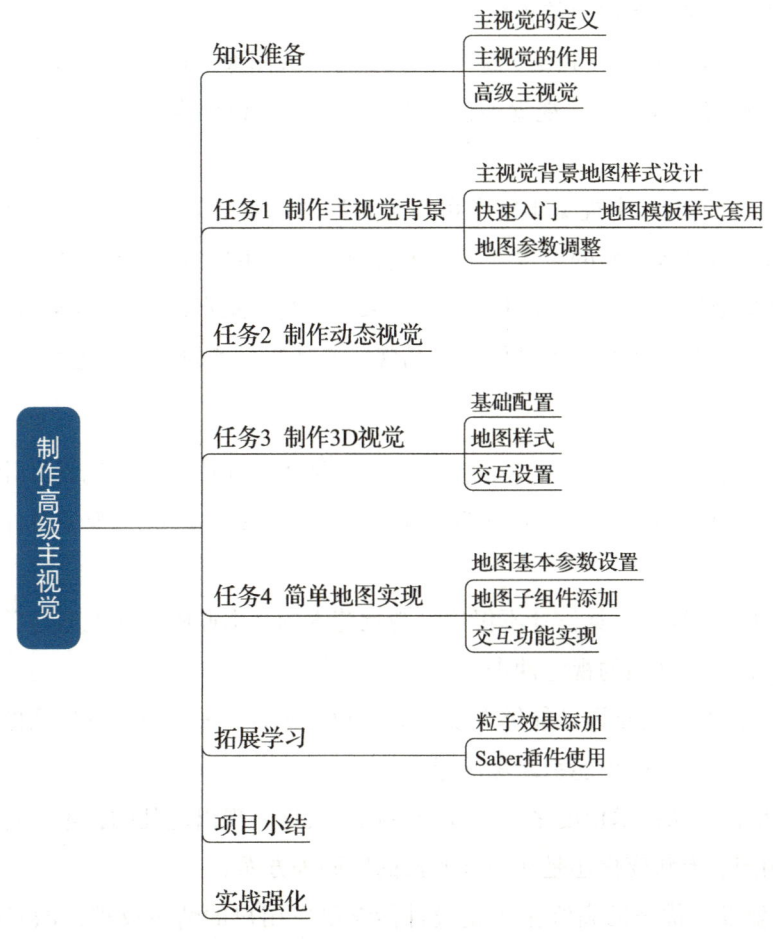

图 6-1　制作高级主视觉思维导图

知识准备

1. 主视觉的定义

主视觉设计是一种视觉艺术的应用，涵盖了颜色、形状、排版、图像和插图等多个方面。它旨在通过一致和吸引人的视觉效果强化品牌信息，塑造品牌形象，进而影响和吸引潜在客户。简单来说，主视觉设计就是使用视觉元素传达品牌的价值观和理念。

2. 主视觉的作用

主视觉在可视化布局中扮演着至关重要的角色，其主要作用包括以下几点：

1）突出重点信息：主视觉，如大背景图、主要标志等，通常被设计成视觉上最为突出的元素，以吸引观众的注意力。通过主视觉设计，可以有效地突出重要的信息或传达关键的品牌理念。

2）引导视觉流动：良好的主视觉设计可以引导用户的视图流动，帮助用户在页面中发现和理解最重要的元素和信息。设计师通常通过对主视觉元素的布局、形状、颜色或大小的巧妙使用，来引导用户的视线。

3）建立品牌识别度：主视觉元素往往包含符号或图像，这些可能与品牌的核心价值观或标志息息相关。这样，主视觉不仅可以加强品牌的识别度，还可以帮助塑造和传递品牌形象。

4）提高用户体验：主视觉丰富了可视化布局的视觉效果，提供了更好的用户体验。一个清晰、有趣且引人入胜的主视觉可以吸引用户，让用户愿意停留并探索更多内容。

5）激发情感反应：主视觉设计也可以用来激发视觉感官，引发情感反应。这些情感反应有助于加强信息的传达，提高用户对品牌、产品或服务的认知和记忆。

3. 高级主视觉

"高级主视觉"是一个相对主观的概念，常常被用来描述那些在视觉设计中表现出特别高超技艺，传达出强烈且有独特视觉效果的主视觉元素。高级主视觉设计往往体现在以下几方面：

1）创新性：高级主视觉设计不仅遵循视觉艺术的基本原则，还能通过独特和创新的方式传达信息，引起强烈的视觉冲击。

2）深度：高级主视觉设计能够在多次观察和思考后，揭示出其深层次的含义。这种设计不仅吸引眼球，同时也能引发深度思考。

3）技术精良：从技术角度来看，高级主视觉设计表现出超凡的技术精神，无论是在色彩运用、构图、形状变化还是在视觉元素的协调等方面。

4）情感触发：优秀的高级主视觉设计能够触发用户的情感反馈，激发他们的共鸣或者情绪反应。这可以通过视觉元素，如颜色、线条、图形等，创建的气氛和情感效果实现。

高级主视觉设计不仅能够在视觉上吸引用户的注意力，同时也能够在更深的层次上与用户产生共鸣。这需要设计师具备出色的艺术塑造感、对人类情感的深厚理解，以及精湛的技术实践能力。

任务 1　制作主视觉背景

任务描述

本任务介绍主视觉背景的制作以地图组件为例，主要包括：①主视觉背景地图样式设计介绍；②对地图模板样式的套用；③基本属性、基础配置、地图样式、交互配置等基本概念。任务导图如图 6-2 所示。

项目6 制作高级主视觉

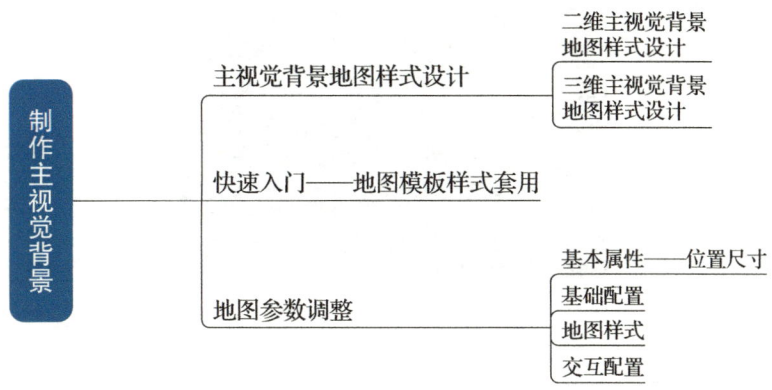

图6-2 制作主视觉背景任务导图

任务实施

1. 主视觉背景地图样式设计

（1）二维主视觉背景地图样式设计

二维主视觉背景地图样式设计是一种在视觉传达上提供背景和上下文的重要设计，它将空间定位和空间数据呈现在一个易理解且吸引人的视觉形式中。二维主视觉背景地图样式设计常被用于各种环境，包括商业报告、数据可视化、交互式设计、应用程序界面以及印刷媒体。

设计过程通常包括以下步骤：

1）确定目的：明确设计的目的和期待的结果，帮助设计师选择最合适的地图类型（例如点分布图、等值线地图、热图等）。

2）数据采集和处理：根据需求收集和处理地理数据，可能包括定位、地形、人口密度、交通状况等多种数据。

3）设计策略：根据数据的类型和目的选择适当的视觉表现形式，包括颜色、形状、大小、透明度等。设计师需要考虑如何巧妙地使用这些元素以提供清晰、有效的视觉引导。

4）实现和优化：使用专业的地图设计软件（如ArcGIS、Adobe Illustrator等）将数据视觉化后导入EasyV平台。设计师在这个过程中可能需要关注细节，并进行反复试验和优化，以达到最佳的视觉效果。

5）导览和交互设计：完成导览和交互设计后，用户可以通过旋转、缩放和平移等操作，更深入地探索和理解地图信息。

二维主视觉背景地图样式设计能赋予用户在空间层面的理解，丰富视觉体验，从而提高信息传递的效率和效果，如图6-3所示。

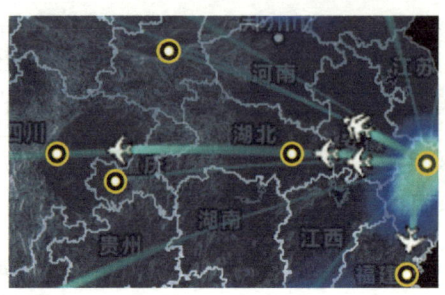

图 6-3　二维地图样式

（2）三维主视觉背景地图样式设计

三维主视觉背景地图样式设计是一种让用户在更直观、立体的视角下理解和感知空间信息的设计方法。三维地图样式在表达更复杂的地理概念（如大小、形状、位置、方向、临近性等）上有着比二维图表更高的准确性和生动性，尤其在描绘地形、建筑等立体对象时更是如此。

设计过程通常包含以下步骤：

1）明确目标：清晰地理解设计的目标和期望的输出。是为了展示复杂的地形信息，还是为了表达城市结构或地标建筑？

2）收集并处理数据：根据项目需求，收集和处理空间数据，包括高程数据、建筑模型、人口数据等。

3）设计和执行策略：确定色彩、纹理、光影以及透视等方面的设计策略。对于三维地图，可以利用高度、体积、阴影等元素更直观地表现信息。

4）制图和优化：使用专业的 GIS 和 3D 建模软件（如 ArcGIS Pro、3D Studio Max、Blender 等）来执行设计并进行渲染，然后导入 EasyV 平台。根据效果进行修正和优化。

5）导览和交互设计：根据具体需求，可能需要设计导览系统和交互机制，使用户可以通过旋转、缩放和平移等操作，更深入地探索和理解地图信息。

三维主视觉背景地图样式设计使得地图更生动、立体和真实，让用户能以一种更接近现实的方式理解和解读空间信息，从而丰富数据的表现形式，增强用户体验，三维地图设计如图 6-4 所示，3D 地球设计如图 6-5 所示。

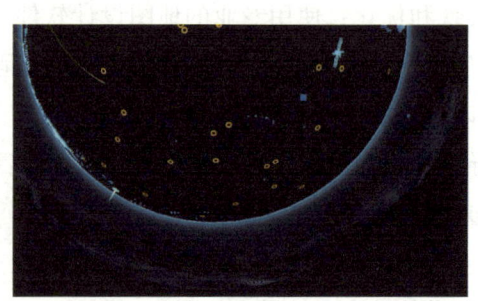

图 6-4　三维地图设计　　　　图 6-5　3D 地球设计

2. 快速入门——地图模板样式套用

创建项目之后，地图组件的选择就成了布局和设计过程的关键一步。如图6-6所示，通过"组件"—"地图"导入基础平面地图，有多种地图组件选项供用户根据需求和项目类型进行选择。

每一个地图组件都有着各自独特的展示和交互功能。例如，一些组件可能更专注于地理位置的展示，使用户能够在地图上直观地看到相关位置信息；另一些组件可能适用于展示复杂的空间数据，如人口密度、气候变化等。地图组件编辑界面如图6-7所示。

> **说明：**
> 套用组件模板可快速创建复杂的地图组件，在已有模板上进行修改即可。

> **说明：**
> 除了套用模板之外，也可以进入工作台，创建空白应用，从零开始搭建可视化大屏。

> **说明：**
> 需要先登录EasyV账号（有免费试用账号），才可进入工作台编辑。

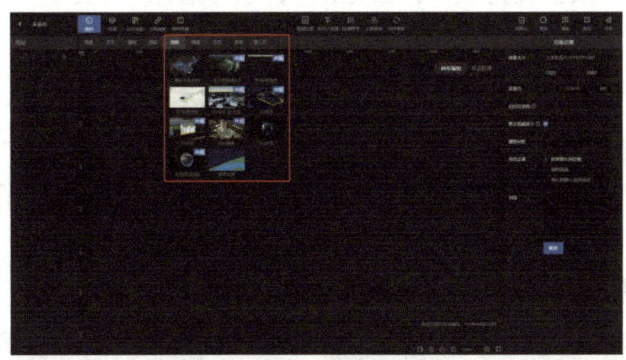

图6-6　地图组件模板选择

图6-7　地图组件编辑界面

3. 地图参数调整

（1）基本属性——位置尺寸

位置包括组件的横坐标和纵坐标，单位为px；横坐标为组件左上角距离页面左边界的像素距离，纵坐标为组件左上角距离页面上边界的像素距离，如图6-8所示。

尺寸包括组件的宽度和高度，单位为px（见图6-8）。

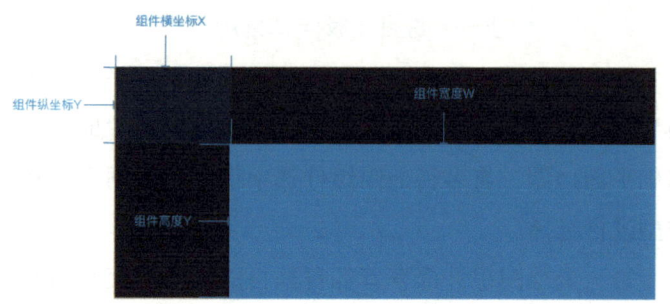

图 6-8　位置尺寸

（2）基础配置（见图 6-9）

数据来源：支持选择使用"系统默认"的预置标准行政区域（最小支持显示区县范围），也可选择"自定义"上传对应 Geojson 数据，可支持进行下钻、上卷操作（通过上传地图压缩包 .zip 文件并使用 adcode 进行关联）。

默认位置：可通过调整经纬度确定地图中心，支持开启无级缩放和调整缩放级别。开启无级缩放后，缩放级别可精确到小数。

（3）地图样式（见图 6-10）

> 说明：
> 系统默认对全球范围数据进行预置，也可根据自定义上传 Geojson 数据展示地图数据。

> 说明：
> 控制组件在页面中隐藏，在预览和发布页面中不显示该组件，通常配合交互事件使用该配置项。

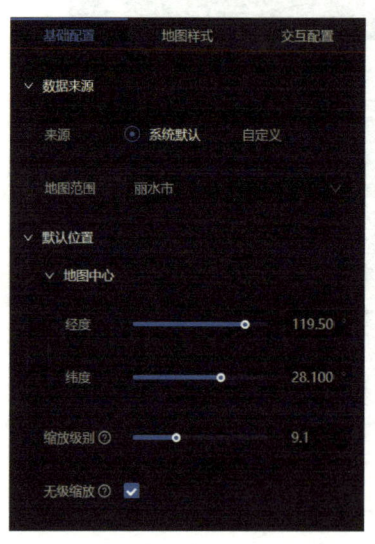

图 6-9　基础配置

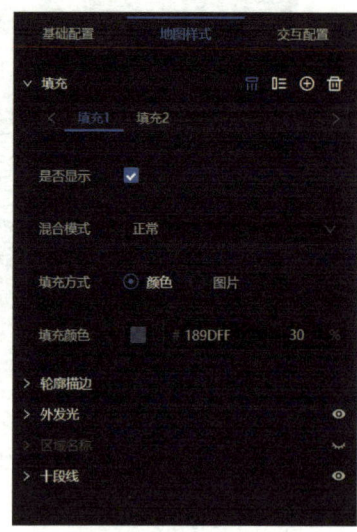

图 6-10　地图样式

填充：支持多层样式填充和混合模式调节，填充方式为颜色或图片。

轮廓描边：可调节轮廓基本样式，支持多种转角类型和虚线类型。

外发光：支持开启并设定外发光效果。

区域名称：支持选择开启区域名称，可调节相关字体、字号及颜色。

十段线：使用全国范围地图时，务必开启十段线子组件。

（4）交互配置（见图6-11）

拖拽：开启支持地图拖拽。

缩放：支持地图缩放范围最大值、最小值控制，以及缩放控件配置。

悬停：当鼠标悬停坐标区域时，可调整区域填充、轮廓、名称等样式配置。

双击下钻：开启支持双击下钻，可自定义调节按钮配置、文字配置。（可选择是否开启"双击空白返回"）

单击聚焦：开启支持单击聚焦，可调节留白区域大小。

> 说明：
> 自定义事件为交互事件的增强模块，支持通过数据驱动组件状态，或变更组件样式配置，也可自定义编辑复杂的条件逻辑。

图6-11 交互配置

任务2　制作动态视觉

任务描述

本任务基于EasyV平台，根据大屏设计稿搭建地图组件的动态视觉。因动态视觉是由多个子组件的配置与调试组成，故本任务主要介绍子组件的功能以及应用场景。任务导

制作动态视觉

图如图6-12所示。本任务展示效果图如图6-3所示。

制作动态视觉有以下几个主要作用。

1）吸引注意力：相对于静态图像，动态视觉更有可能吸引用户注意力。人们的视觉容易被运动、变化的视觉元素所吸引，因此，使用动态视觉有助于在短时间内抓住用户的注意力。

2）提高理解性：动态视觉以连贯动画的方式来表示复杂的概念或过程，可以帮助用户更好地理解和记忆。例如，在数据可视化中，动态视觉可以清晰地描绘数据的变化趋势。

3）增加互动性：制作动态视觉可以提供高度的互动体验。用户可以通过控制动画的播放、暂停、快进、倒退等，来了解和探索信息，提高用户参与度。

4）融入故事性：运用动态视觉的方法，可以在视觉元素中添加时间维度以展现一个具有高度故事性的场景。动态视觉能够更好地展示事物的发展过程、起因和结果，从而营造出丰富而引人入胜的叙述。

总的来说，制作动态视觉可以丰富视听体验，提升用户参与度，并提供更连贯、直观的故事叙述方式，从而增加效果和吸引力。

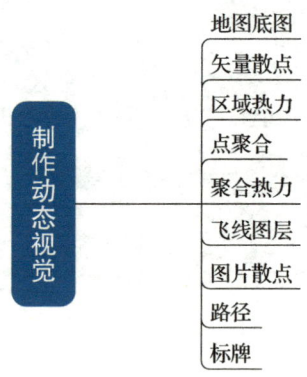

图6-12 制作动态视觉任务导图

任务实施

1. 地图底图

建立与主题内容适配的基础底图。新建地图底图如图6-13所示，其基础配置如图6-14所示。

> 🔍 说明：
> 创建地图后选中地图才能开始对子组件进行配置。

层级：层级越高，图层被渲染在越上层。

底图类型：支持 mapbox 和 XZY 格式的地图服务。

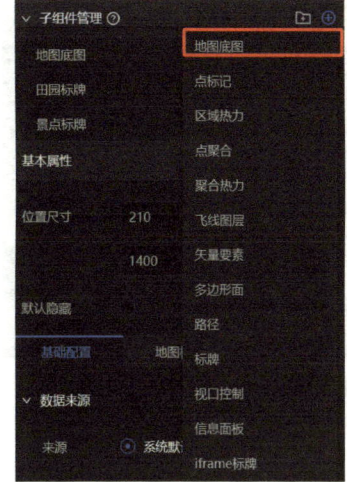

图 6-13 新建地图底图

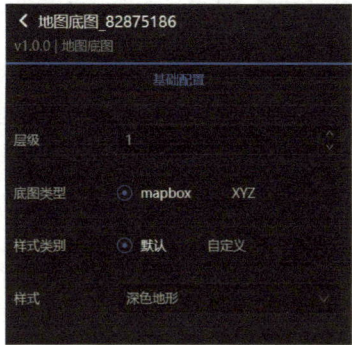

图 6-14 地图底图基础配置

📝 **笔记：**

为什么层级高的图层被渲染在越上层？

层级代表图层的层次，在渲染的时候优先考虑层级高的图层，会覆盖已有图层。

🔍 **说明：**

底图设置需根据不同需求修改。

2. 矢量散点

矢量散点主要用于做点位分布密度的标识，如图 6-15 所示。

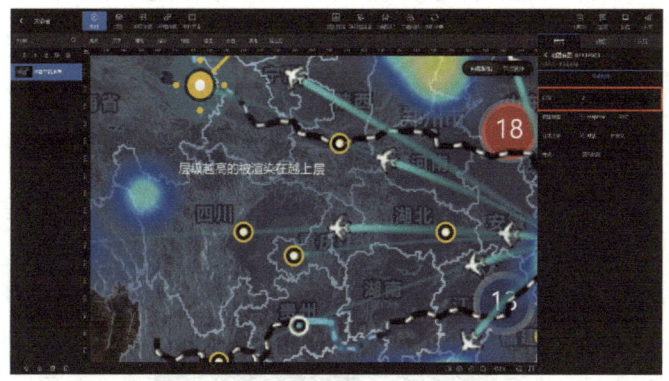

图 6-15 矢量散点

（1）散点配置（见图 6-16）

类型：类型名与数据源内"type"字段值对应。

矢量类型：可选择图形样式。

半径类型：可选择固定半径或通过数据"value"映射。

颜色模式：选择不同映射模式，配置散点颜色类型。不映射时固定颜色；连续映射根据固定的渐变色自动配置；分段映射根据数值区间配置不同颜色。

⚠️ **注意**

分段映射中的数据区间默认左闭右开，如 [0,30)、[30,60)。

📝 **笔记：**

数据为什么是这样的格式？

这是仿照 JSON 的数据格式，经过 EasyV 平台的简化处理后能够更容易被平台识别。

🔍 **说明：**

需要设置每个散点来表示数据。这个设置依赖于具体的工具，但通常会包括为每个点设置颜色、大小和形状等。这些变量可以用来表示数据集中的其他变量，例如不同的类别或测量值。

🔍 **说明：**

为了让用户能够更好地理解和解读散点图，可能需要设置一些交互功能。例如，可以让用户在鼠标悬停时显示更多关于散点的信息，或者让用户能够单击或者触摸某个点，以获取更多的信息，可以用自定义事件去进行编辑。

🔍 **说明：**

在创建热力图时，通常需要设置几个关键参数。其中之一是"半径"或"邻域大小"，这个参数决定了在计算单个点周围热度时要考虑的区域大小。另一个重要参数是"颜色渐变"，表示从较低值（通常用冷色调表示，如蓝色或绿色）到较高值（通常用暖色调表示，如红色或黄色）的变化。

（2）数据示例

散点静态数据格式示例如图 6-17 所示。

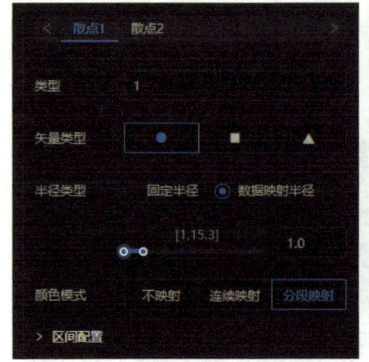

图 6-16 散点配置

图 6-17 散点静态数据格式示例

lng：经度；

lat：纬度；

type：散点类型；

value：数值大小。

3. 区域热力

区域热力主要用于标识不同区域的数据量大小。

（1）基础配置（见图 6-18）

图 6-18 区域热力基础配置

层级：层级越高，图层被渲染在越上层。

可见级别：图层的可见级别范围，当地图的缩放级别大于（或小于）这个范围，图层不可见。

地图数据：支持自定义上传热力区对应的 Geojson 数据，通过 adcode 捕捉区块。

（2）样式配置（见图 6-19）

描边：支持对地图描边的颜色和粗细进行修改。

颜色模式：选择不同映射模式，配置散点颜色类型。无数据时配置一个默认颜色。

> 💡 **说明：**
> 连续映射根据固定的渐变色自动配置；分段映射根据数值区间配置不同颜色。

（3）数据示例（见图 6-20）

区域热力静态数据格式示例如图 6-20 所示。

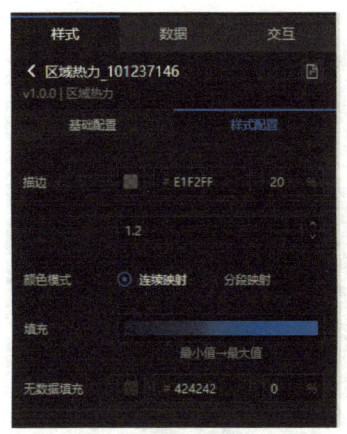

图 6-19 区域热力样式配置

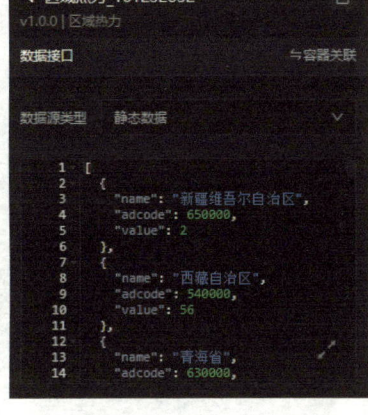

图 6-20 区域热力静态数据格式示例

adcode：行政区域编码；

name：行政区域名称；

value：数值大小。

4. 点聚合

聚合点是一种数据可视化手法，主要用在地理信息系统（GIS）和其他地理空间数据中。它采用了"聚合"的方法，在特定的地理范围（例如一个特定的网格或区域）内将多个观测点（或观测值）整合为单一的数据点。

（1）基础配置（见图 6-21）

层级：层级越高，图层被渲染在越上层。

可见级别：图层的可见级别范围，当地图的缩放级别大于（或小于）这个范围，图层不可见。

最大聚合等级：最大聚合等级与地图缩放级别对应。当地图发生缩放时，聚合等级会对应改变；当可见级别大于最

> 💡 **说明：**
> 对选择的数据应用聚合方法，并在应用后根据效果进行调整。聚合的结果应该更好地揭示数据的模式和趋势。

大聚合等级时，点位不再发生聚合。

聚合程度：决定聚合的范围，在范围内的点位会进行聚合。

（2）数据配置（见图6-22）

散点类型：可选择散点的样式。矢量图形支持对半径、填充颜色、描边效果进行配置；自定义图片支持对图片样式、尺寸、透明度进行配置。

类型：类型名与数据源内"type"字段值对应。

名称配置：支持对文本样式、偏移进行设置。

（3）聚合样式（见图6-23）

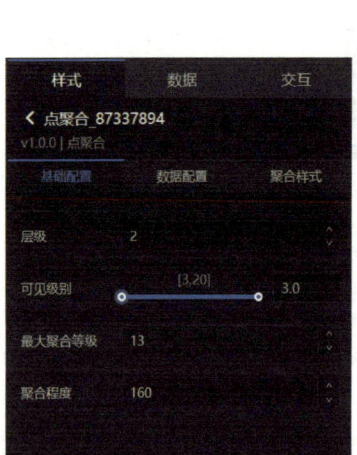
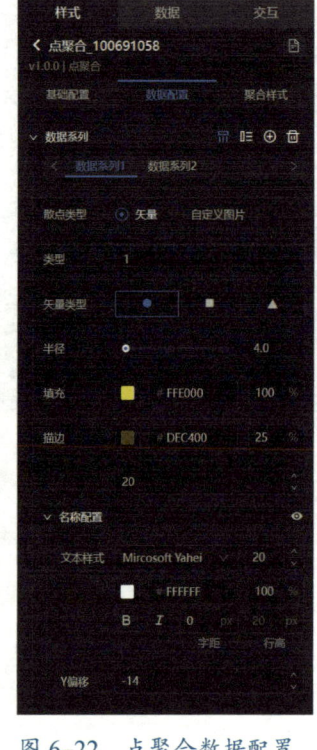
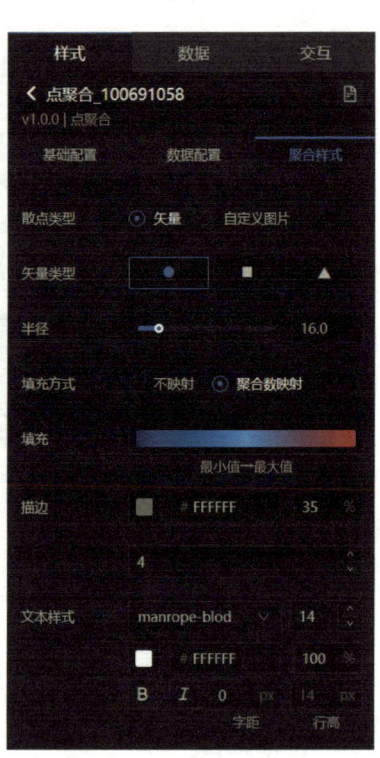

图6-21 点聚合基础配置　　图6-22 点聚合数据配置　　图6-23 点聚合聚合样式

散点类型：可选择散点的样式。矢量图形支持对样式、半径进行配置。自定义图片支持对图片样式、尺寸、透明度进行配置。

填充方式：选择不同映射模式，配置散点颜色类型。不映射则配置固定颜色；聚合数映射则根据最小到最大的渐变范围内映射颜色。

描边：支持修改聚合散点的描边颜色和粗细。

文本样式：支持修改散点的文本样式。

5. 聚合热力

聚合热力主要用于标识不同区域的数据量大小。其作用与聚合点、区域热力相似，可以结合二者的特点。

（1）基础配置（见图6-24）

层级：层级越高，图层被渲染在越上层。

可见级别：图层的可见级别范围，当地图的缩放级别大于（或小于）这个范围，图层不可见。

（2）样式配置（见图6-25）

可通过调节半径、模糊因子来调整热力聚合样式，同时支持数据范围来控制数据聚合区的填充。根据真实地理经纬度进行数据驱动。

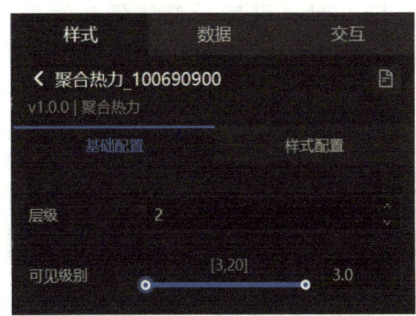
图6-24 聚合热力基础配置

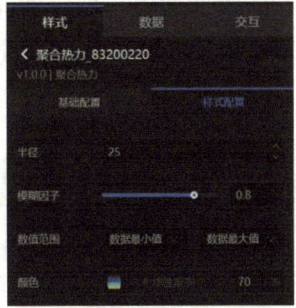
图6-25 聚合热力样式配置

6. 飞线图层

飞线图层主要用于标识展示两地间数据往来、交互。

（1）基础配置（见图6-26）

层级：层级越高，图层被渲染在越上层。

可见级别：图层的可见级别范围，当地图的缩放级别大于（或小于）这个范围，图层不可见。

（2）动画配置（见图6-27）

> **说明：**
> 支持定义飞线飞行效果。根据真实地理经纬度和显示层级进行数据驱动。

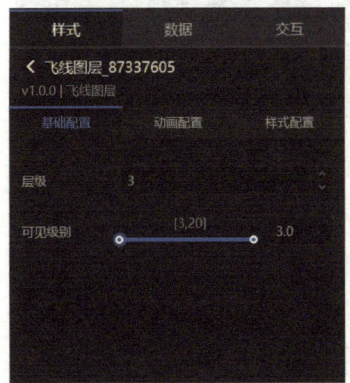
图6-26 飞线图层基础配置

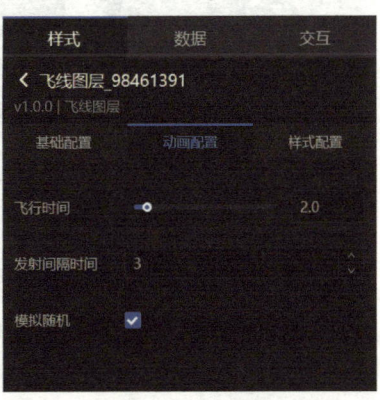
图6-27 飞线图层动画配置

飞行时间：载入动画持续时间，数值越大，速度越慢。

发射间隔时间：动画间隔时间。

模拟随机：勾选可随机进行飞线发射。

（3）样式配置（见图6-28）

飞线样式：支持定义飞线长度、弧度、颜色。

头部图片：飞线的展示图片，可以调节尺寸和自动旋转。

发光：实现飞线的发光效果。

底线样式：支持定义底线的粗细、颜色。

落地效果：即飞线至目标点时，可显示着陆晕开效果，可自定义颜色、涟漪层次及消失时间。

7. 图片散点

根据图6-29，可以将散点图片和类型进行更换。

> 🔍 说明：
> 通过上传自定义散点图片来确定散点样式，根据"type"字段值对应。

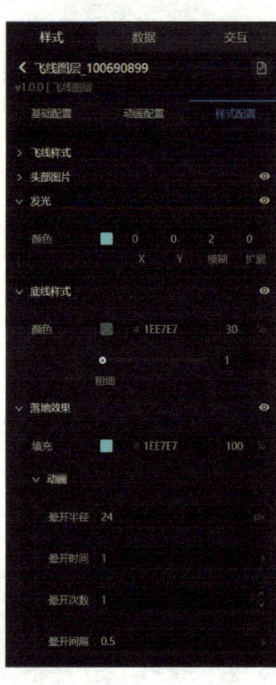

图6-28 飞线图层样式配置

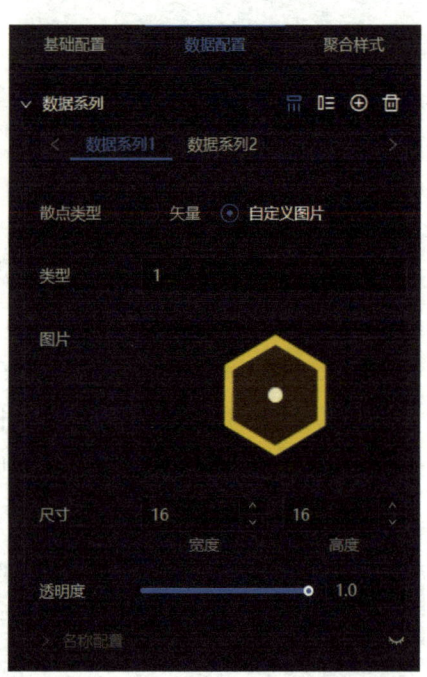

图6-29 图片散点数据配置

8. 路径

路径主要用于展示地图路径流动。

（1）样式配置（见图6-30）

底线样式：可调节底线类型和颜色。

流动效果：支持多种流动效果（图片跟踪动画、流光动画、蚂蚁线动画）及相应动画配置。

（2）数据示例

各类图层数据配置中的数据格式示例如图6-31所示。

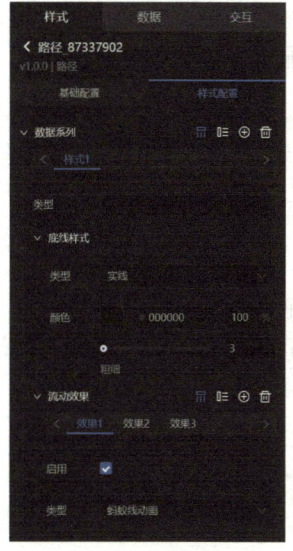

图6-30 路径样式配置

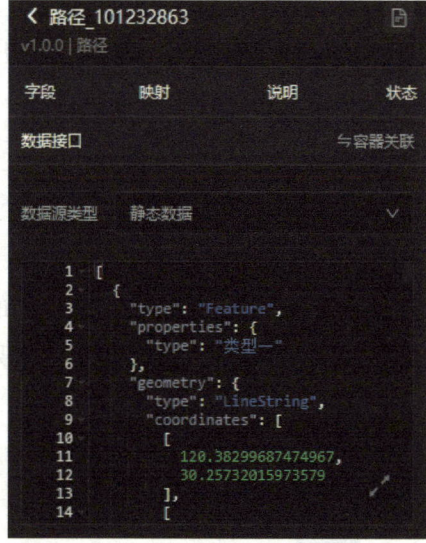

图6-31 路径静态数据格式示例

9. 标牌

标牌主要用于提示各区域标牌/数据信息。样式配置如图6-32所示。

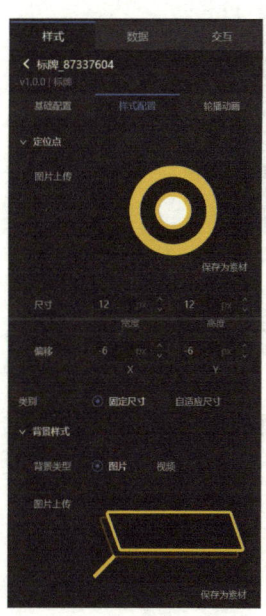

a)

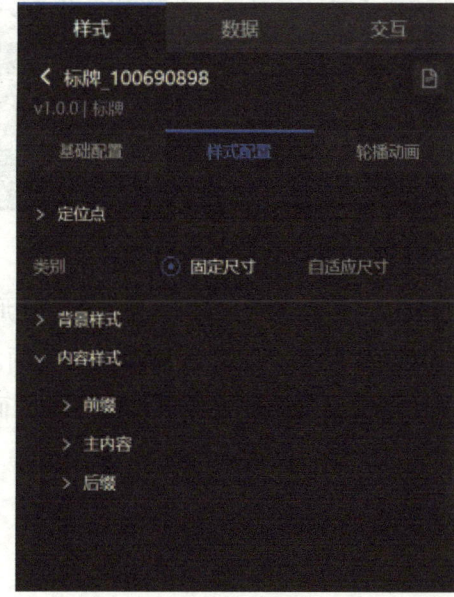

b)

图6-32 标牌样式配置

> 🔍 **说明：**
> 标牌开启轮播动画后，可配置当前轮播点位的自定义样式、轮播动画间隔以及鼠标交互方式。

定位点：可自定义上传标牌图片，支持尺寸、偏移调节。

类别：标牌支持选择固定尺寸或自适应尺寸。

背景样式：根据不同标牌类别，可调整相应背景样式。其中，固定尺寸可支持上传自定义图片，可通过基准点调节标牌背景与定位点的位置关系。

内容样式：可配置标牌内容样式，包含前缀、主内容、后缀配置。

任务 3　制作 3D 视觉

任务描述

完成 2D 主视觉的地图搭建后，本任务将介绍关于 3D 地图的搭建使用，以及配置子组件和各类交互样式。任务导图如图 6-33 所示。本任务展示效果图如图 6-34 所示。

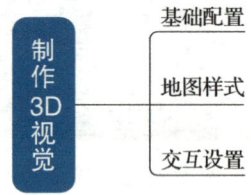

图 6-33　制作 3D 视觉任务导图

图 6-34　3D 地图样式效果图

在创建 3D 视觉地图的过程中，需要特别关注数据构建、地形和地貌的建模、颜色和纹理的选择、光线和阴影的处理，以及交互方式的设计等方面。虽然 3D 视觉地图的创建过程相对复杂，但是其在呈现精确度、视觉体验和交互性方面的优势，使得它应用在许多场景中。

任务实施

1. 基础配置

基础配置界面如图 6-35 所示。

项目6 制作高级主视觉

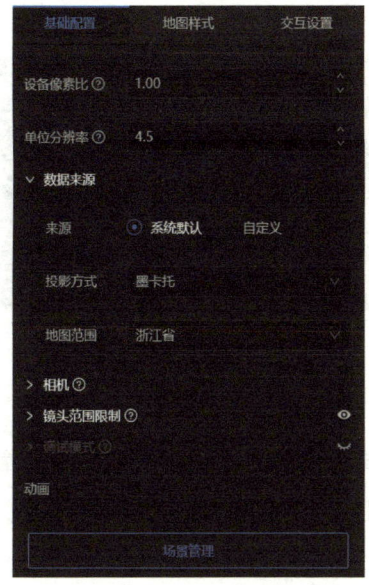

图6-35 基础配置

> 🔍 **说明：**
> 在大屏上显示时，一般只要设置设备像素比为"1.00"就够用了；但在开发阶段使用Mac笔记本计算机时可能会发现画面比较模糊，可以临时调高这个配置项，在开发阶段结束时改回"1.00"，以节约性能。或者在画面明显掉帧时，适当调低这个配置项，以缓解性能压力。

设备像素比和相机

（1）设备像素比

改变设备像素比会影响显示画面的清晰程度，并且极大地影响性能。

数值越大，渲染的像素越多，一般画面越清晰，但消耗更多性能；数值越小，渲染的像素越少，画面越模糊，消耗的性能更少。而数值超过显示器需要的设备像素比时，虽然渲染的像素更多了，但肉眼无法分辨出来，就会浪费性能。

当显示器的像素密度较高时，较低的设备像素比会让画面变得模糊、不清晰。一般来说，Mac笔记本计算机需要的设备像素比大于1；Windows台式计算机的显示器需要的设备像素比是1；大屏使用的显示器需要的设备像素比是1（甚至低于1）。

数值1表示，组件设置的尺寸与实际3D画面渲染的尺寸是1比1的关系，就是完全一致，这是最常用的设置。此时消耗1个倍数性能，也就是正常的性能消耗。

数值2表示，实际3D画面渲染的尺寸是组件设置的尺寸的两倍，如组件上设置的宽高是1920×1080，则这样实际渲染的尺寸是3840×2160（4K分辨率）。理论上的性能消耗大约是设备像素比为1时的4倍（实际上性能还受很多因素的影响）。

177

📝 **笔记：**

相机的原理是什么？

观察真实世界会发现一种现象，就是同一个物体离得近的时候看着大，离得远的时候看着就变小了，这种现象叫做透视。为了在计算机中模拟透视现象，需要把场景中的物体在渲染时进行透视投影。

（2）相机（见图 6-36）

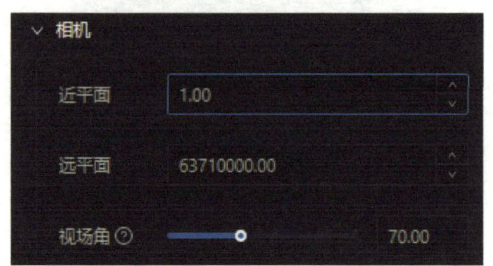

图 6-36　相机设置

1）近平面

近平面是指场景中的物体能渲染出来的最小距离。如果物体与相机的距离小于这个距离，则不可见；如果物体的某一部分小于这个距离，则这个物体会被裁剪。

减小近平面可以更加贴近物体来查看细节；增大近平面，靠近物体则更容易被裁剪掉而不可见。较大的值有利于提高深度值的精度，避免深度冲突（多个重叠或者位置相近的物体出现闪烁、抖动的现象）。

一般城市级场景 3D 单位是米，所以可以设置近平面为"1.00"，意思是距离相机小于 1 米的物体将会被裁剪掉而不可见。城市级场景一般不需要贴近 1 米之内来查看物体。而如果是园区场景、室内场景（如一个工厂），可以设置这个配置项为 0.1，意思是小于 0.1 米的物体被裁剪掉。

2）远平面

远平面是指场景中的物体能被渲染出来的最大距离，如果物体与相机的距离大于这个距离，则不可见；如果物体的某一个部分大于这个距离，则这个物体会被裁剪。

增大远平面可以看到更远的物体；减小远平面，远处的物体更容易被裁剪掉。较小的值有利于提高深度值的精度，避免深度冲突。如果发现远处的物体被裁剪掉了，可以适当增大远平面，以让物体完全显示，但也不能过大，否则容易产生深度冲突。

一般城市级场景设置远平面为 1000 到 10000，意思是城市最远可以看到几千米远的地方；园区场景、室内场景可以设置为 1000 以内。如果场景中有远景，则根据情况设置 10

万以内的数值，一般不需要设置大于10万的数值。

3）视场角

视场角是指控制相机的视野范围。数值越大，相机可视的范围越宽广，画面中渲染的场景范围也越广；数值越小，相机可视的范围越狭窄，画面中渲染的场景范围也越窄。其他的专业软件中一般叫作Fov。

视场角的数值是一个0~180的角度值（角度制），一般小范围场景设置为45~60，城市级场景设置为60~80。数值越大，虽然画面变广，但是画面中的四个角容易变形，数值越大变形越严重（设置180的时候整个画面都是扭曲的）。因此，视场角的数值一般不要超过90。

（3）镜头范围限制（见图6-37）

开启"镜头范围限制"可以对镜头的可活动范围进行限制，防止视角到了某个奇怪的角落，而看到穿帮的画面（比如穿到地底，移动到看不到场景物体的地方而找不到回家的路了）。

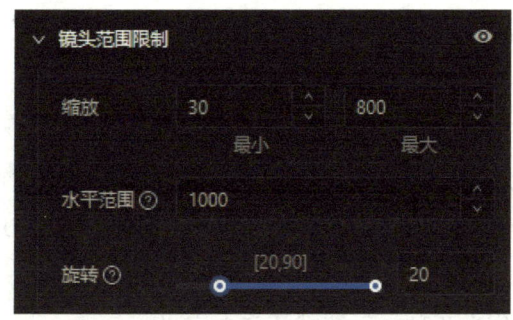

图6-37 镜头范围限制

1）缩放

缩放"最小"的输入框设置镜头最近能拉多近，防止过度地靠近地面；"最大"的输入框设置镜头最远可以拉多远，防止过度地远离场景主体。

这个配置项是世界单位下的数值，并且其最小值不能大于最大值。

如图6-38所示，设置最小值为30，最大值为800，意思是镜头可以在离地面30米和800米之间的范围活动（假设场景中使用了米为单位，且地面位于世界原点所在的平

🔍 **说明：**

鼠标滚轮可实现镜头的拉近和拉远，这个"缩放"可以限制镜头拉近拉远的幅度。

⚠️ **注意：**

最小和最大的意义完全不同，对镜头影响很大，注意分辨并谨慎修改。

面上）。

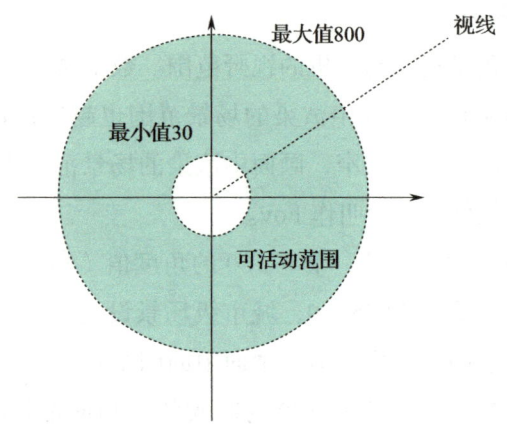

图6-38 缩放设置示例

2）水平范围

按住鼠标左键可以在与视线垂直的平面上平移镜头，水平范围可以限制镜头平移的范围，防止镜头拉到一个离场景主体太远的地方，或者移动到某些可以看出穿帮的地方。

如图6-39所示，"水平范围1000"设置了一个围绕世界原点为中心点的正方形的边长，镜头可以在这个正方形之内正常平移，超出这个正方形则被限制活动。

（4）数据来源（见图6-40）

设置地图的Geojson数据，并且设置主地图。可支持使用EasyV官方提供的数据，也可以上传数据包实现自定义数据。

来源分为两种：系统默认和自定义。

🔍 说明：

　　水平范围配置项是世界单位下的数值。

🔍 说明：

　　设置地理坐标的投影方式，包括WGS84和墨卡托两种。

　　通常投影方式的改变只会影响地图区域的形状，如"墨卡托一般比WGS84更方"，不会直接影响经纬度点位的配准。但如果发现卫星图与地图块没有对上，则可能是和投影方式不正确有关。

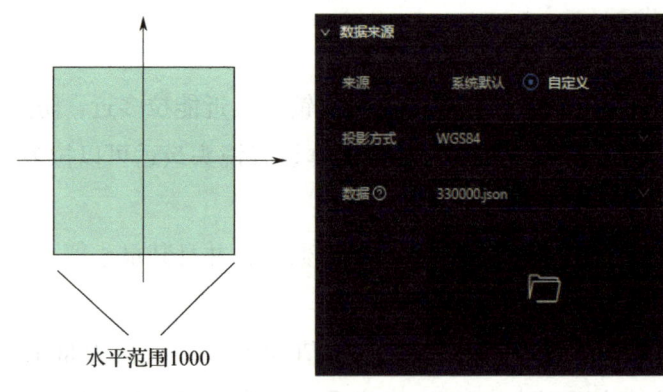

图6-39 水平范围设置示例　　图6-40 数据来源

（5）单位分辨率

单位分辨率是为了确定物体属性的 UI 元素的世界尺寸。例如 3D 地图的区域名称的文字大小，在使用字号确定的 3D 文字的情况下，需要一个表示解析度的系数。

从原理上说，它规定了世界坐标系的一个世界单位对应的像素的个数。一般来说，UI 如果是平面的，例如始终面向相机的 UI，它不会随着镜头远近而缩放，也不会随着观察角度变化而旋转，那就直接渲染到屏幕中即可。但如果想要把 UI 当成 3D 物体，放到 3D 场景中，随着镜头的缩放而缩放，随着观察角度变化而旋转，就需要确定这 UI 在 3D 世界中的大小。而确定 3D 世界的大小必须使用世界坐标系，才能通过渲染流程最终栅格化成像素。

如图 6-41 所示，假如当前单位分辨率是 4，需要显示的图片的宽高都是 8 像素，经过计算后这张图片在 3D 场景中的尺寸就是 2。

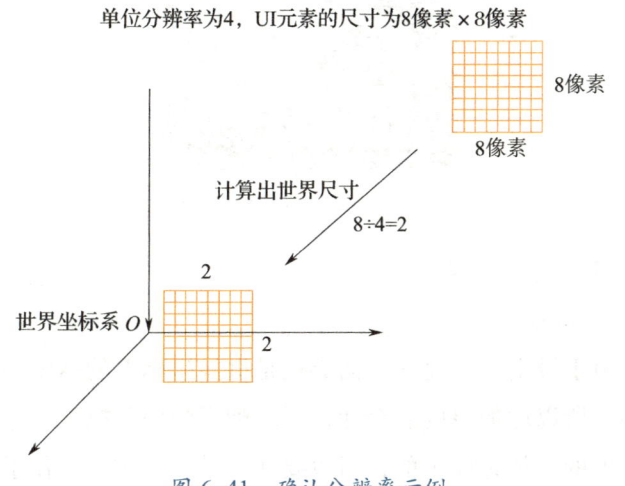

图 6-41　确认分辨率示例

单位分辨率也不能随意提升，因为更高的分辨率会对性能造成更大的压力，所以一定是"够用就行"。一般场景在设计搭建时都会考虑一个最近的观察距离，因为无限近的观察距离没有意义（无限近就变成显微镜了）。在最近的观察距离下，看所有的物体都是足够清晰（或者能勉强满足对清晰度的需求）的。确定了最近的观察距离，就可以尝试在这个距离下观察世界场景的 UI 是否足够清晰，如果模糊就增

单位分辨率

🔍 说明：
3D 场景中尺寸为 2 的图片最终渲染出来到底有多大？这个和相机距离图片的远近有关。按照透视原理，近大远小，离得近了图片自然大，离得远了图片自然小。离得近了，图片大了，就会变模糊，甚至变成马赛克，就需要更多的像素才能更清晰，所以需要提高单位分辨率。

🔍 说明：
单位分辨率是调整在一定的观察距离下，3D 文字的清晰程度，数值越大，越清晰。

加，直到清晰为止；如果已经清晰了，可以尝试适当减小再查看是否清晰，尽可能减小这个数值来节约性能。

2. 地图样式

地图样式界面如图 6-42 所示。

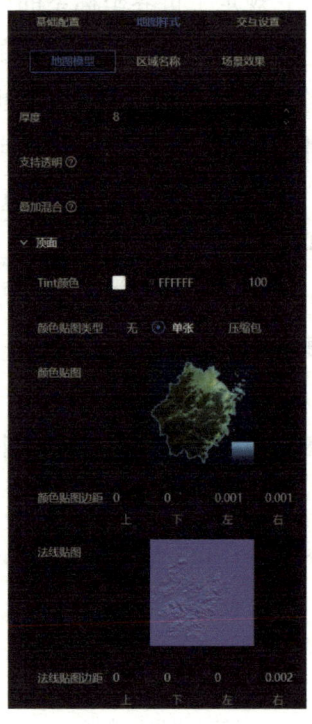

图 6-42　地图样式

（1）地图模型

1）厚度

由于设定上，地图表面必然是世界坐标下的高度为 0 的平面，所以增加厚度后会让地图块朝下的部分拉长，也就是说厚度的增加是向下的，所以要注意是否有东西挡住了增加的部分。

2）支持透明

默认不支持透明效果。如果顶线、顶面、底线、侧面的配置项中有半透明元素（设置了有透明度的颜色，上传了半透明的图片作为贴图），则必须勾选"支持透明"才能看到半透明效果，否则可能显示异常。

3）叠加混合

叠加混合会影响地图块的混合模式，勾选后渲染时与背

地图模型

⚠ **注意：**

由于半透明渲染的理论原因，地图中开启半透明渲染很容易看到遮挡关系错乱的现象，所以通常建议不开启半透明，就是说不使用半透明元素。如果确实要使用，可以配置叠加混合，就是设置混合模式为叠加，可以消除遮挡关系的错误。（前提是能够接受这种渲染风格）

景色的混合模式为叠加，不勾选则混合模式为正常。

4）顶面

Tint 颜色一般用于调节顶面贴图的色相和亮度，或者用于纯色顶面。这个颜色将会和贴图颜色做乘法。如果没有贴图，则顶面表现为这个颜色本身；如果有贴图，则与贴图颜色做乘法，类似于做了正片叠加的效果，会与贴图颜色更好地融合在一起。

可以设置三种顶面颜色的类型。

无：使用纯色填充顶面，不使用颜色贴图。这时顶面的颜色完全取决于 Tint 颜色。

单张（见图 6-43a）：使用一张贴图填充顶面。如果需要下钻，则可能下钻到子级地图时顶面贴图不正确。

压缩包（见图 6-43b）：如果需要下钻到子级，并且每个子级都要有自己的一张贴图，则使用此项。

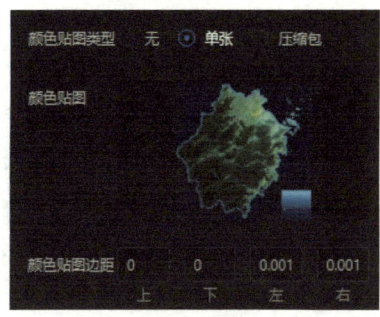 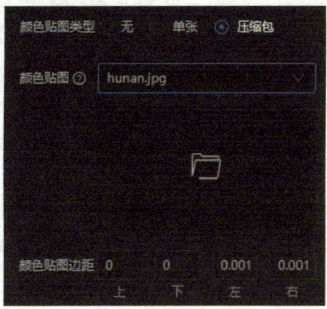

a）单张　　　　　　b）压缩包

图 6-43　贴图类型

法线贴图、顶线、侧面、底线同理。

（2）区域名称

区域名称就是地图上行政区划的名称，如图 6-44 所示。

图 6-44　区域名称

> 说明：
> 地图块表面就是顶面。

> 注意：
> 如果发现顶面贴图导入后表现的颜色与预期不符，可能与 Tint 颜色不是纯白色有关，也可能和灯光子组件的颜色、环境光的颜色有关。

> 注意：
> 如果不需要顶面贴图，想直接用纯色做顶面，则务必删除顶面贴图；如果需要顶面贴图，但不需要给顶面贴图调节色相和亮度，则必须把"Tint 颜色"设置成"纯白色（#FFFFFF）"，这就不会对顶面贴图有任何影响。

> 笔记：
> **什么是顶线、侧面、底线？**
> 顶线是一张地图下各个小区域的边界线的线条。
> 侧面是 3D 地图的侧边横截面，地图块的侧面可以设置成纯色或颜色贴图。
> 底线是位于地图块底部的线条。

区域名称

1）区域名称设置

区域名称设置如图 6-45 所示。如果要显示区域名称，首先勾选"启用"配置项。可以设置区域名称的"文本样式"以及是否勾选"始终面向镜头"，还可以对某个特定的区域名称进行一定的偏移。

2）始终面向镜头

勾选"始终面向镜头"表示区域名称会一直正对着镜头，不会随着镜头移动而旋转缩放，这是大部分 3D 场景中 UI 的显示方式。

不勾选"始终面向镜头"，表示区域名称是 3D 平面，会随着镜头移动而表现出和一般的 3D 物体一样的旋转缩放并且受到透视效果的影响而近大远小，如图 6-46 所示。

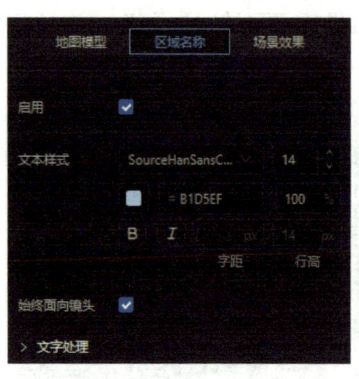

图 6-45　区域名称设置　　图 6-46　不始终面向镜头示例

区域名称大小的计算原理如下：字体大小决定了要用多少像素来渲染区域名称的一个字，例如设置字体大小为 50px，则表示渲染一个文字时，在水平方向和垂直方向都是 50 个像素；而单位分辨率决定了一定的世界大小内的渲染像素的个数，例如单位分辨率为 10，则表示 1 个世界单位内，渲染的 UI 在水平方向和垂直方向都是 10 像素。则因为区域名称显示为 3D 平面，它渲染时的大小取决于它在世界坐标系中的大小。于是得出最终渲染一个文字的世界单位是 50/10=5，这样就确定了一个文字在世界中的大小了。

结合上述原理可以推断出，字体大小越大，文字越大，文字也越清晰；单位分辨率越大，文字越小，文字也越清晰。

⚠ **注意：**

区域名称的大小取决于两个因素：文本样式中的字体大小和基础配置中的单位分辨率。

📝 **笔记：**

单位分辨率过大会怎么样？

单位分辨率过大，文字不仅显示得很清晰，还"清晰过头"。"清晰过头"会导致过多地渲染像素，造成性能浪费。不过因为无法观察到"清晰过头"，所以可能无法得知潜在的性能浪费的情况。所以在设置单位分辨率的时候一定要"够用就行"。

所以，如果觉得文字不够清晰，其实是观察距离下像素个数不够多，也就是分辨率不够高，就需要增大单位分辨率；如果觉得文字不够大，就直接增大字体大小，但可能引发文字变模糊，这时就需要增加单位分辨率。

3）文字处理（见图 6-47）

文字处理可对某个区域名称的文字进行偏移，可以规避一些文字重叠的问题，或者为了整体的美观做一个微调。可以添加任意多个项对多个区域名称进行处理。对于不同层级的文字，都罗列在此处即可，下钻到该层级时会自动生效。

（3）场景效果

场景效果可以提升画面效果，提高整体的表现力，也可以配置出不同的画面风格如科技风、写实风等。可调整的场景效果如图 6-48 所示。

> ⚠ **注意:**
> 进行文字处理时，会对每一项的文字内容进行匹配，如果在当前层级的区域名称中找到了和文字内容一致（必须完全一致，需要注意空白字符和特殊字符）的区域名称，则对该区域名称应用偏移。

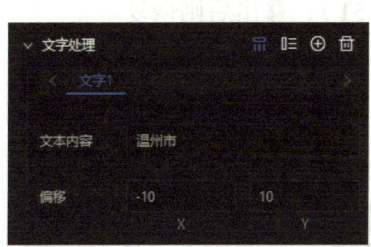

图 6-47 文字处理

图 6-48 场景效果

3. 交互设置

交互设置界面如图 6-49 所示，包括对镜头的控制，以及地图块在鼠标悬浮、鼠标单击和鼠标双击时的交互设置。如果要启用地图下钻功能，则必须开启"双击下钻"。"单击聚焦"启用后，可在单击地图块后发送回调和自定义事件。

1）拖拽：勾选"拖拽"会允许使用鼠标控制镜头的移动、旋转和缩放。不勾选此项则场景进入后使用默认视角，不能手动改变视角。

2）镜头灵敏度：感觉控制镜头的操作太快或太慢时，可以调节此项。

交互设置

3）悬停：启用此项则鼠标移入某个地图块后，该地图块会处于悬停状态。悬停状态的具体表现取决于抬升、高亮和悬停区域颜色的配置，可以自由搭配上述配置来设置悬停效果，如图 6-50 所示。

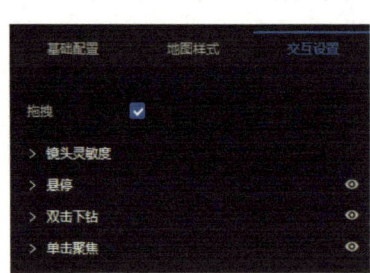

图 6-49　交互设置界面　　　图 6-50　悬停下拉菜单

① 抬升：勾选"抬升"配置项则鼠标移入某个地图块后，该地图块会凸起（见图 6-51）；移出后则恢复。

② 高亮：勾选"高亮"配置项则鼠标移入某个地图块后，该地图块的顶面会覆盖一层颜色，用来表现高亮（见图 6-52）；移出后则恢复。

图 6-51　抬升　　　　　　　图 6-52　高亮

任务 4　简单地图实现

任务描述

本任务讲解如何制作简单的地图，其中包括：①地图基本参数设置；②地图子组件添加；③交互功能的实现。任务导图如图 6-53 所示。本任务展示效果图如图 6-54 所示。

⚠ **注意：**

可以设置抬升高度配置项来调整抬升的高度，设置为 0 则不抬升。

🔍 **说明：**

顶面叠加：设置高亮时叠加到顶面的颜色。

顶线颜色：设置高亮时叠加到顶线的颜色。

上面两个配置项说明高亮时可以单独设置顶面和顶线的颜色，并且设置的颜色与顶面或顶线之前的颜色是使用透明度混合的方式来叠加的。

任务描述和地图基本参数设置

项目 6　制作高级主视觉

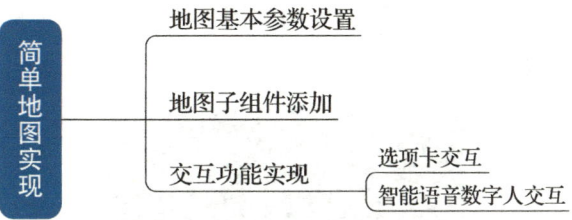

图 6-53　简单地图实现任务导图

图 6-54　简单地图样式展示效果图

1. 地图基本参数设置

如图 6-55 所示，在"地图"组件里面选中"基础平面地图"导入，删除原有的标牌、飞线图层以及聚合热力，在"基础配置"中将"地图范围"选择为"中华人民共和国—浙江省—丽水市"。

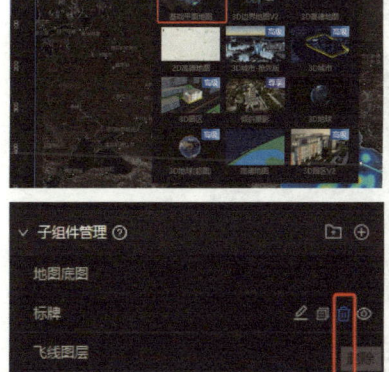 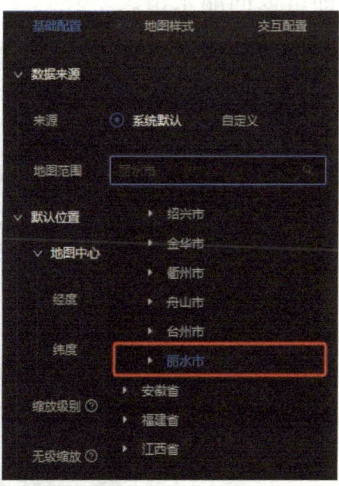

图 6-55　地图基础样式

⚠️ **注意：**
导入模板后如果想要自定义参数，最好先将地图模板自带的组件删除。

此时我们会发现地图所显示的范围很大，但选中的城市很小，且选中的城市并不在画面的正中心，因此需要调整其经纬度与缩放级别，操作界面如图 6-56 所示，位置调整完毕后效果如图 6-57 所示。

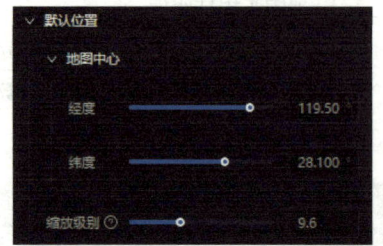

图 6-56　调整经纬度与缩放级别

> **说明：**
> 据查询可知，丽水市所在的经纬度最佳位置为经度 119.5°，纬度 28.1°。画布缩放比例需自行调整到合适位置，本项目采用 9.6 的缩放比例。

图 6-57　位置调整完毕后效果

以丽水市下钻到龙泉市为例，需要通过"双击下钻"功能实现。前往"交互配置"的"双击下钻"，勾选"双击空白返回"，调整下钻的留白参数（见图 6-58），双击后的龙泉市效果如图 6-59 所示。通过左上角的"返回上层"按钮即可返回丽水市。

图 6-58　下钻参数设置

> **说明：**
> 双击下钻可以将大范围地图下钻到更小的范围内，例如市下钻到县，同时需要调整留白使得画面更好看。

图 6-59 下钻后的效果

2. 地图子组件添加

在"子组件管理"中单击"加号"图标添加"标牌"子组件,单击"编辑"按钮,修改名称为"田园标牌",双击标牌子组件后,在"样式配置"里设置定位点尺寸,将"尺寸"修改为宽度 20px,高度 20px,"类别"修改为"自适应尺寸",并将"内容样式"的"前缀"加上"田园:",调整字体大小为"18"。标牌参数设置如图 6-60 所示。

地图子组件
添加

🔍 说明:

前缀是每个标牌都会附带的在内容前面的字,后缀则是在内容后面的字,所以前后缀的使用是适用于当前标牌子组件所有点的。

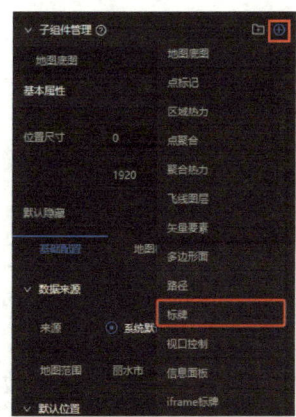

图 6-60 标牌参数设置

在标牌的"数据"栏修改数据,如图 6-61 所示。将静态数据修改为:

```
[
  {
    "lng": 119.5734,
    "lat": 28.11591,
    "title": "田园",
    "value": "云和县天清立体农业小微田园综合体"
  },
  {
    "lng": 120.09158,
    "lat": 28.65928,
    "title": "田园",
    "value": "缙云县黄龙农庄"
  },
  {
    "lng": 119.758746,
    "lat": 28.340554,
    "title": "田园",
    "value": "丽水市百兴蘑幻菇林小微田园综合体"
  },
  {
    "lng": 119.28728,
    "lat": 28.597044,
    "title": "田园",
    "value": "遂昌县乌溪江渔业小微田园综合体"
  }
]
```

说明:
在数据里面,"lng"和"lat"分别是经纬度,"value"是标牌显示的内容,而"title"是加的字段,用来识别是田园类型的,可加可不加。

同理,用"复制"操作生成一个"景点标牌",并将数据修改为:

```
[
  {
    "lng": 120.132571,
    "lat": 28.691502,
    "title": "景点",
    "value": "仙都景区"
  },
  {
    "lng": 119.29,
    "lat": 28.02,
    "title": "景点",
```

```
      "value": "云和梯田"
    },
    {
      "lng": 119.742988,
      "lat": 28.296184,
      "title": "景点",
      "value": "古堰画乡"
    }
]
```

最终效果如图 6-62 所示，将鼠标移动到标牌上时能够显示该地点的信息。

图 6-61　田园标牌静态数据修改

图 6-62　标牌效果图

选项卡交互

说明：
"默认"即用户打开页面该选项已经被选中，而"选中"则需要用户操作进行选中。

3. 交互功能实现

（1）选项卡交互

在"组件"→"交互"下选择"选项卡"，在"图层"下选择"选项卡"，选项卡的"样式"分为"默认"与"选中"两种，可以自定义其文字样式、偏移、阴影等。在"全局"中也可以设置"默认选中"选项卡的个数，网格布局以及文字的排版等。上述选项卡设置如图 6-63 所示。

⚠ **注意**：

"全局"会直接影响所有选项卡，不论"默认"还是"选中"选项卡。

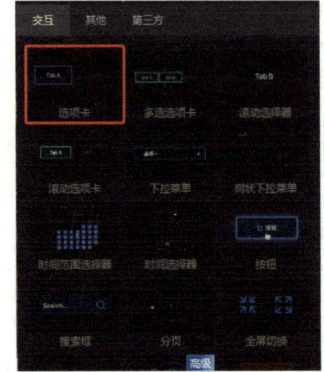
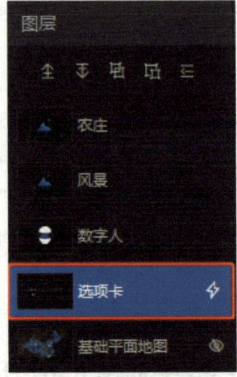
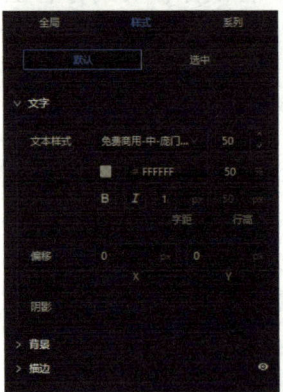
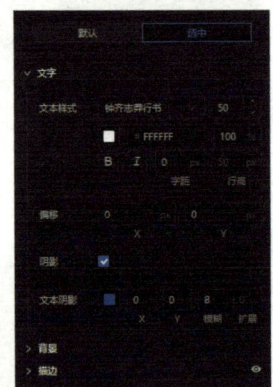
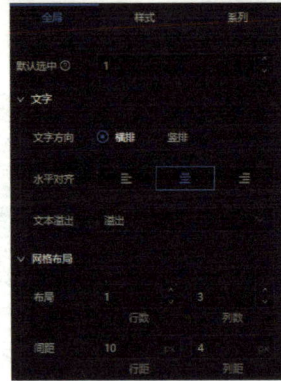

图 6-63　选项卡设置

在选项卡的"数据"栏修改数据，将静态数据修改为：

```
[
  {
    "s": "1",
    "content": "全部"
  },
  {
    "s": "2",
    "content": "田园"
```

```
        },
        {
            "s": "3",
            "content": "景点"
        }
]
```

> 说明：
> "s"代表选项卡的第几个选项，"content"则是选项卡的内容。

呈现效果如图 6-64 所示，将鼠标移动到标牌时能够显示该地点的信息。

图 6-64 选项卡呈现效果

上述操作仅仅是设计了选项卡的样式，选项卡本身没有任何的交互动作，接下来需要为选项卡设计交互，先设计自定义事件。单击"交互"栏，单击"自定义事件"，再单击"加号"图标，添加事件。在"事件1"的"事件类型"里，选择"鼠标点击"，单击"条件"里的"添加条件"，将"设置条件"设置为"content=田园"，也就是田园选项卡，单击"保存"，然后在"动作"里选择"显示"。同理设置景点。上述操作步骤如图 6-65 所示，田园和景点的显示效果如图 6-66 所示。

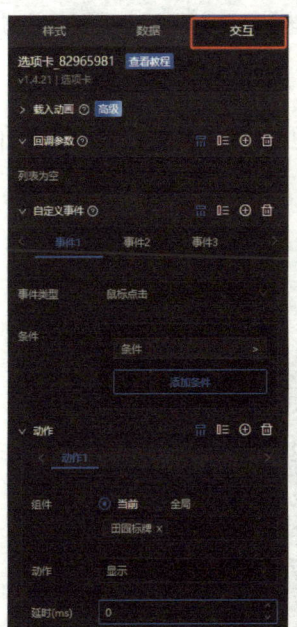
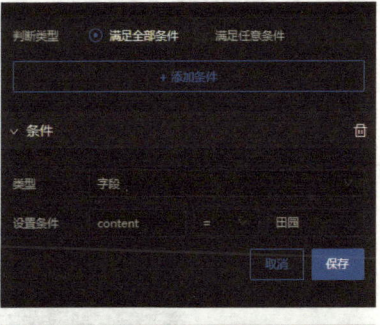

> 说明：
> 交互效果有很多种，这里选择最适合选项卡的"鼠标点击"操作。

图 6-65 选项卡交互设置

智能语音数字人交互

说明：
单击选项卡不同选项可以实现不同地点的切换，自定义事件提供了给用户自由设置交互事件的选择。

说明：
"自动播放"是数字人从用户进入页面开始播放，"循环播放"则是一直重复播放。

（2）智能语音数字人交互

更加进阶的交互是智能语音数字人。在"组件"→"增值"中单击添加"数字人"组件，选中"数字人"版块可以调节数字人的各个样式选项，如图 6-67 所示。

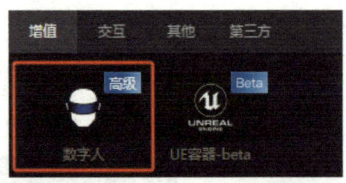

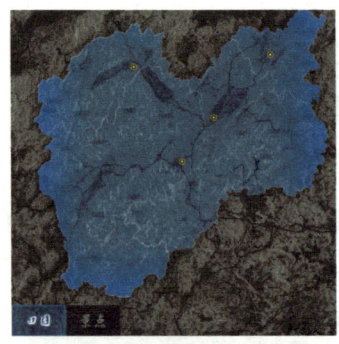

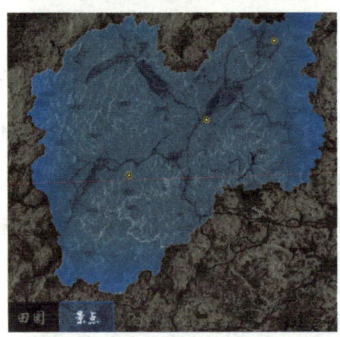

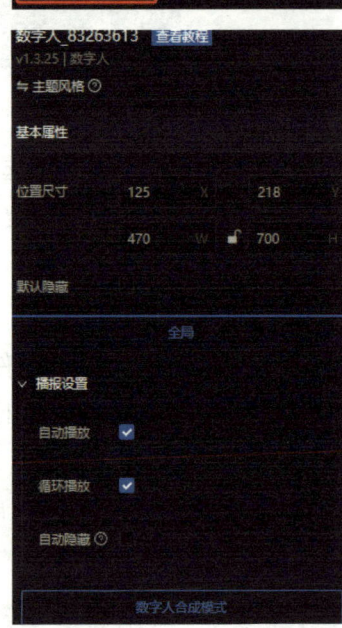

图 6-66　选项卡交互效果图　　图 6-67　数字人设置

在"数据"栏（见图 6-68）可以设置数字人要讲的内容，如添加如下数据。

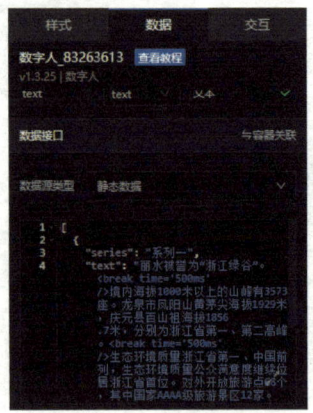

图 6-68　数字人数据设置

```
[
    {
        "series":"系列一",
        "text":"丽水被誉为"浙江绿谷"。<break time='500ms'/>境内海拔1000米以上的山峰有3573座。龙泉市凤阳山黄茅尖海拔1929米，庆元县百山祖海拔1856.7米，分别为浙江省第一、第二高峰。<break time='500ms'/>生态环境质量浙江省第一、中国前列，生态环境质量公众满意度继续位居浙江省首位。对外开放旅游点68个，其中国家AAAA级旅游景区12家。<break time='500ms'/>2005年1月，丽水市被命名为第三批国家级生态示范区；2009年12月，相继被命名为"中国优秀旅游城市""中国优秀生态旅游城市"。2010年12月23日，浙江省关注森林组委会正式发文授予丽水"浙江省森林城市"称号。"
    }
]
```

设置完成后，回到"样式"栏，勾选"自动播放"和"循环播放"，单击"数字人合成模式"（见图6-69a），可调整数字人的穿着、相貌、语音、语速、音量等，还可以在"字幕设置"里设置合适的字体样式、偏移，然后单击图6-69b中的"开始合成"按钮，就能够成功制作完整的数字人了。呈现效果如图6-70所示。

> 说明：
> "series"表示第几段文字，这可以与不同的交互事件进行联动，"text"里面则是需要讲解的内容，其中"<break time='500ms'/>"表示讲到这里需要停顿500ms。

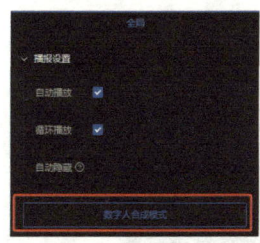

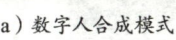

a) 数字人合成模式　　　　b) 开始合成

图 6-69　数字人合成

图 6-70　数字人最终效果图

> 说明：
> 本任务只是提供了其中一种数字人的数据，具体的数据可以自行设置并且探索不同样式和声音的数字人。

拓展学习

1. 粒子效果添加

粒子系统子组件可以制作一些简单的粒子特效,如图 6-71 所示。

由于这个子组件的参数调节起来比较复杂,且很多参数无法准确地用文字解释,建议使用默认参数,或者做一些容易感知的微调。

有一些配置项可以设置浮动值,表示实际值会在基础值之上随机向上或向下浮动,增加浮动值可加强粒子之间的差异性,产生更强的随机感。

每个粒子都有一个生命周期,从开始到结束,从出现到消失。每个粒子在生命周期过程中会从初始样式的各个参数线性插值到结束样式的各个参数。

图 6-71 粒子图片

(1) 初始样式和结束样式

初始样式和结束样式是设置一个粒子在生命周期开始与结束时的样式,如图 6-72 所示。

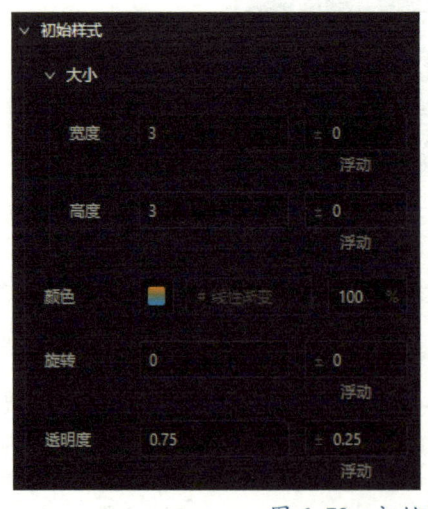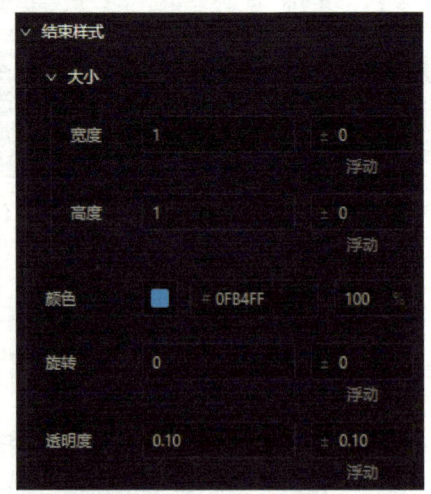

图 6-72 初始样式和结束样式

1)大小:设置粒子的宽度和高度。

2)颜色:设置粒子的颜色,如果是渐变颜色,则表示单个粒子的颜色会在渐变颜色中随机取值。

3）旋转：设置粒子绕 Z 轴的旋转量，是角度值。

4）透明度：设置粒子的透明度，取值范围为 0~1。

（2）3D 变换

3D 变换设置整个粒子系统的 3D 变换，包括位移、旋转和缩放，如图 6-73 所示。

图 6-73　3D 变换

（3）粒子数量

发射速率是指每秒内发射粒子的个数，和最大粒子数、生命周期一起决定了场景中某一时刻的粒子数量，如图 6-75 所示。

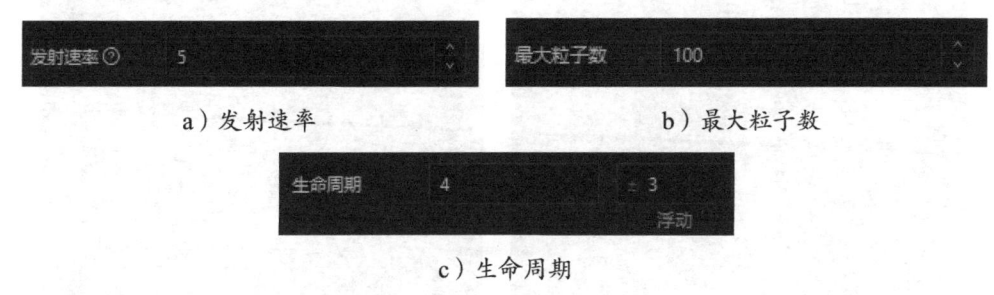

图 6-74　粒子数量

（4）区域形状

区域形状有矩形和圆形，如图 6-75 所示。这些形状的参数都是在粒子系统的本地坐标系下的。

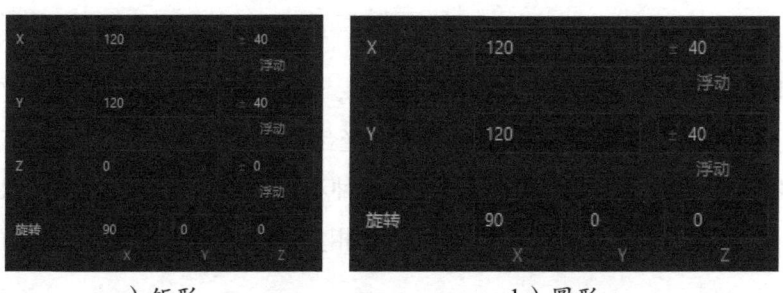

图 6-75　区域形状

1)矩形（见图6-76a）：定义了一个空间中的2D矩形，X和Y分别是这个矩形的长和高。旋转是定义了上述矩形之后，再对这个矩形进行旋转。

2)圆形（见图6-76b）：定义了一个空间中的2D圆形，是一个在XOY平面的图形。这个圆形在水平方向和垂直方向的半径分别由X和Y定义，当X不等于Y的时候，它是一个椭圆形。旋转是定义了上述圆形之后，再对这个圆形进行旋转。

（5）初速度和恒定加速度

初速度（见图6-76a）：发射粒子时，会赋予粒子一个初速度。粒子系统遵循物理规律，可以按照物理知识预测结果。物理上的速度是一个向量，包括方向和大小。配置项中设置的就是速度的大小和X、Y、Z构成的方向向量。

恒定加速度（见图6-76b）：给粒子施加一个恒定的加速度，可以理解为物理上的恒力（默认物体质量为1）。按照物理规律，拥有一定初速度的物体，受到恒力后会做变速曲线运动。以此可以模拟重力，使得粒子做抛物线运动，或者使得粒子做各种曲线运动。物理上加速度是一个向量，配置项中设置的是加速度向量的大小和X、Y、Z构成的方向向量。

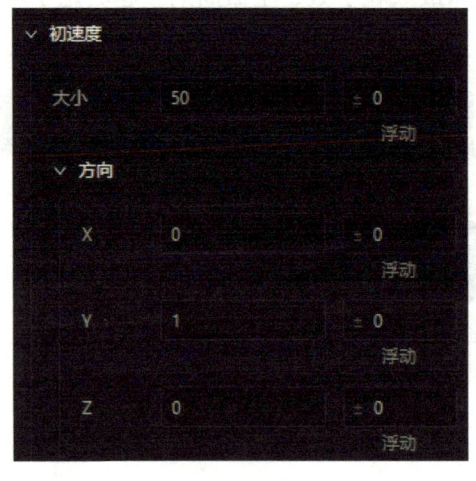
a）初速度

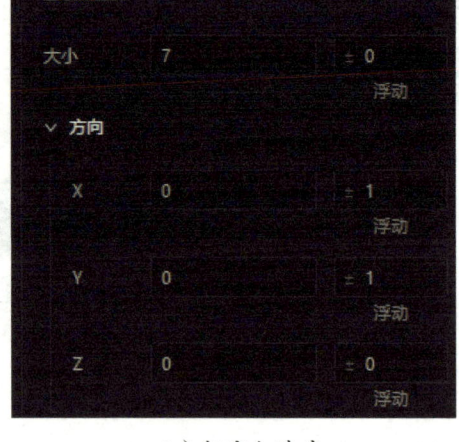
b）恒定加速度

图6-76　初速度与恒定加速度

2. Saber 插件使用

Saber插件适用于能量激光描边等特效表现，如图6-77所示。插件由Video Copilot提供，主要用于在AE软件中制作能量光束、光剑、激光、传送门、霓虹灯、闪电、电流、朦胧等特效。插件操作直观简单，含有25种不同类型的预设特效，效果强大，可以直接使用。此插件支持Win/Mac系统。可前往相关网页下载并观看saber插件的下载和使用方式。

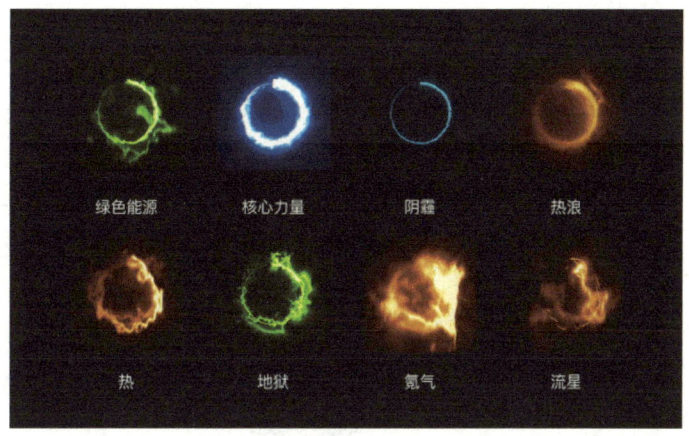

图 6-77　Saber 插件的示例

项目小结

本项目围绕"制作高级主视觉",讲解了制作主视觉背景、制作动态视觉、制作 3D 视觉、简单地图实现流程等基础知识。以制作主视觉背景为起点,介绍主视觉背景的设计和创作过程。然后,在动态视觉元素的制作环节,介绍如何为视觉元素添加动态效果,以提升视觉体验。在简单地图实现流程环节,进一步深入探讨了如何在二维空间中表达视觉艺术。在完成任务后,开展了拓展学习,包括粒子效果的添加和 Saber 插件的使用,以便读者深入理解视觉设计和提升设计技能。

本项目介绍各类设计工具和技巧的同时以实操案例进行讲解,关注行业新技术与应用场景,钻研求真,不断完善优化作品,同时也支持使用国产软件,从而激发对国产科技的信心。

实战强化

请以"迎新可视化大屏"为项目背景,设计屏幕主视觉部分。要求:

1) 根据新生的调研,设计一张全国地图,要求显示各省份新生的数量,并且用适当的点聚合或热力图更直观地展示人数。

2) 设计飞线图层,使得各省份的新生全都指向所在的学校,并加入飞线的动态效果。

3) 设计交互效果,例如:设计一张选项卡,能够以不同的选项根据新生的特点进行筛选,比如根据新生的性别进行筛选。

4) 设计数字人播报,播报关于新生的数量以及全国各地的分布,同时能够实现根据选项卡的不同呈现不同的播报内容。

项目 7 调试与发布项目

● 知识目标

1）掌握数据流向监听。
2）熟悉日志信息。
3）掌握 Payload 设置。（重点）

项目 7 概述和知识准备

● 技能目标

1）基于低代码可视化平台 EasyV，实现可视化大屏的调试。
2）根据不同需求，选择合适的方式发布可视化大屏。（重点）
3）通过配置环境实现私有化部署。（难点）

● 素养目标

1）培养团队合作精神和创新思维，促进协作和创新能力的发展。
2）深化对数据安全和用户隐私保护的理解，培养正确的数据安全观和职业道德观。
3）强化对社会责任的认识和承担，培养社会责任感。

● 项目概述

本项目以数字乡村可视化大屏项目为背景，基于国产低代码可视化平台 EasyV，以运维工程师的视角，对搭建的可视化大屏进行调试与发布。根据企业可视化项目流程，针对"调试与发布项目"，采用任务递进方式，依次完成三个任务：通过控制台的数据流向监听调试大屏，对于调试无误的大屏实现多种方式发布，以及私有化部署可视化大屏。

开展任务前，需要掌握必要的理论知识：数据流向监听是什么？日志信息有哪些？Token 发布中配置 Payload 参数在哪些？

完成任务后，进一步了解如何导出应用，以及替换预览或发布的加载页面。

项目思维导图如图 7-1 所示。

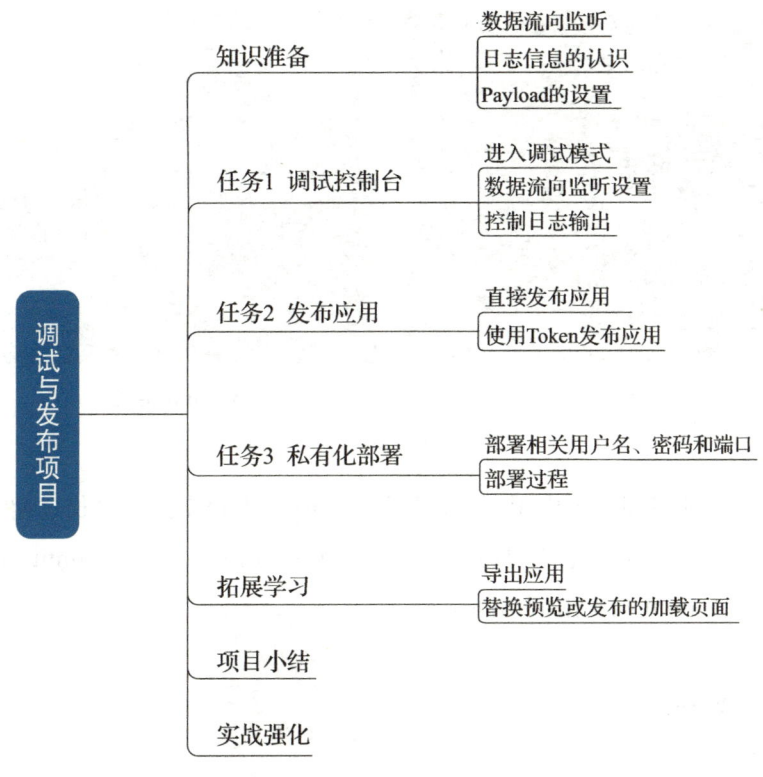

图 7-1　调试与发布项目思维导图

知识准备

1. 数据流向监听

数据流向监听是一种监控和分析可视化大屏数据传输活动的技术。它涉及对通过网络传输的数据包进行捕获、检查和记录,以便对可视化大屏上的活动进行实时监控或后期分析。数据流向监听的主要目的是确保网络安全、优化性能和进行故障排除。在正式发布可视化大屏前,需通过数据流向监听进行最后的调试。

2. 日志信息的认识

在调试过程中,根据组件、日志类型筛查日志信息。日志类型分为两种:Error 和 Info。Error 类型表示组件在获取数据的各个环节中请求数据源、数据过滤器执行报错、数据格式有误;Info 类型表示通过节点管理配置或调试模式下输出的日志信息。其具体形式如图 7-2 所示。

3. Payload 的设置

可视化大屏发布时,可以选择 Token 发布。在 Token 发布的过程中涉及 Payload 的设置,Payload 中包含 Token 的有效期信息,有助于管理 Token 的生命周期,确保安全性。Payload 设置包含了 exp 和 limit 这两个参数。参数 exp 描述了 URL 过期时间(时间戳)。

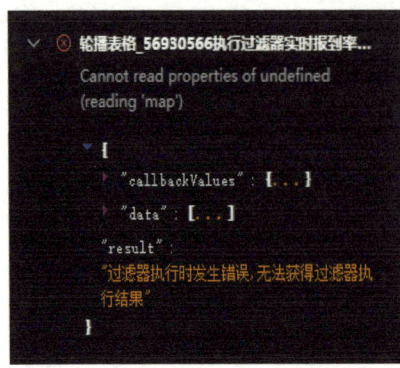

a）Error 类型　　　　　　　　b）Info 类型

图 7-2　日志信息具体形式

若当前时间超出过期时间，则应用不允许访问。EasyV 平台支持的最长过期时长为 24 小时。参数 limit 描述了 URL 允许的访问次数。若 URL 访问次数超过 limit 值，则应用不允许访问。不设置 limit 则不限制访问次数。

任务 1　调试控制台

任务描述

本任务基于 EasyV 低代码平台，通过控制台进行数据流向监听以确保数据处理过程中的准确性和效率，涉及监控系统内部的数据流动，识别并解决数据处理中的异常。此外，还包括对发现的问题进行调试和优化，以提高系统的整体性能和可靠性。

本任务重点关注调试可视化大屏，这不仅是对专业技能的锻炼，更是培养责任感、团队合作精神和创新思维的机会。任务导图如图 7-3 所示。

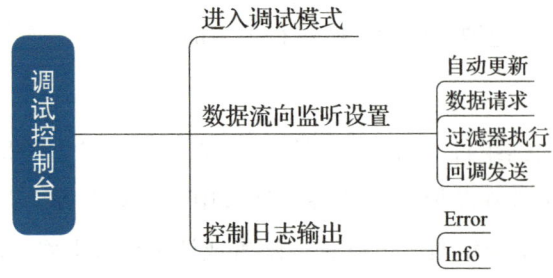

图 7-3　调试控制台任务导图

任务实施

1. 进入调试模式

单击顶部工具栏"预览"下的"调试模式"（见图 7-4），进入调试模式。调试模式

项目 7　调试与发布项目

功能主要分为数据流向监听设置和控制日志输出两部分，如图 7-5 所示。

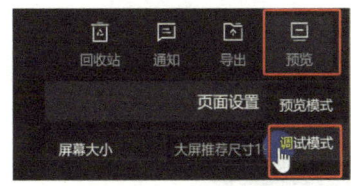

图 7-4　进入调试模式

图 7-5　调试模式界面

2. 数据流向监听设置

单击"监听设置"（见图 7-6）打开"数据流向监听设置"对话框（见图 7-7），可以选择是否开启"自动更新"以及是否打印"数据请求""过滤器执行""回调发送"三个环节的日志信息。"自动更新"关闭后不执行数据配置中的自动更新，仅在调试模式生效，不影响发布页的数据更新。

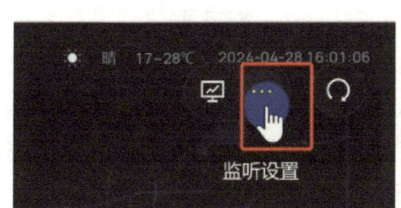

图 7-6　监听设置

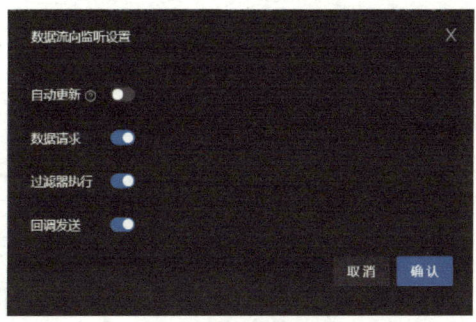

图 7-7　数据流向监听设置

单击"监听数据流向"（见图 7-8）即开始监听数据流向，单击"暂停监听"（见图 7-9）或"终止监听"（见图 7-10）可暂停或结束数据监听。单击"重新加载可视化应用"（见图 7-11）可以刷新页面，之前的日志会被删除。

图 7-8　监听数据流向

图 7-9　暂停监听

图 7-10　终止监听

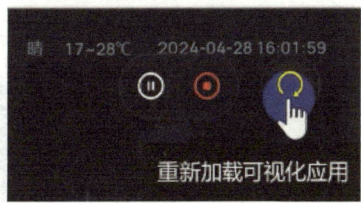

图 7-11　重新加载可视化应用

3. 控制日志输出

数据流向监听一段时间后，可以根据组件、日志类型筛查日志信息，单击具体日志可以筛选对应类型的信息，如图7-12所示。

> **说明：**
> 控制台在屏幕右侧，单击后可筛查日志信息。

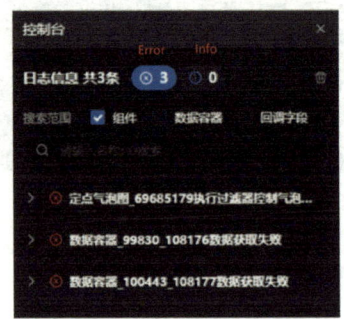

图 7-12　日志输出设置

针对错误的日志信息可以展开查看，根据报错内容进行对应的修改处理。

任务 2　发布应用

任务描述

在完成可视化大屏的调试后，想要进行可视化大屏的发布，须确保大屏的有效展示和安全访问。可视化大屏发布包括工作台直接发布和 Token 发布，其中 Token 发布是一种更高级的安全措施，通过生成临时的访问令牌（Token）来控制访问权限。本任务涉及细致的技术操作和严格的安全考虑，要求工作人员具备相应的技术知识和安全意识。

在进行可视化大屏发布的过程中，不仅能够提升专业技能，还能深入理解数据安全的重要性和保护用户隐私的责任，形成正确的数据安全观和职业道德观。

任务导图如图 7-13 所示。

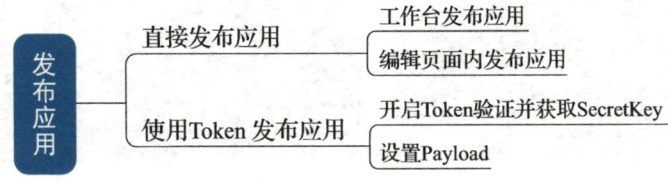

图 7-13　发布应用任务导图

任务实施

1. 直接发布应用

（1）工作台发布应用

光标放置到需要发布的大屏，出现页面编辑框，如图7-14所示。

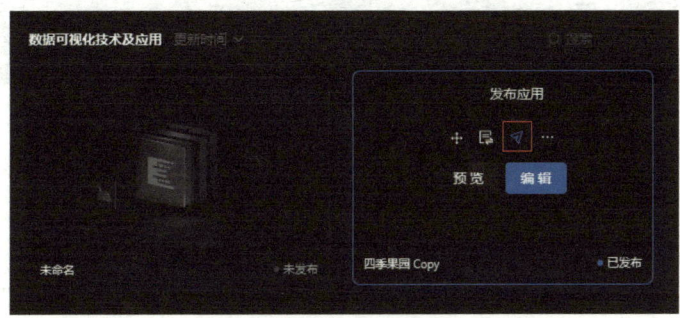

图 7-14　页面编辑框

单击编辑框内的"发布应用"按钮（见图 7-14），跳转至"发布应用"框（见图 7-15）。开启"发布"后，会自动生成该大屏的"分享链接"，单击"复制链接"即可分享。在"高级选项"中开启"加密分享"将会为该链接加密。

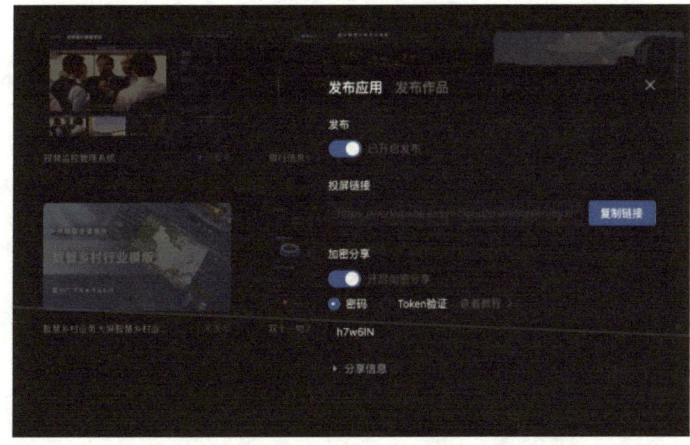

图 7-15　发布应用

> ⚠ 注意：
> 在发布应用时，复制自动生成的投屏链接，在浏览器中粘贴该投屏链接（如若有设置分享密码需输入密码），即可在浏览器中显示该大屏，完成应用分享。

（2）编辑页面内发布应用

单击编辑框内的"编辑"按钮（见图 7-14），进入需发布大屏的编辑页面，单击右上角的"发布"按钮，弹出"发布应用"框，如图 7-16 所示。后续流程同"直接发布应用"。

> ⚠ 注意：
> 两种发布形式的效果都是一样的。

注意：
分享的应用仅可共享浏览，无法参与编辑。

发布应用 2

📝 **笔记：**

为什么选择 Token 发布？

Token 基于加密技术，能有效保障数据传输的安全性。通过 Token 验证，可视化大屏能够确保只有授权的用户才能访问，从而减少未经授权的访问和潜在的安全风险。而且 Token 验证相比于传统的每次请求都需验证的方式，可以减少服务器的处理负担，提高系统响应速度和性能。

 注意：
应当谨慎保管 SecretKey。

 注意：
通过"复制链接"粘贴的链接里 URL 包含了加密后的 screenid，screenid 后面的字符串都需要删除。

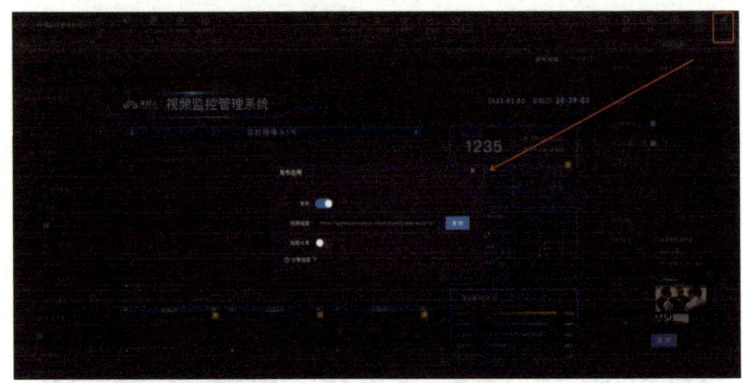

图 7-16　编辑页面内发布应用

2. 使用 Token 发布应用

（1）开启 Token 验证并获取 SecretKey

在"发布应用"框的"高级选项"中开启"加密分享"，选择"Token 验证"即选择 Token 发布，此时将获得该大屏的 SecretKey（见图 7-17）。使用 Token 发布大屏，可将可视化大屏的访问权限与权限体系进行集成。EasyV 平台使用标准的 JSON Web Token 进行验证，还可生成受 Token 验证防护的应用 URL。

图 7-17　使用 Token 发布

（2）设置 Payload

Payload 包含两个参数，exp 和 limit。两个参数的类型都是 number 型，其中 exp 必填，limit 选填。Python 代码示例如下：

```
pip install PyJWT  #安装 jwt 依赖库
import jwt
import time

secretKey = 'YourSecretKey'
baseShareUrl='https://easyv.dtstack.com/workspace/shareScreen/yourSreenId'

payload = {
    "limit": 1,   # 只允许访问一次
    "exp": int(time.time()) + 30 * 60   # 30分钟过期
}

token=jwt.encode(payload,secretKey,algorithm="HS256")
URL = baseShareUrl + '?_easyv_token=' + token
print("应用链接: ", URL)
```

⚠ **注意**：
请确保服务器时间为东 8 区标准时间。

⚠ **注意**：
每次发布后 Token 密码会发生改变，需要更新。

任务 3　私有化部署

私有化部署 1

任务描述

为确保数据展示平台的独立性和安全性，需要实施 EasyV 的私有化部署。在私有化部署的过程中需要考虑数据的安全性、系统的稳定性等问题。本任务的核心是在保证数据安全的同时，确保大屏的高效运行，部署过程包括配置服务器、设置数据存储方案、确保网络安全以保障系统的顺畅运行。

通过本任务学习，将增强读者对数据安全和信息保护的意识，在技术实践中更好地理解和践行职业道德和社会责任。任务导图如图 7-18 所示。

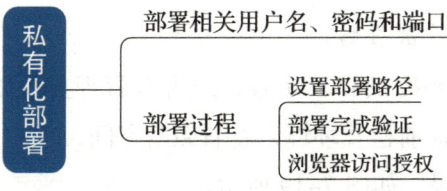

图 7-18　私有化部署任务导图

> **笔记：**
> EasyV 支持灵活的本地私有化部署，可将产品部署到本地服务器，实现内外网隔离，满足对数据保密、安全性的要求，同时支持部署高可用架构，支持单台虚拟机部署，最快可在 1 小时内完成。

> **说明：**
> 默认部署是单台服务器，需要开放 80 端口。

任务实施

1. 部署相关用户名、密码和端口

（1）用户名和密码

在私有化部署的安装包里配置了 mysql、redis 和大屏的相关文件，具体的软件用户名、密码和备注信息见表 7-1。

表 7-1　软件用户名、密码和备注信息

	用户名	密码	备注
mysql	root	DTStack2021	管理员
mysql	easyv	fgtlHhwaO9m	普通用户
redis	/	MWQzRVYV8Pr	/
大屏	root	admin123	EasyV 平台默认账号

（2）端口

每个使用网络通信的应用程序都会被分配一个特定的端口号，以便于正确地接收和发送数据，具体的端口和说明见表 7-2。

表 7-2　端口和说明

端口	中间件版本	说明
1314	Node:14.18.3	后端 nico 默认端口
8100	Node:14.18.3	后端 ds 默认端口
9901	Node:14.18.3	后端 fs 默认端口
9900	Node:14.18.3	后端 fs 默认端口
9800	Node:14.18.3	后端 backend 默认端口
9400	Node:14.18.3	后端 log 默认端口
6608	Mysql:8.0.31	数据库默认端口
6339	Redis:6.0.9	redis 默认端口
80	Nginx:1.23.2	大屏前端默认端口

私有化部署 2

2. 部署过程

（1）设置部署路径

部署需要提供 root 账号，或者有管理员权限的子账号；部署前需要提前检查环境，查看磁盘空间，优先使用最大的磁盘空间目录，如图 7-19 所示。

项目 7　调试与发布项目

```
[root@172-16-203-225 Easyv]# df -h
Filesystem                        Size  Used Avail Use% Mounted on
/dev/mapper/cl_172--16--203--159-root  18G  3.7G   15G  21% /
devtmpfs                          910M     0  910M   0% /dev
tmpfs                             920M     0  920M   0% /dev/shm
tmpfs                             920M   33M  888M   4% /run
tmpfs                             920M     0  920M   0% /sys/fs/cgroup
/dev/sda                          197G   43G  145G  23% /data
/dev/vda1                        1014M  138M  877M  14% /boot
tmpfs                             184M     0  184M   0% /run/user/0
```

图 7-19　磁盘空间目录信息

在该目录下创建 /data/dtstack 文件夹，具体命令操作如下。

```
## 创建目录，并将安装包上传到该目录下
mkdir -p /data/dtstack
## 进入 /data/dtstack 目录
cd /data/dtstack
## 在此目录下载配置文件
wget http://download.easyv.cloud/EasyV/download/normal/V6.2/easyv_6.2.7.tar.gz
## 解压安装包
tar -vxf easyv_xxx.tar.gz
## 进入安装目录
cd /data/dtstack/easyv
## 执行安装脚本
bash deploy.sh
```

⚠ 注意：
在确保磁盘空间充足后下载，文件下载时间较长。

在安装过程有提示"是否以服务器 IP 地址：xxx 作为访问地址"，如图 7-20 所示。

```
是否以服务器IP地址:192.168.3.223 作为访问地址 [Y/n]
```

图 7-20　安装过程的提示

如果确定以服务器 IP 地址作为访问地址去部署，选择"y"。完成部署后，会获得访问地址与默认用户名 & 密码，如图 7-21 所示。

```
部署完成，访问地址：172.16.203.227
默认用户名&密码：root/admin123
..........................................
卸载脚本：/home/easyv/uninstall.sh
谨慎使用卸载脚本，该脚本会删除袋鼠云相关镜像&容器&大屏程序和数据
```

图 7-21　获得访问地址与默认用户名 & 密码

⚠ 注意：
如果以其他 IP 地址作为访问地址时，选择"n"，按照提示路径修改 .env 文件，将"DOMAIN="项修改为具体大屏地址 IP 或者域名，再执行安装脚本 deploy.sh。

（2）部署完成验证

部署完成后，通过命令来检查应用对应端口是否都能正常监听，确认端口和表 7-2 的端口说明一致，端口情况如图 7-22 所示。

```
zgxt@admin:/data/dtstack/easyv$ ss -nplt
State      Recv-Q     Send-Q          Local Address:Port          Peer Address:Port     Process
LISTEN     0          4096            127.0.0.53%lo:53                 0.0.0.0:*
LISTEN     0          128                   0.0.0.0:22                 0.0.0.0:*
LISTEN     0          5                   127.0.0.1:631                0.0.0.0:*
LISTEN     0          4096                127.0.0.1:43545              0.0.0.0:*
LISTEN     0          70                  127.0.0.1:33060              0.0.0.0:*
LISTEN     0          151                   0.0.0.0:3306               0.0.0.0:*
LISTEN     0          511                 127.0.0.1:6379               0.0.0.0:*
LISTEN     0          2                       [::1]:3350                  [::]:*
LISTEN     0          5                       [::1]:631                   [::]:*
LISTEN     0          2                           *:3389                     *:*
LISTEN     0          511                     [::1]:6379                  [::]:*
```

图 7-22　端口情况

（3）浏览器访问授权

推荐使用谷歌浏览器输入配置的大屏访问地址进行访问，打开链接会提示需授权，单击“下载配置信息”，将密钥“client.crt”文件发给部署人员进行授权，“产品激活”页面如图 7-23 所示。授权完成后，上传产品密钥，激活后可输入默认账号“root/admin123”登录环境。

注意：

谷歌浏览器需 76 版本以上，使用其他浏览器可能会有兼容性问题。

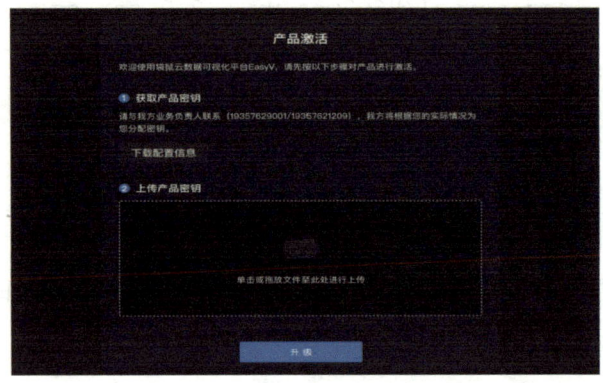

图 7-23　产品激活页面

激活成功后，进入登录页面，完成大屏发布，最终效果如图 7-24 所示。

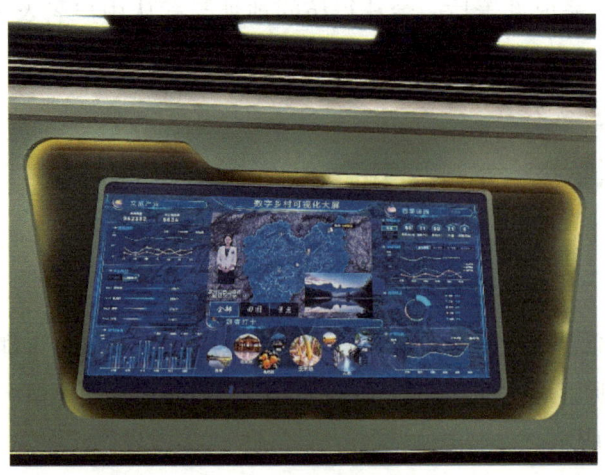

图 7-24　大屏发布效果

拓展学习

1. 导出应用

光标放置到需要导出的大屏上，出现页面编辑框，单击编辑框内的"导出应用"按钮（见图7-25），或者单击编辑框内的"编辑"按钮（见图7-25），进入需导出大屏的编辑页面，单击右上角的"导出"按钮（见图7-26）。可按EasyV版本选择导出文件包的版本（见图7-27）。单击后开始导出，导出完成后自动开始下载。

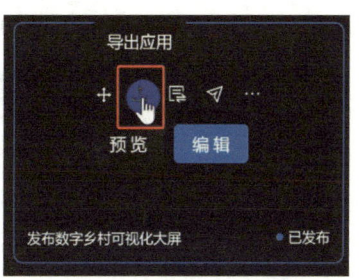

图7-25 页面编辑框

项目7拓展学习和项目小结

图7-26 导出大屏编辑页面

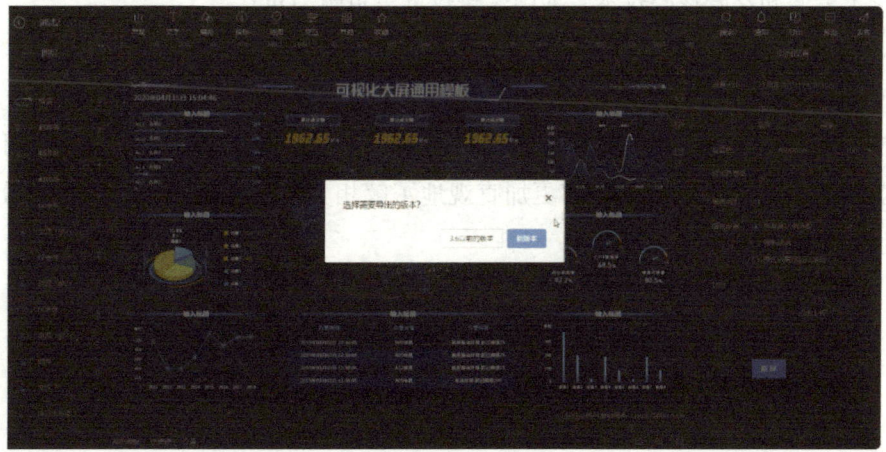

图7-27 选择导出版本

2. 替换预览或发布的加载页面

EasyV 4.2.0 版本后的公有云 SAAS 产品以及新版本私有化部署产品支持替换产品登录画面、网站 logo、平台 logo，以及各租户的预览或发布的加载页面（见图 7-28）。上述操作通过"通用设置"进入（见图 7-29）。

图 7-28　通用设置具体界面　　　　　　图 7-29　通用设置

项目小结

本项目围绕"调试与发布项目"，讲解了数据流向监听、日志信息、Payload 设置等基础知识，并按照企业可视化项目的调试与发布流程展开三个任务，层层递进地介绍控制台调试、应用发布、私有化部署等，引导用户逐步掌握使用低代码可视化平台 EasyV 完成可视化大屏的调试与发布。在完成任务后，开展拓展学习，包括导出应用、替换预览或发布的页面等。

国产软件和技术站在了行业前沿，我们必须对国内的科技创新充满信心！同时，应积极投身于掌握和发展核心技术，为国家科技进步贡献力量！

实战强化

学校希望在新生入学时通过本地发布"迎新可视化大屏"，让新生和家长可以在大屏前合影留念。通过大屏不仅能够更加直观地了解相关信息，提升信息传达的效果，还可以增强归属感和参与感。要求：

1）在发布前进行调试，确保发布后不会出现数据连接等问题。

2）在学校计算机进行私有化部署，避免新生信息泄露等问题。

3）在学校选取合适地点向新生发布展示"迎新可视化大屏"。

参考文献

［1］陈为，张嵩，鲁爱东．数据可视化的基本原理与方法［M］．北京：科学出版社，2013．

［2］刘滨，刘增杰，刘宇，等．数据可视化研究综述［J］．河北科技大学学报，2021，42（6）：643-654．

［3］周梦冉．基于农民需求视角下的乡村数字治理研究——以河北省为调研对象［J］．中共石家庄市委党校学报，2022，24（6）：32-37．

［4］孙想，吴华瑞，郭旺，等．数字乡村大数据平台设计与应用［J］．江苏农业科学，2021，49（18）：181-188．

［5］王一凡．教育数据可视化：发展历史、研究热点及典型应用［J］．江南大学学报(人文社会科学版)，2022，21（5）：76-88．

［6］朱雅菲．数据可视化图表的理解程度研究［D］．重庆：西南大学，2021．

［7］陈小燕，干丽萍，郭文平．大数据可视化工具比较及应用［J］．计算机教育，2018（6）：97-102．

［8］贾倩文，柴春雷，蔡蕊屹．数据可视化中的设计美学研究综述［J］．包装工程，2022，43（20）：13-25．

［9］刘涛．针对大数据信息可视化的FUI风格研究及设计实践［D］．江苏：江苏大学，2021．

［10］周洪斌，陈立平，刘连浩．基于ECharts的数据可视化应用［J］．沙洲职业工学院学报，2021，24（1）：3-9．

［11］刘翔宇．基于Vue的数据可视化系统的设计与实现［D］．北京：北京邮电大学，2018．

［12］汤飞弘．基于Python爬虫的招聘信息数据可视化分析［J］．软件，2023，44（1）：176-179．

［13］宋雅．基于Web的大屏数据可视化系统的研究与实现［D］．北京：北京邮电大学，2020．

［14］白玲．基于Tableau工具的医疗数据可视化分析［J］．中国医院统计，2018，25（5）：399-401．

［15］刘东洋．数据可视化代码自动生成工具的研究与实现［D］．北京：北京工业大学，2020．